Lidia Czyż

Es blieb mir nur die Hoffnung

*Die lange Suche
nach dem eigenen Vater*

BRUNNEN BASEL

Bibliografische Information der Deutschen Nationalbibliothek
Die Deutsche Nationalbibliothek verzeichnet diese Publikation in der Deutschen
Nationalbibliografie; detaillierte bibliografische Daten sind im Internet über
www.dnb.de abrufbar.

Die Bibelstelle wurde folgender Übersetzung entnommen:
Hoffnung für alle © 1983, 1996, 2002, 2015 Biblica, Inc.®,
hrsg. von Fontis – Brunnen Basel

Titel der polnischen Originalausgabe:
«Pozostała tylko nadzieja»
© 2016 Lidia Czyż, Poland.
Translated and printed by permission.
All rights reserved.

Übersetzung: Ina Frey, Herrnhut

Copyright der deutschen Ausgabe:
© 2017 by Fontis – Brunnen Basel

Umschlag: Spoon Design, Olaf Johannson, Langgöns
Umschlagfoto: popovartem/Shutterstock.com
Umschlagfoto U4: Ditty_about_summer/Shutterstock.com
Satz: Innoset AG, Justin Messmer, Basel
Druck: Finidr
Gedruckt in der Tschechischen Republik

ISBN 978-3-03848-132-4

Alles, was in dieser Geschichte
außergewöhnlich erscheint,
ist tatsächlich passiert.

Meinen Eltern – für ihre Liebe
Lidia Czyż

Über die Autorin

Lidia Czyż (ausgesprochen: «Tschisch») wurde 1963 als Pfarrerstochter im schlesischen Cieszyn geboren. Sie wurde Lehrerin mit Schwerpunkt Kunsterziehung. Mitarbeiterin bei der Frauenseelsorge (Mitorganisatorin von Frauenfrühstückstreffen, Konferenzen für Frauen), Mitorganisatorin der Evangelisationswoche in Dzięgielów, der größten Zeltevangelisation in Osteuropa. Seit zwanzig Jahren Autorin vieler Artikel für christliche Zeitschriften und Bücher. Lidia ist verheiratet; ihr Mann ist Pfarrer einer lutherischen Gemeinde in Wisła Malinka (www.malinka.org.pl). Die beiden haben zwei Kinder.

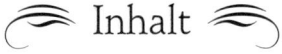 Inhalt

Prolog 9

1 Kindheit 13
2 Gepackte Koffer 20
3 «Ich will zu Papi!» 31
4 Eine schreckliche Falle 41
5 Milans Erziehungsmethoden 50
6 Ein Leben in Angst 57
7 Krankenhausreif 65
8 Vojtěch 75
9 «Ich bin nicht verrückt!» 92
10 Janek 107
11 Unbedingter Gehorsam 113
12 Pest oder Cholera? 118
13 «Du gehst nirgendwo hin!» 123
14 «Mio amore» 129
15 Die Wahrheit über Antonio 143
16 «Kämpfe um dich, Mädchen!» 153
17 Von jetzt auf gleich 163
18 «Du schaffst das!» 172
19 Auf dem Laufsteg ins Glück 178
20 Zwei Striche auf einem Teststreifen 188
21 Heimwärts 196
22 Vater, Mutter, Kind 205
23 Telefonkonferenz im Kreißsaal 215
24 Wie viel kann ein Mensch ertragen? 222
25 «Brauchst du vielleicht Hilfe?» 239
26 Lukas 251
27 Die Bestie ist bezwungen 261

28 «Ich bin da, Liebes» 269

29 «Ich verurteile dich nicht» 281

30 Das Geständnis 303

Epilog 313

Nachwort der Autorin Lidia Czyż 315

 Prolog

Die Pass-Abfertigung und die Gepäckkontrolle zogen sich erbarmungslos in die Länge.

«Schneller, schneller!», wollte ich die ganzen Leute antreiben, die forschend die Gesichter der Ankommenden betrachteten, Fingerabdrücke nahmen, Stempel vergaben, Koffer durchleuchteten und sie auf Metallgegenstände überprüften. Seit dem Anschlag auf das World Trade Center, der sich vor nicht ganz vier Jahren ereignet hatte, war die Kontrollprozedur bei der Einreise in die Vereinigten Staaten enorm verschärft worden.

Beeilt euch, sonst ist das Einzige, was ihr gleich bei eurem Metalldetektor hört, mein Herz, das vor Aufregung zerspringt!, drängte ich sie in Gedanken, denn ich hatte das Gefühl, die innere Anspannung keine Sekunde länger aushalten zu können.

Endlich durften wir den Gang betreten, an dessen Ende sich breite, automatische Türen öffneten, durch die wir in die riesige, unvorstellbar laute und mit unzähligen Menschen gefüllte Halle des Chicagoer Flughafens gelangten.

Ich machte einige unsichere Schritte und schaute mich orientierungslos um. Fieberhaft suchte ich die Gesichter der Wartenden ab.

Wo ist er? Wo ist er?

Hinter mir hörte ich diese Frage von einem meiner Mitreisenden, dem ich während des Fluges aufgeregt davon erzählt hatte, wie wir uns auf wunderbare Weise wiedergefunden hatten.

Nervös inspizierte ich die bunte Menge, drehte mich nach allen Seiten um, konnte ihn jedoch nirgends finden.

Die Leute um mich herum jubelten vor Freude und fielen einander in die Arme. Die Gesichter der Wartenden verschmolzen mit denen ihrer Lieben.

Ich spürte, wie das Blut immer intensiver hinter meinen Schläfen pulsierte. *Und wenn er es sich doch anders überlegt hat? Wenn er gar nicht gekommen ist?* Obwohl ich wusste, dass diese Zweifel irrational waren, nahmen sie mir fast den Atem.

Plötzlich entdeckte ich einen großen, gutaussehenden Mann mit einem kurzen schwarzen Bart, der mit seinem Blick die aus dem Terminal kommende Menge absuchte.

Ist das …? Ist das …?

Für einen Augenblick hielt ich die Luft an.

Ja, er ist es! Oh Gott! Er ist es!

Ich ließ meine Koffer fallen, ließ sogar den Kinderwagen mit meinem schlafenden, einen Monat alten Söhnchen stehen, rannte los und rief aus vollem Halse durch die ganze Halle: «Papi, Papilein, Papi!»

In demselben Moment lief auch er in meine Richtung los.

Ich fiel in seine Arme und hielt ihn mit aller Kraft fest. So sehr ich konnte, geradezu verzweifelt, schmiegte ich mich an ihn, während die Tränen über mein Gesicht liefen.

Er ist es! Er ist es wirklich!

Ich konnte es immer noch kaum glauben.

Nach einer ganzen Weile lockerte ich meine Umarmung ein wenig, um ihm in die Augen schauen zu können. Durch die Tränen sah ich nicht viel, doch meine Hände strichen zart über sein Gesicht. Ich berührte seine Nase, die Wangen, das Kinn. Es war, als würde ich prüfen, ob er tatsächlich real war oder ob das Ganze nur ein Traum war, der gleich wieder verschwunden sein würde. Ich hörte seinen Atem und spürte, wie heftig sein Herz schlug.

«Fünfundzwanzig Jahre … fünfundzwanzig Jahre habe ich auf dich gewartet», flüsterte ich mit erstickter Stimme.

Ich war nicht dazu in der Lage, mehr zu sagen. In diesem Moment hielt die Zeit an, und die Welt um mich herum hörte auf zu existieren. Es gab keine anderen Menschen um uns herum – niemanden, nur ihn und mich.

Ich hatte ihn gefunden! Gefunden trotz allem und allen, die ständig wiederholt hatten, dass das unmöglich sei. Ich hatte darauf vertraut, dass dieser Tag kommen würde. Ich war mir sicher gewesen, dass ich ihn finden würde, auch wenn ich am Ende der Welt hätte suchen müssen.

Die ganze Zeit hatte ich Hoffnung gehabt. Mit jedem Jahr war sie kleiner geworden, weil viele Menschen alles versucht hatten, um sie mir zu rauben, doch sie war immer da. Klein, winzig, aber sie war da. Sie war es, die mich dieses furchtbare Leben hat durchhalten lassen, obwohl ich viele Male am liebsten gestorben wäre. Sie war das Einzige, was mir geblieben war – die Hoffnung.

Kapitel 1
Kindheit

Ich kniff die Augen fest zusammen, um die Reste des Traumes unter meinen Lidern festzuhalten.

Träume und Fantasien waren meine einzige Flucht vor der Wirklichkeit. In ihnen sah ich die schönsten Momente meines Lebens, die plötzlich aufgehört hatten, als ich gerade einmal fünf Jahre alt war.

Das Land meiner Kindheit, alles, was ich gekannt hatte, war mir in einem Augenblick unwiederbringlich genommen worden. Ich wurde brutal aus meinem Zuhause gerissen, aus den Armen des Menschen, den ich über alles liebte und der Sinn und Inhalt meines Lebens dargestellt hatte.

Nein, es war kein Krieg ausgebrochen, es hatte weder einen Unfall noch eine Naturkatastrophe gegeben. Dennoch war es für mich das Ende der Welt.

In meinen Träumen kehrten die Erinnerungen an meinen Vater Jakub zurück, der mich abends immer in seinen Armen gehalten und mir Märchen erzählt hatte. Noch lieber als die ausgedachten Märchen mochte ich seine Geschichten über das kleine Mädchen, das in der Tschechoslowakei geboren war.

Das waren natürlich Geschichten über mich, denn wie so viele Kinder liebte ich es, wenn meine Eltern von Erlebnissen aus meinen frühesten Lebensjahren erzählten, an die ich mich selbst nicht mehr erinnern konnte.

Die Tschechoslowakei, die wir einfach «Tschechei» nannten, war das Heimatland meiner Mutter Hania. Ich verband sie mit Brünn. Das war eine reizende Stadt, in der meine Großeltern lebten und die voller historischer Gebäude war. Außerdem verband ich die Tschechei mit der Zugfahrt über grüne Wiesen und Felder, die von verschiedenen Seen und interessanten Schlossruinen auf kleinen Hügeln durchzogen waren.

Zu den Großeltern in der Tschechei fuhren wir einige Male im Jahr – in den Ferien und auch dann, wenn Papa unterwegs war. Wenn er nach Hause zurückkam, erzählte er jeden Abend seine Geschichte weiter, die niemals langweilig für mich wurde:

«Eines Tages kam ein junger und unheimlich gut aussehender polnischer Musiker nach Brünn ...» Bei diesen Worten blinzelte Papa mich an. «Er verliebte sich in ein wunderschönes blondes Mädchen, das zum Konzert gekommen war.»

«Das waren du und Mama!», rief ich jedes Mal, als wenn ich die Geschichte noch nie zuvor gehört hätte. «Bitte erzähl, wie es weiterging!», bettelte ich.

«Das hast du doch schon tausendmal gehört. Du kennst das bestimmt längst auswendig», neckte er mich, während er anfing, mich zu kitzeln.

«Das macht nichts, erzähl es mir noch einmal! Bitte, Papi!», schmeichelte ich, indem ich mich an ihn schmiegte und ihn auf die Wange küsste.

Obwohl ich diese Geschichte tatsächlich mit allen Details aus dem Gedächtnis aufsagen konnte, wollte ich sie immer wieder hören. Also erzählte Papa mir erneut, wie er meine Mutter kennen lernte: Er, Musiker einer beliebten polnischen Band, der wunderschön in verschiedenen Sprachen singen und Gitarre spielen konnte, war mit seiner Gruppe zu einem Festival nach Brünn eingeladen worden, wo meine Mutter lebte.

Mit Konzerten verdiente er sein tägliches Brot, denn seine Band trat nicht nur in Polen auf, sondern auch im Ausland.

Es genügte ein Auftritt, danach das Abendessen – zu dem Ewelina, eine Freundin meiner Mutter, sie und die polnischen Musiker eingeladen hatte –, und Mama erlag dem Zauber dieses hochgewachsenen, außergewöhnlich attraktiven jungen Mannes mit den langen rabenschwarzen Haaren, dem kurzen dunklen Bart, der sprühenden Fantasie und der weißen Gitarre.

Er trat immer bunt und originell gekleidet auf: in breiten Hosen, einer Satinweste und glitzernden Hemden mit raffinierten aufgestickten Mustern, oder auch in einem supermodernen, hautengen Anzug aus glänzendem Stoff. Das Ganze wurde manchmal noch von einem exzentrischen Hut und einer Sonnenbrille vervollständigt. Er sah einfach überwältigend aus, und Unmengen von Mädchen waren in ihn vernarrt.

Doch er verlor sein Herz an die «wunderschöne Goldblonde», wie er sie nannte, an meine Mutter, und bald darauf fand die Hochzeit statt.

Ein schwarz-weißes Hochzeitsfoto meiner Eltern bewahrte ich in einem Kästchen mit meinen größten Schätzen auf: Muscheln aus den Ferien sowie weiß-gelbe Haarspangen, die wie Margeriten aussahen und die Oma mir gekauft hatte. Das Foto war von meinem ständigen Anschauen schon ziemlich abgegriffen. Papa war darauf in einem weißen Anzug mit modischen Schlaghosen zu sehen, Mama in einem luftigen Kleid mit einem Blumenkranz auf dem Kopf.

«Und wie ging es weiter? Erzähl, erzähl!», bat ich, und Papa fuhr lächelnd fort.

«Mama begleitete uns oft auf Tournee, und alle waren von ihr begeistert. Manchmal wurde sie bei einer Fernsehübertragung unseres Konzertes häufiger gezeigt als wir», lachte er. «Sie haben sie sogar für die Werbung engagiert. Allerdings musste sie bald zu Hause bleiben, weil das süßeste Mädchen zur Welt kam, das ich jemals gesehen hatte. Sie hatte wunderschöne große braune Augen und blonde Haare. Also, am Anfang hatte sie eigentlich noch keine Haare, aber sie war so niedlich, dass ich mich auf den ersten Blick in sie verliebte.»

«Das war ich!», rief ich jedes Mal voller Freude, so als ob mich an dieser Geschichte etwas überraschen würde, und Papa beendete sie mit den Worten:

«Ich liebe sie über alles und werde sie immer lieben, immer!» In diesem Moment umarmte er mich zärtlich und küsste mich mehrmals auf die Stirn, bis ich langsam einschlief, überglücklich.

Dieses Ritual wiederholte sich in unserer kleinen Warschauer Wohnung jeden Abend, soweit Papa zu Hause war. Wenn es nicht unbedingt notwendig war, trennten wir uns keinen Augenblick voneinander. Um unsere Familie zu unterhalten, musste er zwar oft Konzerte im In- und Ausland geben, aber er versuchte immer, so schnell wie möglich wieder zu Hause zu sein, und sagte unablässig, wie sehr er uns vermisste. Auch ich hatte jedes Mal große Sehnsucht nach ihm.

«Und wie lief es?», begrüßte Mama ihn aufgeregt, wenn er nach einem Festival oder Konzert nach Hause kam.

«Wir haben den ersten Platz bekommen!», verkündete er stolz und nahm uns beide in die Arme.

«Schon wieder? Ihr habt wirklich ein Glück!»

«Ja, das haben wir! Doch das größte Glück habe *ich*, denn ich habe euch!» Er küsste uns beide. Ich wich keinen Schritt von seiner Seite, bis ich fast einschlief und Papa mich ins Bett brachte.

Unsere Beziehung war zweifellos außergewöhnlich. Papa war für mich der Inbegriff eines Mannes, eines Königs, ja fast Gottes. Wir waren wie zwei Organismen, die zu einem verschmolzen waren. Es schien mir vollkommen natürlich. Ich dachte, dass die Beziehungen in jeder Familie so aussahen.

Die Einzigartigkeit unserer Verbindung wurde mir erst später bewusst, als ich einen Bericht über die Erinnerungen von Kindern anderer Künstler, insbesondere Musiker, las. Ich weiß, dass nicht viele von ihnen so ein Glück hatten wie ich. Andere Väter kamen nach Konzerten erst kurz vor Tagesanbruch nach Hause und standen unter Alkohol- oder Drogeneinfluss, oder sie tauchten gar nicht zu Hause auf beziehungsweise erst nach einigen Wochen und etlichen Saufgelagen. Seitensprünge und Scheidungen waren in diesen Kreisen fast an der Tagesordnung.

Mein Papa war anders. Er hatte Zeit für mich, spielte mit mir, las mir Märchen vor und brachte mir noch vor meinem fünften Geburtstag Schwimmen und Skifahren bei. Oft nahm er Mama und mich zu Konzerten mit, und die Bühne wurde mein zweites Zuhause. Soweit es möglich war, fuhren wir als ganze Familie auf Tourneen ins Ausland.

In dieser bescheidenen kommunistischen Zeit, als in Polen die Krise immer größer wurde und in den Geschäften selbst die grundlegendsten Produkte fehlten, erschien den Erwachsenen sogar die DDR wie ein buntes Paradies. Für ein kleines Kind, wie ich es damals war, hatte das keine Bedeutung.

Es zählte einzig und allein die Gegenwart meines Vaters, neben dem ich manchmal bei Konzerten auf der Bühne stand, während ich fest sein Hosenbein umklammerte. Nie sagte er, dass ich ihn stören würde, immer schaute er voller Liebe auf mich. Und auch wenn mir schon die Augen vor Müdigkeit zufielen, saß ich dennoch bis zum Ende des Konzertes auf meinem Stuhl oder schlief hinter der Bühne in Mamas Armen ein und wartete darauf, dass Papa mich nach dem Auftritt ins Bett brachte.

«Papi, du hast wunderbar improvisiert», versuchte ich ihn mit meinen Worten zu beeindrucken.

«Mein kleines Klugscheißerchen, wie ich dich liebe», sagte er und küsste mich zärtlich auf die Stirn.

Wie durch einen Schleier erinnere ich mich, dass ich Papa nicht loslassen wollte und meine Arme fest um ihn schlang. Sanft löste er meine Hände hinter seinem Hals, streichelte über meinen Kopf, und während ich schon beinahe schlief, murmelte ich noch: «Ich liebe dich auch … am allermeisten auf der Welt.»

Wenn Papa für längere Zeit ins Ausland fuhr und wir ihn nicht begleiten konnten, besuchten Mama und ich die Großeltern in

Brünn (im Südosten Tschechiens). Papa holte uns dann immer auf dem Rückweg dort ab.

Jedes Mal wartete ich ungeduldig auf ihn. Ich kletterte über das Sofa auf das Fensterbrett, wo ich stundenlang durch das Fenster den Parkplatz vor dem Haus beobachtete, ob er schon kam. Wenn ich ihn nur kommen sah oder die Klingel an der Tür hörte, rannte ich wie verrückt los.

«Papi!», schrie ich aus vollem Halse und warf mich in seine weit geöffneten Arme.

Er brachte mir immer etwas zum Spielen, Anziehen oder Naschen mit, doch ich hatte kaum Augen dafür, denn das Wichtigste für mich war er selbst. An ihn gekuschelt, betrachtete ich sein ovales Gesicht und genoss seine tiefe, melodische Stimme. Die ganze Welt hörte für mich auf zu existieren.

«Ich werde dich einmal heiraten», erklärte ich.

«Oh, da habe ich schlechte Nachrichten für dich: Töchter heiraten nicht ihre Väter», neckte er mich. «Du wirst sehen, eines Tages triffst du einen großartigen, gutaussehenden Mann und heiratest ihn.»

«Nein, ich treffe keinen! Ich will bei dir sein!», erwiderte ich.

«Keine Sorge, du wirst einen kennen lernen, und dann vergisst du deinen alten runzligen Vater», scherzte er und kitzelte mich.

«Ich werde dich nie vergessen! Niemals!», versicherte ich eifrig zwischen den nächsten Kicheranfällen.

«Das ist wunderbar, denn weißt du … ich sage dir etwas im Geheimen …» Er beugte sich zu meinem Ohr und flüsterte: «Ich habe schon eine Frau.» Papa lachte. «Und ich liebe sie wie verrückt!»

Er nahm Mamas Hand und zog sie neben sich aufs Sofa. Er umarmte uns beide zärtlich mit seinen muskulösen Armen.

Das waren die schönsten Augenblicke meines Lebens. Ich hätte stundenlang so mit meinen Eltern sitzen können, an sie geschmiegt, mit ihnen redend und lachend.

Wenn Papa auf Tournee war, verbrachte ich liebend gern zwei, drei Wochen in der Tschechoslowakei, denn für Oma und Opa war ich das einzige Enkelkind, und sie behandelten mich wie eine kleine Prinzessin.

Obwohl Oma sehr krank war, war sie außerordentlich fürsorglich, kochte meine Lieblingsgerichte, flocht mir Zöpfe und erzählte mir verschiedene Geschichten.

Auch meinen sanftmütigen Opa liebte ich von Herzen. Er ertrug geduldig meine ganzen Streiche, selbst das ständige Gekrakel mit Buntstiften an der Wand über dem Sofa, auf dem ich schlief – dieser Platz erschien mir sehr viel größer und besser zum Malen als ein normales Blatt Papier.

Opi rieb meine Zeichnungen mit Brotrinde ab und wiederholte geduldig: «Nadialein, an die Wand malt man doch nicht.»

Die Zugfahrten mit Mama von Warschau nach Brünn machten mir Spaß: Ich beobachtete die vorüberziehenden Landschaften, wir plauderten miteinander, oder ich sang aus voller Kehle Papas Lieder.

Ich schämte mich nie, auch vor fremden Leuten nicht. Alle sagten, dass ich das musikalische Talent wohl von meinen Eltern geerbt hatte, und waren begeistert von meinem Gesang. Das Witzige an der Situation war, dass die Texte überhaupt nicht zu meinem Alter passten – ich sang von verliebten Mädchen, die an schlechte Typen gerieten, oder von Vergnügungen am Strand.

Während wir durch Polen fuhren, lachten die Leute, und manche sangen sogar mit. Seitdem Papas Band auf einem Musikfestival in Oppeln (das ist eine Stadt im Südwesten von Polen) eine Auszeichnung bekommen hatte, war die Gruppe berühmt geworden, und viele kannten die Lieder auswendig.

Kapitel 2
Gepackte Koffer

Der letzte Besuch mit Mama in der Tschechei war vollkommen anders.

Meine Eltern hatten sich am Abend vor unserer Abfahrt wegen irgendetwas fürchterlich gestritten. Sie dachten, ich würde schon schlafen, deshalb sprachen sie ziemlich laut. Ich verstand nicht viel davon. Es ging wohl um Geld und irgendwelche anderen Dinge, die ich nicht begriff.

Mama hatte Papa schon länger Vorwürfe gemacht, und jetzt schrie sie, dass sie genug von diesem Leben habe: Er wäre nie zu Hause, würde sich nur um sich und seine Karriere drehen, zu wenig verdienen, und außerdem habe sie die Nase voll von diesen ganzen Frauen, die ihm ständig hinterherrennen würden.

Sie könne es außerdem nicht mehr ertragen, wegen den normalsten Lebensmitteln mit mir in der Schlange zu stehen, weil es in diesem schrecklichen Land nicht einmal Brot und Milch gäbe. Sie sehne sich endlich nach Stabilität.

Das Wort «Stabilität» verstand ich nicht, aber Mama wiederholte es unablässig. Es wäre ihr lieber, wenn Papa Maschinist wäre als «ein beschissener Musiker».

Ich konnte nicht verstehen, warum sie so laut wurde und solche Dinge sagte. Was machte sie so wütend? Papa war immer äußerst bemüht, wenn er zu Hause war, kochte leckere Mittagessen für uns und brachte uns von jeder Reise etwas Schönes mit.

Manchmal nähte er sogar für Mama und mich Kleider und Röcke, wie er sie in den ausländischen Zeitschriften gesehen hatte. Mama war schön angezogen, und alle bewunderten sie, weil sie so hübsch aussah.

Wenn wir Papa begleiteten, übernachteten wir immer in eleganten Hotels. Papa sagte Mama auch die ganze Zeit, dass sie die wunderbarste Frau sei, die er je getroffen habe, worauf ich sogar ein bisschen eifersüchtig war.

Ich verstand absolut nicht, warum Papa lieber Maschinist sein sollte. Ohne Musik, Konzerte und Auftritte könnte er doch gar nicht leben!

Ich zitterte und krümmte mich vor Angst im Bett zusammen, als ich sie so hart miteinander reden hörte. Es war das erste Mal, dass sie sich auf eine solche Weise stritten.

«Schrei nicht so, sonst weckst du noch die Kleine auf», versuchte Papa Mama zu beruhigen. Wir hatten nur ein Zimmer mit Küche, und ich schlief in der Ecke, die mit einem Vorhang abgetrennt war.

Mama ließ jedoch nicht locker. Ich zog mir die Decke über den Kopf und hielt mir die Ohren zu, weil ich ihr Schreien nicht mehr ertragen konnte. Das Kopfkissen war bald von meinen Tränen durchnässt. Ich verstand einfach nicht, warum Mama so aufgebracht war.

Wenn sie ihn nicht will, dann heirate ich ihn eben, beschloss ich in meiner kindlichen Naivität. Ich drückte meinen blauen Lieblingsteddy an mich, den Papa mir einmal mitgebracht hatte. Müde vom Weinen schlief ich irgendwann ein.

«Steh schnell auf, wir fahren zu Oma und Opa.» Mama rüttelte mich am Arm, um mich zu wecken.

«Zu Oma und Opa?» Verschlafen rieb ich mir die Augen. Ich verstand diese Eile nicht.

«Es ist jetzt keine Zeit für Erklärungen. Deine Sachen sind schon gepackt, nimm nur noch dein Spielzeug mit. So viel, wie du hineinbekommst.» Mit diesen Worten reichte sie mir meinen kleinen Rucksack.

«Mama ...»

«Wir müssen uns beeilen, deshalb mach dich fertig. In zwei Stunden fährt unser Zug.»

Ich wusste, dass es keinen Sinn hatte, Fragen zu stellen. Bei Mama gab es keine Diskussionen. Sie war entschlossen, energisch und konsequent. Mir war klar, dass ich machen musste, was sie sagte. Am besten sofort und ohne Widerrede.

Während ich im Bad war, gingen mir unzählige Gedanken durch den Kopf: *Ist das alles wegen diesem Streit? Papa hatte doch gar nichts davon gesagt, dass wir zu Oma und Opa fahren, als er sich gestern von mir verabschiedet hat … Weiß er, wo er uns suchen muss? …*

«Beeil dich!» Mama holte mich in die Wirklichkeit zurück.

«Ich komme gleich.» Ich spülte die restliche Zahnpasta aus dem Mund und verließ kurz darauf das Bad.

Im Flur standen bereits zwei gepackte Koffer. Der von Mama war groß und elegant, meiner klein und rot-blau kariert. Beide sahen durch unsere häufigen Reisen etwas mitgenommen aus.

Rasch zog ich mich an, packte den blauen Teddy und die kleine Stoffpuppe ein, die mir meine Freundin Beata zum Geburtstag geschenkt hatte, dazu die Bambino-Buntstifte und ein Ausmalheft.

«Es tut mir leid, dass ich euch nicht mitnehme. Ihr passt nicht mehr in den Rucksack, aber ich komme bald nach Hause zurück», entschuldigte ich mich bei meinen Maskottchen und der wunderschönen großen Puppe, die Papa mir vor kurzem aus der DDR mitgebracht hatte.

Vor dem Verlassen der Wohnung machte ich noch mein Bett so ordentlich, wie ich konnte, weil Mama sich immer ärgerte, wenn ich die Bettdecke einfach liegen ließ.

«Komm schnell, du musst noch frühstücken, bevor wir gehen!», rief Mama ungeduldig aus der Küche.

Während ich eilig ein Wiener Würstchen hinunterschlang, flocht sie mir Zöpfe. Da hörte ich auch schon das Hupen vor dem Haus.

Mama schaute aus dem Fenster. «Jetzt schnell nach unten, das

Taxi wartet schon!», befahl sie und drückte mir energisch den Rucksack mit meinen Spielsachen in die Hand.

«Weiß Papa …?»

«Mach dir um Papa keine Gedanken! Lauf schnell die Treppe hinunter, damit wir den Zug nicht verpassen!», trieb sie mich an und schloss die Wohnungstür ab.

«*Dobrý den!* – Guten Tag!», begrüßte uns der Schaffner auf Tschechisch, als wir über die polnisch-tschechische Grenze gefahren und in den Zug nach Brünn umgestiegen waren. Ich hatte keine Schwierigkeiten, ihn zu verstehen, weil ich beide Sprachen kannte. Allerdings sprach ich öfter und sehr viel besser Polnisch.

«Wie alt ist Ihre Tochter?», fragte er, als er unsere Fahrscheine kontrollierte.

«Fünf», antwortete Mama, während der Schaffner die Fahrscheine mit seinem speziellen Gerät lochte.

Dieses Gerät faszinierte mich so sehr, dass meine Großeltern mir zum Geburtstag den Spielsatz «Der kleine Schaffner» gekauft hatten. Heute jedoch konnte nicht einmal der Locher des Schaffners meine Aufmerksamkeit wecken. Die ganze Fahrt über saß ich nur da und starrte aus dem Fenster. Ich hatte auch keine Lust zu singen, denn nach dem Streit meiner Eltern und dem übereilten Verlassen unserer Wohnung war ich unsagbar traurig.

Ich lehnte meinen Kopf an den Sitz an und kniff mit aller Kraft die Augen zusammen, um nicht loszuweinen.

«Nadia, wach auf, gleich sind wir in Brünn.» Mama rüttelte an meinem Arm.

Ich rieb mir die Augen. Draußen war es inzwischen fast dunkel. Wir nahmen unsere Koffer und quetschten uns den engen Gang hinter anderen Reisenden entlang Richtung Ausgangstür.

Auf dem erleuchteten Bahnsteig wartete Opa auf uns. «Ho, ho, ho, wie du gewachsen bist! Du bist ja eine richtige Dame geworden!», verkündete er, hob mich von den hohen Stufen des Waggons herunter und umarmte mich herzlich.

Das war seine Standardbegrüßung, und jedes Mal war ich außerordentlich stolz darauf, schon ein großes Mädchen zu sein.

«Opi, ich war mit Papi und Mami an der Ostsee!» Der Anblick meines Opas verbesserte meine Laune wesentlich, und so plapperte ich während der gesamten Fahrt nach Hause.

«Ja? Und wann?»

«Vor kurzem. Mami, wann war das?», fragend schaute ich Mama an.

«Vor zwei Wochen», antwortete sie mit leicht verärgerter Stimme.

«Opi, warst du auch schon einmal an der Ostsee? Wie heißt das tschechische Meer? Kannst du schwimmen?» Das waren die ersten von gefühlt hunderten Fragen, die ich Opa auf dem Weg zur Wohnung in der Altstadt von Brünn stellte.

Oma erwartete uns mit einem warmen Essen. Wie immer gab es Semmelknödel mit Gulasch und Gurkensalat. Das war das tschechische Nationalgericht, das ich liebte. Oma betonte, dass sie niemals fertige Knödel kaufte, sondern sie stets selbst machte, obwohl man sie in der Tschechoslowakei überall kaufen konnte, sogar im kleinsten Lebensmittelgeschäft. Zweifellos waren aber keine so lecker wie die, die meine Oma machte.

«Und wann kommt Jakub nach?», fragte Opa Mama beim Essen. Er mochte ihn sehr, so wie Mamas ganze Familie: ihre Eltern und ihr Bruder, alle liebten Papa.

«Das weiß ich nicht», antwortete Mama knapp. «Und … es ist mir auch egal», fügte sie leise hinzu.

Oma schaute sie verwundert an. «Was ist passiert? Habt ihr euch gestritten?» Oma senkte ebenfalls die Stimme.

«Wir reden später», brach Mama das Gespräch mit einem Kopfnicken in meine Richtung ab.

Oma fragte nicht weiter nach.

Obwohl ich wusste, dass Papa auf Tournee war, wartete ich dennoch unbewusst darauf, dass er bald bei meinen Großeltern auftauchen würde.

«Mama, wann kommt Papa?», fragte ich am nächsten Tag beim Frühstück.

«Das weiß ich nicht, er ist doch unterwegs. Und sprich Tschechisch, wir sind in der Tschechei!», beendete sie das Thema.

Oma und Opa hatten nichts dagegen, dass ich Polnisch sprach, auch wenn sie manchmal nicht alles verstanden. Mit Mama bemühte ich mich jedoch, in ihrer Muttersprache zu reden, obwohl ich mich schämte, weil mir häufig Fehler passierten und Mama mich ärgerlich korrigierte.

Noch am selben Nachmittag wollte Mama sich mit einer Freundin treffen – mit Ewelina, wie sie meinen Großeltern sagte.

Seitdem verschwand sie jeden Tag nach dem Mittagessen, bis sie eines Abends überhaupt nicht nach Hause kam.

Ich machte mir keine Sorgen, denn Oma und Opa schauten mit mir den Sandmann an, brachten mich ins Bett und erzählten mir noch lange Märchen. Ich mochte besonders «Rotkäppchen» und «Aschenbrödel». Auch wenn ich ja niemals alle Wörter verstand, kannte ich den Inhalt in- und auswendig durch Papas Erzählungen.

Mama tauchte erst am nächsten Tag zu Hause auf, als Oma gerade das Mittagessen kochte.

Mit Opa war ich am Vormittag schon auf dem Gemüsemarkt gewesen. Ich liebte es, mit ihm dort einzukaufen, zwischen den engen Ständen entlangzulaufen und unseren kleinen Korb mit Gemüse zu tragen.

Als Mama zurückkam, hörte ich, wie Oma ihr im Flur aufgebracht zuflüsterte: «Komm doch zur Vernunft! Das kann schlimm ausgehen!»

Ich stand in der Küche hinter der Tür, hielt den Atem an und versuchte, die schwierigen tschechischen Wörter zu verstehen.

«Ich will auch etwas vom Leben haben! Endlich denkt mal jemand an mich, nicht nur an sich selbst.»

«Vergiss nicht, dass du einen Mann hast!»

«Der nie zu Hause ist!»

«Das ist sein Beruf! Es hat dich doch bisher auch nicht gestört. Er tut es, um Geld für euch zu verdienen.»

«Geld verdienen?!», fauchte Mama. «Ich weiß nie, wie viel er wirklich verdient. Und dazu das ständige Warten, die Feiern und Frauen nach den Konzerten! Was soll das für ein Leben sein? Ich habe es satt! Du hast keine Ahnung, was es heißt, die Frau eines Musikers zu sein! Und dann noch diese zunehmende Krise in Polen! Was ist das für ein Land, in dem man sogar wegen Toilettenpapier eine Stunde in der Schlange stehen muss?! Dort kann man nichts normal kaufen. Wenn ich nicht in die Tschechei kommen würde, hätte Nadia nichts anzuziehen. Schuhe oder Strumpfhosen für Kinder sind Luxuswaren, die man nur über Beziehungen bekommt.»

«Viele Frauen würden gern so leben wie du. Jakub liebt dich und Nadia über alles.»

«Liebe ist ein bisschen zu wenig …», antwortete Mama ironisch. «Das Leben ist mehr als ein ständiges Vergnügen. Wir brauchen Stabilität, aber er ist wochenlang nicht da. Mama, du kennst ihn überhaupt nicht! Du denkst, er sei ein Heiliger, dabei ist er ein selbstherrlicher Schuft! Und jetzt würde ich gern etwas essen. Ich gehe mir ein belegtes Brot machen.»

Ich setzte mich schnell an den Küchentisch und tat so, als würde ich malen. Mama war so in Gedanken, dass sie mich nicht einmal ansah.

«Hallo Mama.»

«Bist du lieb gewesen?», fragte sie, während sie mich mit einem flüchtigen Blick streifte.

«Ja, wirklich», versicherte ich eifrig.

Ich stand auf und schmiegte mich an sie, doch sie strich nur mechanisch mit der Hand über meinen Kopf. Im Gegensatz zu Papa war sie nie besonders überschwänglich oder zärtlich.

Sie ging zum Kühlschrank und machte sich ein Hörnchen mit Butter und Schinken. Danach nahm sie die Kaffeedose aus dem Schrank, tat sich etwas Pulver in die Tasse und übergoss es mit kochendem Wasser. Der aromatische Duft breitete sich in der Küche aus.

Ich setzte mich wieder an den Tisch und griff nach den Buntstiften.

Oma ging wortlos zur Anrichte, nahm sich einen Teelöffel mit etwas Zucker und maß einige ihrer «Herztropfen» ab, wie sie ihre Medizin nannte. Ich sah, wie ein paar Tropfen neben den Löffel fielen, weil ihre Hände so zitterten. Sie atmete ein paar Mal tief ein und wandte sich wieder den Kartoffeln zu, die sie vorher zu schälen begonnen hatte. Wegen ihrer Krankheit ging ihr alles nur langsam von der Hand, aber sie schonte sich nie und behauptete, die Arbeit würde ihr gut tun.

«Mama, gehen wir heute spazieren?», fragte ich, als sie sich zu mir an den Tisch setzte.

«Was hast du gesagt?» Meine Frage hatte sie aus ihren Gedanken gerissen.

«Gehen wir heute spazieren?», wiederholte ich bittend.

«Nein, heute kann ich nicht, weil ich mich mit jemandem verabredet habe», antwortete sie. Dabei schaute sie mich nicht an. Ich wusste, dass es keinen Sinn haben würde zu betteln.

«Nadia, ich frage Opa, ob er nach dem Mittagessen mit dir nach draußen geht. Dann könnt ihr zusammen ein Eis essen», sagte Oma leise. Ihre Stimme klang, als würde sie gleich zu weinen beginnen.

Obwohl ich Eis liebte, hatte ich in diesem Moment keine Lust darauf. Ich verstand nicht, was los war. Papa war weit weg, und Mama hatte keine Zeit für mich. Ich wollte nicht vor ihr weinen, deshalb sagte ich, dass ich ins Wohnzimmer spielen gehen würde.

«Du solltest dich mehr mit ihr beschäftigen, irgendwo mit ihr hingehen», hörte ich noch die gedämpfte Stimme meiner Oma. Mamas Antwort verstand ich nicht mehr.

Am Nachmittag zog Mama sich elegant an und verließ die Wohnung, ohne sich zu verabschieden. Ich lehnte mich aus dem Fenster und sah, wie sie auf ein Auto zuging, das vor dem Haus wartete. Ein in einen dunklen Anzug gekleideter Mann stieg aus, küsste sie zur Begrüßung auf die Wange und öffnete ihr die Beifahrertür.

«Meine Kleine, lehn dich nicht so weit aus dem Fenster!»

Opa hielt mich von hinten fest und zog mich vom Fenster zurück. Er warf einen Blick nach draußen und sah dasselbe wie ich. In seinen Augen bemerkte ich eine tiefe Traurigkeit, auch wenn er kein Wort sagte. Er streichelte über meinen Kopf. Nur mit Mühe konnte ich die Tränen zurückhalten.

Dieser Mann kam Mama nun täglich abholen. Sie trug plötzlich neue Kleidungsstücke, die – wie ich durch ein Gespräch meiner Großeltern mitbekam – sicher er für sie gekauft hatte.

Eines Tages, als Oma und Opa dachten, dass ich schon schlafen würde, hörte ich, wie Oma weinend sagte: «Das ist keine flüchtige Bekanntschaft, das ist eine Romanze! Frau Havrankova hat mir erzählt, dass Hania sich schon länger mit diesem Mann trifft. Sie haben sich immer gesehen, wenn sie bei uns war, doch wir waren so naiv, dass wir nichts gemerkt haben. Er ist ein Freund von Ewelinas Mann, und sie haben sich bei ihnen getroffen.»

Frau Havrankova war die Inhaberin des Tante-Emma-Ladens des Viertels und wusste alles über alle.

Ich drehte mich zur Wand, damit Oma und Opa mein Weinen nicht hörten. Obwohl ich nicht wusste, was das Wort «Romanze» bedeutete, sagte mir meine kindliche Intuition, dass es etwas Schlimmes war.

«Sie hat vollkommen den Verstand verloren! Sie macht alles,

was er ihr sagt, und ist sogar bereit, ihr eigenes Kind zu opfern», antwortete Opa.

«Gibst du mir meine Tropfen‽», bat Oma ihn.

«Du musst dich hinlegen und ausruhen, Liebes», sagte Opa mit besorgter Stimme. «Bei deinem Gesundheitszustand darfst du dich nicht aufregen!»

Ich erschrak.

Was, wenn Oma etwas passiert? Wer hilft mir dann? Das wäre Mamas Schuld und die von diesem Typen! Das würde ich ihnen nie verzeihen!

«Wir bleiben in der Tschechei», erklärte Mama einige Tage später beim Frühstück.

«Wie … wir bleiben? Wie lange?»

«Für immer. Wir fahren nicht mehr zurück nach Polen.»

«Warum? Kommt Papa und wird hier mit uns wohnen?» Ich verstand nicht, was los war.

«Nein, er kommt nicht. Wir ziehen bald um, und ab nächstem Monat gehst du hier in den Kindergarten.»

Diese Worte trafen mich wie ein Schlag. «Aber ich will hier nicht in den Kindergarten gehen!», protestierte ich. «Ich will nach Warschau, zu Papa!»

«Ich habe gesagt, dass wir nicht nach Warschau zurückfahren! Du wirst sehen, das wird besser sein für dich und mich.»

«Nein! Ich will zu Papi! Ich will nicht hier bleiben!» Ich begann zu weinen.

«Du brauchst nicht zu heulen.» Mama gab mir ein Taschentuch. «Ich … gehe nicht zu Papa zurück.»

«Was bedeutet das? Warum gehst du nicht zu Papa zurück?», fragte ich schluchzend.

«Du bist noch zu klein, um das zu verstehen! Ich gehe nicht zu ihm zurück, und damit ist Schluss!»

«Aber ich will zu Papi! Ich will zu meinem Papi!» Ich weinte immer lauter.

«Reiß dich zusammen! Wir bleiben hier, meine Entscheidung steht fest. Dein Geheule wird auch nichts daran ändern. Also sei still und iss dein Frühstück auf.»

Ich versuchte mich zu beruhigen, denn ich sah, dass Mama immer ärgerlicher wurde, doch ich konnte die Tränen nicht zurückhalten, die trotzdem über mein Gesicht liefen und auf den Teller tropften.

«Nadialein, weine nicht.» Oma, die gerade in die Küche gekommen war, strich mir über den Kopf und umarmte mich liebevoll.

«Hania, ich bitte dich … das kannst du doch nicht machen!», wandte sie sich entschieden an Mama.

Mama beschloss, ihre Taktik zu ändern: «Nadia … du bist doch gern bei Oma und Opa. Morgen fahren wir in ein Geschäft und kaufen dir einen hübschen Rucksack für den Kindergarten. Du kannst dir einen aussuchen, der dir gefällt», versuchte sie mich zu trösten. «Hier muss man nicht in der Schlange stehen, und es gibt viel schönere Rucksäcke als in Polen. Meiner damals war rosa und hatte verschiedene Märchenfiguren darauf. Er müsste noch irgendwo auf dem Dachboden sein, dann kann ich ihn dir zeigen. Und ich hatte ganz besondere Buntstifte, die man mit Wasser verschmieren konnte. Und …»

Aber ich wollte überhaupt keine Buntstifte und keinen Rucksack. Ich sehnte mich einzig und allein danach, wieder bei meinem geliebten Papi zu sein, ohne den ich mir das Leben nicht vorstellen konnte.

«Ich will das nicht! Ich will zu Papa!», schrie ich.

«Seht ihr, was er mit ihr gemacht hat?!», wandte sich Mama vorwurfsvoll an Oma und Opa. «Das ist nicht normal. Er ist nur ab und zu da, verwöhnt sie nach Strich und Faden, lässt sich auf der Nase herumtanzen, und ich habe dann wochenlang damit zu tun, sie wieder zu bändigen.»

Während Mama sich so aufregte, schluchzte ich die ganze Zeit: «Ich will zurück zu Papi! Ich will zu Papi!»

Kapitel 3
«Ich will zu Papi!»

«Bitte warten Sie, ein internationales Gespräch», erklärte die Telefonistin.

«Das muss Jakub sein!», rief Opa. «Ja, sie sind hier. Ja … Du kommst her? Du verkürzt deine Tournee um eine Woche? Gut, wir warten auf dich, ganz besonders Nadia. Ja, gut … bis dann.»

«Und?», fragten Oma und ich gleichzeitig und schauten Opa erwartungsvoll an.

«Er hat gesagt, dass er so schnell kommt, wie er kann. Dadurch, dass er die ganze Zeit im Ausland war, wusste er nicht, wo ihr seid. Er hatte Angst, dass euch etwas passiert ist, weil er euch nicht erreichen konnte. Dann hat er vermutet, dass ihr zu uns gekommen seid, obwohl Mama nichts davon gesagt hatte …»

Vor lauter Glück hörte ich Opas Fortsetzung nicht mehr. Ich konnte auch keinen Löffel von dem leckeren Grießbrei mehr essen, den Oma mir mit geschmolzener Butter und einer dicken Kakaoschicht vorbereitet hatte.

«Papi kommt, Papi kommt!», rief ich und tanzte durch das Zimmer.

An diesem Tag schmeckte mir das Eis so gut wie noch nie, und auf dem Spielplatz schaukelte ich so hoch, dass ich den Eindruck hatte, beinahe die Wolken zu erreichen. Am Abend konnte ich lange nicht einschlafen. Immer wieder lief ich aufgeregt zum Fenster, um zu sehen, ob er vielleicht schon kam.

«Papi kommt bald», erzählte ich glücklich meinem blauen Teddy. Ich hoffte, dass Mama und Papa sich versöhnen und wir zusammen nach Polen zurückfahren würden.

Mit dem Bild unserer Familie vor Augen schlief ich zufrieden und sorglos ein.

«Verbringe wenigstens ein bisschen Zeit mit deinem Kind!», hörte ich am nächsten Tag Omas leise Stimme, als ich unbemerkt in die Küche kam.

Mama nahm sich ihre Worte offensichtlich zu Herzen, denn nach dem Mittagessen schlug sie vor: «Übers Wochenende, vielleicht sogar länger, fahren wir an den Stausee campen.»

«Wirklich?» Ich freute mich über alles.

Der Brünner Stausee war sowohl bei den Einheimischen als auch bei Touristen ein bekannter und beliebter Ort. Man konnte dort Campinghütten mieten und wunderschön spazieren gehen. Der Gedanke an diesen Ausflug begeisterte mich, und meine Freude wurde noch größer, als Mama sagte, dass ihr Bruder mitkommen würde.

Es war ein außergewöhnlich heißer Sommertag. Mama und ich liefen mit unseren kleinen Rucksäcken die sonnigen Straßen entlang bis zur Straßenbahnhaltestelle und fuhren einige Stationen bis zum nahe gelegenen Stausee. Mein Onkel wollte mit dem Auto unser restliches Gepäck mitbringen.

Mir kam dieser Tag wie der schönste im Jahr vor. Ich hüpfte fröhlich den Weg entlang und stellte mir vor, was für ein herrliches Wochenende wir verbringen würden. Und wenn wir zurückkämen, würde Papi vielleicht schon auf mich warten. Ich würde ihm um den Hals fallen, dann würden sich Mama und Papa umarmen und die Erlebnisse der letzten Wochen würden der Vergangenheit angehören.

Meine Freude erlosch jedoch abrupt, als sich herausstellte, dass uns am Stausee … dieser Mann erwartete.

«Das ist Onkel Milan», stellte Mama ihn mir vor.

Ich schaute ihn verwundert und empört an.

Was macht der denn hier?! Er soll verschwinden! Sofort!

Ich konnte ihn nicht leiden. Obwohl ich nicht verstand, was sich zwischen ihm und Mama ereignet hatte, spürte ich, seitdem ich das Wort «Romanze» gehört hatte, dass die Probleme zwischen meinen Eltern daher kamen, dass er aufgetaucht war.

Ich war wütend, weil Mama ihn die ganze Zeit anstrahlte und ihm ständig etwas ins Ohr flüsterte.

Wozu ist er hierhergekommen¿! Er gehört doch überhaupt nicht zu unserer Familie! Er soll gehen!, dachte ich. Ich hielt möglichst großen Abstand zu ihm und lief vorneweg, während Mama mich ständig ermahnte.

«Hör auf, so zu rennen, und benimm dich wie ein normales Kind! Papa hat dich viel zu sehr verwöhnt! Ich muss dich erst einmal ordentlich erziehen», rief sie verärgert.

Ich werde auf keinen Fall neben diesem schrecklichen Mann laufen!, dachte ich und lief noch schneller.

Als wir uns dem Spielplatz näherten, rannte ich zur Schaukel und sprang darauf. Ich versuchte so gewaltig Schwung zu holen, dass ich beim Vorbeugen von der Schaukel fiel und mit dem Kopf zuerst auf dem Boden aufkam. Ein stechender Schmerz durchfuhr mich.

«Mama!», schrie ich unter Tränen. Ich berührte meine Stirn und sah, dass meine Hand voller Blut war.

«Ich habe dir doch gesagt, dass du nicht so herumtoben sollst!», schimpfte sie, während sie mich von der Erde aufhob. Ihre Stimme schien weit weg. Ich hörte noch das Martinshorn.

Als Nächstes wachte ich im Krankenhaus wieder auf.

Sie hatten meine Wunde am Kopf genäht, einen Verband angelegt und mein Bett in einen Saal voller Kinder gebracht. Ich sollte zur Beobachtung im Krankenhaus bleiben, damit eine Gehirnerschütterung ausgeschlossen werden konnte.

Ich wusste nicht, was schlimmer war – der Schmerz der genähten Wunde und die Notwendigkeit, im Krankenhaus bleiben zu müssen, oder die Tatsache, dass die ganze Zeit dieser fürchterliche

Mann vor der Tür auf Mama wartete und sie schließlich mit ihm wegfuhr.

Es vergingen zwei Tage, in denen ich einfach nur auf dem Bett saß, auf einen unsichtbaren Punkt starrte und hin und her wippte.

Andere Kinder versuchten mich etwas zu fragen, aber ich war so traurig, dass ich keine Lust hatte, mit ihnen zu sprechen.

Ein großer Kloß steckte in meinem Hals.

Warum ist Papa nicht da? Warum ist er noch nicht gekommen? Warum holt er mich nicht ab? Ich will nicht hier sein!

Es war schon fast dunkel, als ich auf dem Flur eine Stimme hörte: «Wo ist meine Tochter? Wo haben Sie Nadia hingelegt?!»

Ich saß immer noch apathisch auf meinem Bett und dachte, dass ich mich getäuscht hatte, doch als Papa in den Saal kam, fiel ich ihm nur noch in die Arme.

«Nadialein!» Er nahm mich hoch. «Meine Kleine, mein Schatz», wiederholte er und überschüttete mich mit Küssen. Die anderen Kinder versammelten sich um uns herum und schauten zu.

«Ich habe dich so schrecklich vermisst, Papi! Bitte lass mich nicht hier!», flüsterte ich, während ich meine Arme krampfhaft um seinen Hals schlang. «Bitte!»

«Natürlich lasse ich dich nicht hier, warum sollte ich das tun?», versicherte er mir und küsste mich auf die Stirn.

«Wie hast du mich gefunden?»

«Ich habe euch bei Oma und Opa gesucht. Opa hat mir gesagt, dass ihr zum Stausee gefahren seid …»

«Wie sind Sie hier hereingekommen?! Es ist keine Besuchszeit mehr!» Eine sehr unfreundliche Krankenschwester, vor der alle Kinder Angst hatten, kam in den Saal gelaufen und begann Papa anzuschreien.

«Das ist meine Tochter! Ich habe ein Recht, bei meinem Kind zu sein!», protestierte Papa.

«Sie haben hier überhaupt keine Rechte! Bitte verlassen Sie sofort den Saal!»

«Das ist meine Tochter, und ich bleibe bei ihr!» Papa ließ sich nicht einschüchtern.

«Wenn Sie nicht gehen, hole ich den Chefarzt!»

«In diesem Fall geht meine Tochter zusammen mit mir!», stellte Papa kategorisch fest. Er nahm mich an der Hand und verließ den Saal.

In diesem Moment tauchten zwei Ärzte auf, die durch den Lärm aufmerksam geworden waren, und versuchten Papa aufzuhalten. Er ließ allerdings keinerlei Argumente gelten und verlangte meine Entlassung aus dem Krankenhaus.

«Ich wusste, dass du kommst! Du bist mein Held, so wie der Prinz aus dem Märchen», flüsterte ich, während er mich auf seinen Armen aus dem Krankenhaus trug. «Aber was ist denn mit deiner Hand passiert?», fragte ich, als ich die abgeschürfte Haut bemerkte. «Bist du auch hingefallen?»

«Nein, aber ... ich musste ein ernstes Wörtchen mit einem gewissen Mann wechseln, der deiner Mutter schaden wollte.»

Hat Papa etwa ... Milan geschlagen? Ich schaute ihn verwundert an.

«Das ist gut», erklärte ich zufrieden und umarmte ihn noch fester.

Als wir bei den Großeltern ankamen, war Mama nicht da. Ich hörte nur, wie Opa leise zu Papa sagte: «Wenn du hier gewesen wärst, dann wäre das alles nicht passiert! Wenn du nur hier gewesen wärst!»

Papa war traurig und wütend. Ich war mir sicher, dass das wegen diesem blöden Milan war, doch ich sagte nichts. Papa brachte mich ins Bett und erzählte mir einige Märchen. Mir tat zwar immer noch der Kopf ein bisschen weh, aber an diesem Abend schlief ich ruhig ein und fühlte mich geborgen.

Als ich am nächsten Morgen die Augen aufschlug, saß Papa auf dem Sofa neben mir und schaute mich an.

«Na, bist du aufgewacht, meine kleine Schlafmütze?» Er lächelte mich an. «Wie geht es dir? Tut der Kopf noch weh?»

«Nein, überhaupt nicht mehr!», versicherte ich wahrheitsgemäß.

«Das ist schön, denn ich habe eine Überraschung für dich …»

«Was für eine? Sag schon!» Ich hüpfte auf seinen Schoß und streichelte über seine Wangen.

«Mama hat erlaubt, dass wir für zwei Wochen zusammen nach Polen fahren!», sagte er lächelnd. «Der Zug fährt heute Abend.»

Ich konnte vor Glück kaum an mich halten! Auch wenn Mama nicht mitfuhr, war ich mir sicher, dass es die schönsten Tage meines Lebens werden würden, weil ich sie mit Papi verbringen konnte!

Als wir unsere kleine Warschauer Wohnung betraten, blieben wir wie angewurzelt stehen.

«Diebe!», rief Papa entsetzt.

Wir begannen, die Schränke durchzusehen, um festzustellen, was fehlte – es war Mamas und meine Kleidung. Papas Sachen waren unberührt geblieben. Er konnte sich denken, was passiert war …

Besorgt ließ er sich auf dem Sofa nieder. Ich setzte mich neben ihn und schmiegte mich an ihn. Er hob den Kopf und sagte:

«Das sind nur Sachen. Das Wichtigste ist, dass ich dich habe, meine Kleine! Dass mir niemand dich weggenommen hat. Das würde ich niemals zulassen!»

Die nächsten Tage waren einfach nur wunderbar, wenn sie auch viel zu schnell vorübergingen. Der Gedanke an die Rückkehr in die Tschechei führte dazu, dass ich Papa weinend anbettelte, Mama anzurufen und ihr zu sagen, dass ich noch bei ihm bleiben wolle.

Mama hatte am Anfang nichts dagegen, doch eine Woche später rief sie eines Abends an und forderte, dass Papa mich sofort zurückbringe. Papa dachte, ich würde schon schlafen, aber ich hörte seine Antwort:

«Nein, das geht nicht! Ich bin extra früher von der Tournee zurückgekommen und habe dir versprochen, dass es das letzte Mal war. Hania, uns verbindet doch so viel! Wir haben Nadia … Ich flehe dich an, überdenke deine Entscheidung noch einmal!», bat er sie eindringlich. «Ich liebe dich und Nadia und kann mir ein Leben ohne euch nicht vorstellen! Lass es uns noch einmal versuchen. Überleg es dir bitte …»

Ich spürte die Anspannung in seiner Stimme.

«Scheidung?! Ich … ich stimme keiner Scheidung zu!», schrie er geradezu in den Hörer.

Am nächsten Morgen ließ ich mir nicht anmerken, dass ich das Gespräch mitbekommen hatte, und versuchte mich einfach an der gemeinsamen Zeit mit Papa zu erfreuen.

Leider rief Mama nun immer öfter an und forderte, dass Papa mich sofort zurück in die Tschechei brachte. Er argumentierte, dass er mich schließlich nicht zwang, bei ihm zu sein, und dass er dasselbe Recht habe, Zeit mit mir zu verbringen, wie sie.

Nach einem Monat jedoch, als er kaum noch Geld zum Leben hatte und sich die Möglichkeit bot, wieder auf Tournee zu gehen, brachte er mich zu Mama zurück.

Als wir auf dem Bahnhof in Brünn ankamen, stieg Papa als Erster aus und hob mich die hohen Stufen hinunter.

Mama wartete mit Milan auf dem Bahnsteig. Sie hatte einen harten und verbitterten Gesichtsausdruck.

Krampfhaft umschlang ich Papas Hals. Ich spürte, wie sein Herz hämmerte.

«Na endlich!» Mama kam schnurstracks auf uns zu. «Das war das letzte Mal! Du bekommst sie in Zukunft nicht mehr!»

«Immer mit der Ruhe, Hania … das ist unser gemeinsames Kind. Ich habe auch ein Recht auf sie», protestierte Papa, der mich immer noch auf dem Arm trug.

«Ein Recht?», schnaubte Mama und versuchte mich ihm wegzunehmen. «Ein wunderbarer Papi zum Vorzeigen!», höhnte sie. «Gib sie mir!», forderte sie, aber Papa ließ mich nicht los.

«Du bist ungerecht. Ich bin ein guter Vater gewesen, und ich habe dir versprochen …»

«Ungerecht? Du hast doch nie Verantwortung übernommen! Jetzt gib sie mir endlich!»

«Ich habe dir versprochen, dass ich die Musik an den Nagel hänge und anfange …»

«Ja, ja, deine Versprechen! Es ist klar, dass sie bei mir bleibt.»

«Damit bin ich aber nicht einverstanden!»

«Und wie stellst du dir das vor? Soll sie etwa bei dir bleiben? Sie muss schließlich in den Kindergarten und kommt bald in die Schule. Sie braucht ein stabiles, normales Zuhause. Oder willst du sie vielleicht im Zimmer einschließen, bis du gnädigerweise nach mehreren Wochen wieder zu Hause erscheinst? Es ist mir egal, ob du einverstanden bist. Ich habe schon im Ministerium nachgefragt. Nadia ist Bürgerin der Tschechei und bleibt zusammen mit mir in diesem Land. Und … ich werde alles tun, dass du sie so selten wie möglich zu Gesicht bekommst!», schloss sie wütend.

«Wir gehen!», sagte sie forsch zu mir.

Milan stand die ganze Zeit in der Nähe, und ich wurde mit jeder Sekunde entsetzter über das, was sich zwischen Mama und Papa abspielte.

«Ich will nicht hierbleiben, ich will zu Papi!» Ich begann zu weinen und umklammerte ihn fest.

Mama zog mich so energisch am Arm, dass es weh tat.

«Ich gehe nirgendwo hin!», protestierte ich, ohne Papa loszulassen.

«Sei still und mach keinen Aufstand», zischte Mama. Mit aller Kraft löste sie mich von Papa.

«Hania, beruhige dich doch … die Leute schauen schon! Lass mich mit euch ins Auto steigen, und ich versuche Nadia unterwegs alles in Ruhe zu erklären», bat Papa.

«Wir gehen!», befahl Mama und zog heftig an mir. «Wir gehen, hast du gehört?!» Sie erhob ihre Stimme, als ich mich von ihr losriss und zurück zu Papa lief. Ich umklammerte seinen Hals und wollte ihn nicht loslassen.

«Hör auf mit diesem Theater, Hania, wir können uns doch in Ruhe voneinander verabschieden», sagte Papa eindringlich.

«Papi! Papi!!!», rief ich verzweifelt, als Mama mich wieder von ihm wegziehen wollte.

«Lass uns das doch vernünftig lösen.» Papa versuchte sie aufzuhalten.

«Ich will bei Papi bleiben!!!» Ich schrie aus vollem Halse. Um uns herum versammelten sich immer mehr Gaffer.

«Ich werde alles tun, damit ihr so selten wie möglich die Gelegenheit bekommt, so einen Aufstand zu machen!», versuchte Mama mich zu übertönen.

«Paaaapiiiii!!!» Ich sträubte mich mit aller Kraft und trat um mich, als Mama mich gewaltsam aus seiner Umarmung löste.

«Schluss jetzt! Du bist zu groß für so einen Zirkus!» Mama hielt mich fest und trug mich strampelnd über den Bahnsteig.

«Auf Wiedersehen, meine Kleine … Ich komme gleich nach dem nächsten Konzert zu dir …!», rief Papa hinter uns her.

«Es wird besser sein, wenn du überhaupt nicht mehr auftauchst! Ich werde mich darum kümmern, dass du keinen Pass bekommst!», drohte Mama wütend.

Papa wird mich also nicht mehr sehen können?! Nein!!!

«Ich will zu Papi! Paaapiiiii!», schluchzte ich verzweifelt.

«Nadia, ich liebe dich … und ich komme ganz sicher …», rief Papa mir zu.

«Paaapi! Mein Papi! Paaaapiiiii!!!» Ich schrie immer noch, während wir längst im Auto saßen und Mama versuchte, mich zum Schweigen zu bringen.

Manchmal kann eine Minute alles in unserem Leben verändern. Uns zerbrechen, zerstören, uns jegliche Chance und Hoffnung rauben.

Obwohl mein kindlicher Verstand nicht in der Lage war zu begreifen, was vor sich ging, spürte ich, dass in diesem Moment die Welt für mich zusammenbrach. Unsere gemeinsame Welt – Papas und meine Welt.

Um uns herum lachten die Menschen, aßen, Eltern gingen mit ihren Kindern spazieren und fuhren Fahrrad. Während sie sich freuten, hatte ich den Eindruck, dass mein Herz in tausend Stücke zerbarst. Meine wunderbare, sichere und sorglose Kindheit hatte mit einem Schlag geendet. Es begann ein Leben, das ich die Hölle nennen kann.

Kapitel 4
Eine schreckliche Falle

«Versucht ihr doch, sie zu beruhigen! Diese Göre raubt mir noch den letzten Nerv!» Mit diesen Worten warf Mama mich wütend aufs Sofa. «Mit ihrem Geheule hat sie halb Brünn zusammengeschrien! So eine Schande!»

«Ich will zu Papi! Zu Papi!» Ich weinte in Omas Armen. Vom Schreien war meine Stimme heiser geworden.

«Meine Güte, was habt ihr denn mit ihr gemacht?», fragte Oma verzweifelt, während sie mir die Tränen abwischte. Meine Augen waren so zugeschwollen, dass ich kaum etwas sah.

«Sie heult schon die ganze Zeit so herum!»

«Wunderst du dich etwa darüber? Du weißt doch, wie sehr sie ihren Vater liebt.» Opa schüttelte den Kopf.

«Sie sollte eine ordentliche Tracht Prügel bekommen! Und das wird sie auch, wenn sie nicht bald still ist!», drohte Mama und massierte ihre Arme, die vom Gerangel mit mir schmerzten.

Mir war alles egal. Sie hätte mich anschreien oder schlagen können. Nichts hatte mehr Bedeutung für mich. Ich wollte nur eins: zurück zu meinem Papi!

«Es ist die Frage, *wer* hier Prügel bekommen sollte!», bemerkte Opa scharf. Was habt ihr mit ihr gemacht? Dieses Kind hat einen Schock! Das hättet ihr auch anders klären können!»

«Du selbst hast doch befürchtet, dass Jakub sie mir nicht freiwillig geben wird, deshalb habe ich sie ihm abgenommen! Mit ihr ist alles in Ordnung. Jetzt heult sie zwar, aber sie wird auch wieder aufhören.» Damit verließ Mama die Wohnung. Hinter ihr fiel die Tür mit lautem Knall ins Schloss.

Ich schmiegte mich an Oma und schluchzte: «Ich will zu Papi! Ich will nicht hierbleiben! Papi soll mich hier wegholen! Ich will bei ihm sein!», krächzte ich.

Ich weiß nicht mehr, wie lange ich so in Omas Umarmung jammerte. Irgendwann muss ich erschöpft eingeschlafen sein, denn ich wachte erst wieder auf, als es draußen schon dunkel war. Opa saß an meinem Bett. Sobald mir klar wurde, was passiert war, begann ich wieder zu weinen.

Oma gab mir mein Abendessen, doch ich erbrach alles wieder. Geduldig zog sie mir den Schlafanzug an und legte mich ins Bett. Ich nahm meinen blauen Teddy in den Arm und wischte die Tränen ab, die mir übers Gesicht liefen.

«Trink das, mein Liebes», sagte Opa mit besorgter Miene zu mir. «Oma hat bei unserer Ärztin angerufen, und sie sagte, dass dir das helfen wird.»

Ich trank gehorsam die bittere Medizin, die Opa mir reichte, obwohl ich mir sicher war, dass nichts und niemand mir helfen konnte.

Vielleicht ist das Gift und ich wache nicht mehr auf? Das wäre das Beste, dachte ich.

Bevor ich von Papa getrennt sein sollte, wollte ich lieber sterben. Ohne ihn hatte mein Leben keinen Sinn.

Was kann ein fünfjähriges Kind tun, wenn seine glückliche Kindheit wie eine Seifenblase zerplatzt? Welche Argumente hat es gegenüber der grausamen Entscheidung seiner eigenen Mutter?

Ich empfand vollkommene Verzweiflung und Hilflosigkeit. Obwohl unsere Familie nicht gläubig war und ich nie gebetet hatte, hatte ich einmal gehört, wie unsere polnische Nachbarin sagte: «Da hilft nur Gebet.» Ich wusste zwar nicht, zu wem ich beten und was ich sagen sollte, aber ich flehte, dass mein Papi so schnell wie möglich auftauchte und mich mitnahm, weg von Mama.

Leider musste ich am nächsten Morgen feststellen, dass meine Bitte nicht erhört worden war. Mama kam und erklärte, dass wir am nächsten Tag zu Milan umziehen würden. Ich rutschte in die hinterste Sofaecke.

«Hast du dir das gut überlegt?», fragte Opa ernst. «Was weißt du denn von diesem Menschen? Ist er es wirklich wert, alles für ihn zu opfern?»

«Papa, ich bin erwachsen und weiß sehr gut, was ich tue! Ich will ein neues Leben anfangen. Ein stabiles und abgesichertes. Einfach ein normales. Es geht nicht, mit einem ewig verantwortungslosen Künstler zu leben, der nicht erwachsen werden will. Wochenlang darauf zu warten, dass er irgendwann zurückkommt, nie zu wissen, ob und wie viel er verdient hat und in welchem Zustand er nach dem Konzert ist.» Mamas Ton war sehr unangenehm. «Ich habe endlich jemanden gefunden, der Verantwortung für sein Leben übernimmt. Versucht gar nicht erst, ihn mir auszureden, denn das wird euch sowieso nicht gelingen.»

«Und was ist mit Nadia?», fragte Oma schwer atmend.

«Morgen nehme ich sie mit.»

In diesem Moment war mir klar, dass meine Eltern nie mehr zusammenleben würden, und ich begann erneut, laut zu weinen.

«Beruhige dich!», fuhr Mama mich an. «Leute trennen sich, wenn sie nicht zueinander passen. Das passiert manchmal, aber das ist kein Weltuntergang.»

Sie verstand überhaupt nichts. Für mich war die Welt gerade untergegangen.

Die nächsten Tage waren ein Albtraum. Mama holte mich von Oma und Opa weg und nahm mich in Milans Wohnung mit. Es war ein leeres, noch nicht fertiggestelltes Appartement in der ersten Etage eines neuen Wohnblocks. Milan war stolz darauf, dass er es sich selbst erarbeitet hatte, und plante, es nach seinem Geschmack einzurichten.

Am Anfang hatte ich nur eine Matratze, später sollte ich ein Bett bekommen. Weil das Geld knapp war, schlief ich jedoch über ein Jahr auf dieser Matratze auf dem Boden.

Vor lauter Sehnsucht nach Papa weinte ich ständig, brachte

kaum einen Bissen herunter und nässte nachts ein, was mir vorher nie passiert war. Manchmal schrie ich im Schlaf, weil ich schlecht geträumt hatte, womit ich Mama weckte.

Wenn sie in mein Zimmer kam, wies sie mich zurecht: «Sei still! Du hast nur geträumt.»

Ich hatte Angst, ihr zu sagen, dass mich jede Nacht derselbe Traum verfolgte, in dem ich sah, wie sie mich gewaltsam von Papa wegriss. Deshalb flüsterte ich nur: «Ich habe von Papa geträumt.»

«Das kann nicht so weitergehen! Du musst ihn vergessen!», erwiderte sie verärgert.

Papi vergessen? Niemals werde ich das tun!

Das konnte ich Mama allerdings nicht sagen, deshalb weinte ich nur im Stillen.

«Je schneller du ihn vergisst, desto besser für dich und für uns alle. Ich schwöre dir, dass ich alles dafür tun werde!», sagte sie beim Gehen. Ich wusste, dass sie es ernst meinte.

Einige Tage später erklärte sie, dass wir etwas Wichtiges in der Stadt zu erledigen hätten und dass ich mich hübsch anziehen solle.

Ich hatte keine Ahnung, wohin wir gingen. So war meine Verwunderung groß, als sie mich zur Polizei mitnahm und dort zu irgendeinem Mann brachte, der mich über Papa ausfragte. Mama sagte, dass er Psychologe sei.

Ich dachte, er würde mir helfen und Papa anrufen, wenn ich ihm erzählte, wie verzweifelt ich mich nach ihm sehnte. Deshalb sagte ich dem Mann, wie sehr ich Papa liebte und dass ich immer weinte, weil ich ohne ihn so unendlich traurig war. Dass er mein König war und dass ich ihn gern irgendwann heiraten würde.

Erst nach vielen Jahren erfuhr ich, was das Ziel dieses Gesprächs gewesen war. In Mamas Schubfach fand ich zwischen verschiedenen Unterlagen die Diagnose dieses Psychologen. Ich musste mich setzen, als ich las, wie der Polizeipsychologe meine

Aussagen interpretiert hatte. Er stellte fest, dass ich emotional von meinem Vater abhängig sei, ihn verherrlichen und seine positiven Eigenschaften aufwerten würde. Mein Vater würde mich verwöhnen und mir alles erlauben, wodurch er einen destruktiven, geradezu verderblichen Einfluss auf mich habe. Aus diesem Grund sei es ratsam, ihm das Sorgerecht zu entziehen und jeglichen Kontakt mit mir einzustellen. Alles wurde mit der Sorge um meine psychische Gesundheit begründet.

Mama hielt Wort. Sie unternahm alles, um Papa von mir fernzuhalten. Da sie ihre Beziehungen spielen ließ, tat sie es mithilfe von Spezialisten.

An einem ungewöhnlich frostigen Sonntagmittag, es war der 13. Dezember 1981, weckte mich die Türklingel. Mama öffnete Milan die Tür, der von der Nachtschicht nach Hause kam.

Verschlafen trat ich in den Flur.

«In Polen ist der Bürgerkrieg ausgebrochen!», sagte Milan aufgewühlt, kaum dass er die Wohnung betreten hatte.

«Was erzählst du da?», fragte Mama erschrocken.

«Die Leute streiken die ganze Zeit, das werden sie noch bereuen. Angeblich stehen auf den Straßen von Warschau und anderen Städten Panzer, und die Grenzen wurden geschlossen.» Milans Worte überstürzten sich fast, während er sich den Mantel auszog.

Mama schaltete schnell den Fernseher ein. Wir warteten alle auf ausführliche Nachrichten.

«Krieg in Polen!» Dieser Satz jagte mir Angst ein und ging mir nicht mehr aus dem Kopf. Ich war zu klein, um zu verstehen, worum es genau ging, doch ich spürte, wie sich mein Magen zusammenkrampfte und mein Herz so schnell zu schlagen begann, dass ich das Pulsieren förmlich hörte.

Panzer auf den Straßen von Warschau? Vielleicht haben sie unseren Block zerstört? Was ist mit Papa? Was, wenn sie ihn erschossen haben?

Ich hätte ihn so gern angerufen, seine Stimme gehört und gewusst, dass er lebte und in Sicherheit war. Gerade wollte ich Mama darum bitten, als sie wütend feststellte:

«Ich habe schon immer gewusst, dass man diesem Volk nicht trauen kann. Sie können nur den Säbel schwingen und streiken. Und am Ende werden unsere Männer noch wegen ihnen umkommen!»

«Alle können sich noch gut daran erinnern, wie die Polen 1968 in die Tschechoslowakei einmarschiert sind ...», bestätigte Milan die knappe Information aus den Nachrichten.

Ich verstand rein gar nichts.

«Mama ...»

«Sei du lieber ruhig, denn in dir fließt auch dieses Blut, deshalb machst du ständig Probleme!», warf Milan ein.

Ich hatte Angst zu antworten, aber zum ersten Mal in meinem Leben war ich stolz darauf, polnisches Blut in meinen Adern zu haben. Papas Blut.

Es folgten einige schreckliche Monate der Stille. Keine Nachricht, keinerlei Informationen, kein einziges Gespräch.

Warum ruft Papa mich nicht an? Immer wieder ging mir diese Frage durch den Kopf.

Sie sagten im Fernsehen zwar, dass die Telefone in Polen abgeschaltet wurden und niemand das Land verlassen durfte, trotzdem verstand ich nicht, warum Papa seine Tochter nicht anrufen konnte, die ihn so unsagbar vermisste.

«Siehst du, Papa kommt nicht mehr zu dir», behauptete Mama. «Vergiss ihn. Du hast jetzt einen neuen, besseren Papa.»

Tief im Herzen war ich tatsächlich ein bisschen enttäuscht, dass er sich so lange nicht meldete, während ich mir solche Sorgen um ihn machte und fast jede Nacht von ihm träumte. Ich wusste nicht einmal, ob er noch lebte oder ob ihn jemand erschossen hatte. Allerdings war die Sehnsucht nach ihm so groß, dass ich jeden Abend unbeholfen betete: «Papa soll zu mir kommen. Wenigstens ein Mal! Ein einziges Mal! Amen.»

Und diese Bitte wurde irgendwann auch erhört.

Es war paradox, doch gerade der Kriegszustand in Polen führte dazu, dass Papa in die Tschechoslowakei kommen konnte.

An diesem Tag lag Milan mit Angina im Bett. Er hatte hohes Fieber und konnte nicht aufstehen. Als ich am Morgen ins Bad kam, machte Mama gerade die Wäsche.

«Nadia, heute … kommt Papa», sagte sie unerwartet.

«Nein, das gibt es nicht!»

Ihre Worte erschienen mir fast unglaublich. Ich fühlte mich wie im siebten Himmel, lief zum Fenster und schaute nach, ob er vielleicht schon da war.

Aber Mama rief mich zurück ins Bad, hockte sich vor mich, sah mich traurig an und sagte: «Du gehst nirgendwo mit ihm hin, nicht wahr? Du bleibst zu Hause, und auf jeden Vorschlag antwortest du mit ‹Nein›, in Ordnung?»

Ich schaute sie unentschlossen an. Sie war meine Mutter, und ich liebte sie sehr. Nach einer Weile des Zögerns nickte ich.

«Denk daran, du darfst nirgends mit ihm hingehen!», warnte sie mich noch einmal.

Als ich nach ungefähr zwei Stunden, in denen ich unzählige Male zum Fenster gelaufen war, Papa auf unseren Block zukommen sah, gab es kein Halten mehr. Ich rannte zur Tür.

Papi, Papi ist gekommen! Mein geliebter Papi! Ich bin gerettet! Er ist da … er ist zu mir gekommen! Er nimmt mich mit, und ich bin frei!

Mein Herz platzte fast vor Freude.

Mama ließ ihn nur bis in den Flur, nicht weiter. Sie selbst ging zurück ins Bad und kümmerte sich weiter um die Wäsche, wobei sie die Tür offen stehen ließ.

Papa hatte seine Schuhe ausgezogen und stand in Socken da, deshalb sagte ich: «Setz dich, Papi.»

Er ließ sich auf dem Fußboden nieder, ich ihm gegenüber, doch links von mir sah ich die ganze Zeit Mama im Bad.

Papa nahm meine Hände und küsste sie. Ich wollte mich an ihn schmiegen, ihm alles erzählen, aber ich wusste, dass Mama zuhörte und mich beobachtete. Die letzten zwei Stunden hindurch hatte sie ein solches Chaos in meinem Kopf angerichtet, dass ich jetzt wie gelähmt dasaß.

«Mein Schatz, obwohl du noch zu klein bist, um das alles zu verstehen, versuche ich es dir zu erklären», sagte Papa. «In Polen ist Kriegszustand. Ich kann nicht dort bleiben, weil ich keine Konzerte mehr geben kann und dadurch kaum noch Geld zum Leben habe. Mama will auch nicht, dass ich mich mit dir treffe ...», fügte er flüsternd hinzu. «Deshalb fahre ich weg ... weit weg ... nach Amerika», sagte er mit einem tiefen Seufzer.

Ich sah Tränen in seinen Augen.

«Aber, meine geliebte kleine Tochter, ich verspreche dir, dass ich dir oft schreiben werde. Und ich rufe dich an, sobald ich die Möglichkeit dazu habe. Ich werde dich niemals vergessen! Niemals!»

«Papi, nein! Du darfst nicht wegfahren!» Ich begann zu weinen. «Das darfst du nicht!»

«Hast du Lust, ein Stück mit mir spazieren zu gehen¿», fragte er sanft. «Wir können ein Eis essen und dann in ein Geschäft gehen, wo ich etwas für dich kaufen kann.»

«Ja, sehr gern, ich hole nur meine Jacke ...» Ich stand auf und ging zur Garderobe. Nichts wollte ich lieber! Ich träumte davon, allein mit Papa zu sein, an seiner Hand durch den Schnee im Park zu laufen, auf seinem Schoß zu sitzen und ihn zu umarmen.

Ich nahm meine Jacke, doch als ich aufblickte, sah ich Mama im Bad, wie sie mit erhobenem Zeigefinger und kopfschüttelnd lautlos «Nein!» sagte. Mir fiel ihre Warnung wieder ein, dass ich mit Papa nirgendwo hingehen durfte.

Warum hat sie Tränen in den Augen¿ Und warum weint Papa¿, fragte ich mich.

Ich konnte das alles nicht verstehen und fühlte mich völlig hin- und hergerissen. Schließlich liebte ich sie doch beide! Es war, als würde ich in einer schrecklichen Falle sitzen.

Langsam hängte ich meine Jacke wieder an den Haken, setzte mich zurück zu Papa auf den Boden und sagte leise mit gesenktem Blick: «Ich gehe nicht mit.»

Ich hatte Angst vor Mamas Reaktion, obwohl in meinem Inneren alles schrie, dass ich mit ihm gehen und nie wieder zurückkommen wollte! Wie gern hätte ich gesagt: «Papi, bitte hol mich von hier weg! Ich will bei dir sein! Ich will nicht hierbleiben! Ich habe Angst! Lass mich nicht in diesem furchtbaren Haus zurück!»

Ich brachte es jedoch nicht fertig, auch nur ein einziges Wort davon auszusprechen. Ich begann nur verzweifelt zu weinen.

Papa umarmte mich fest und flüsterte: «Meine Kleine und Liebste, wir werden uns für lange Zeit nicht mehr sehen …» Er sagte es leise und mit tränenerstickter Stimme. «Aber ich schwöre dir, dass ich dich immer lieben werde. Niemals werde ich dich vergessen!», versicherte er eifrig, küsste mich auf die Stirn und hielt mich in seinen Armen. Dann wischte er meine Tränen ab und steckte mir einige kleine Fotos in meine Hosentasche.

In diesem Moment verstand ich, dass er nicht mehr wiederkommen würde …

Ein unbeschreiblicher Schmerz durchfuhr mein Herz. «Nein! Geh nicht weg! Papi, geh nicht!», flehte ich leise, während ich meine Arme krampfhaft um seinen Hals schlang. «Lass mich nicht hier!», bat ich verzweifelt.

Er drückte mich wortlos noch einmal fest an sich und küsste mich auf den Kopf.

Danach zog er seine Schuhe an … und ging.

Es war das letzte Mal, dass ich ihn sah, das letzte Mal, dass ich seine Stimme hörte, ihn umarmen und küssen konnte. Als er die Tür hinter sich schloss, gab es für mich keinen Grund mehr weiterzuleben.

Kapitel 5
Milans Erziehungsmethoden

Alles, was in den nächsten Wochen passierte, ging einfach an mir vorüber. Mama reichte die Scheidung ein, und dank ihrer Beziehungen konnte sie alle notwendigen Formalitäten in Windeseile erledigen. Jetzt lebte sie nur noch dafür, die Hochzeit vorzubereiten und eine Arbeitsstelle zu finden.

Mir scheint, dass mein Verstand sich damals für eine Zeit ausschaltete.

Bei der Hochzeitsfeier war ich nur äußerlich anwesend – herausgeputzt in einem rosa Kleid und weißen Schuhen. Das weiß ich nur von einem Foto, das auf der Kommode stand, denn ich hatte diesen Tag vollständig aus meiner Erinnerung gelöscht.

Wenn ich in der Wohnung Staub wischte, stellte ich dieses Bild hinter die Vasen, um es nicht mehr zu sehen.

Dafür hütete ich die Fotos, die Papa mir bei unserem Abschied heimlich zugesteckt hatte, wie meinen größten Schatz. Leider fand Mama sie irgendwann hinter meinen Büchern. Sie zerriss sie in kleine Stücke und warf sie in die Toilette.

Nur ein Foto blieb mir, weil sie es übersehen hatte. Darauf war ich noch ganz klein und saß auf Papas Schoß. Er hatte damals noch seine langen schwarzen Haare und den kurzen Bart. Auf dem Bild schaute er mich an, während ich die Hände zu ihm ausstreckte und in die Kamera blickte.

Es gab keinen Tag in meinem Leben, an dem ich nicht davon geträumt hätte, wieder auf seinem Schoß zu sitzen. Nur für eine Minute, wenigstens für eine Sekunde. Seine Wärme zu spüren, seinen Geruch, den Schlag seines Herzens. Das war mein größter Wunsch.

Dieses Foto war die einzige Erinnerung, die ich hatte. Seitdem verbarg ich es tief in einem Kästchen, das ich in der Ecke meines

Schrankes aufbewahrte, damit Mama es nicht fand. Es war mein wertvollster Schatz. Außer ihm hatte ich nichts, keinen Beweis seiner Existenz.

Wenn ich unglücklich war, schloss ich die Augen und versuchte mir Papa vorzustellen. Ich erinnerte mich an seine warmen Hände und an sein Lächeln. Ohne dieses Foto hätte ich wahrscheinlich mit der Zeit vergessen, wie er aussah.

Bald konnte ich mich nicht einmal mehr an seinen Nachnamen erinnern, weil Mama meine Geburtsurkunde ändern ließ. Nun trug ich den Familiennamen von Milan, der in allen Dokumenten als mein Vater auftrat.

Manchmal war ich böse auf mich selbst, dass ich mich nicht an mehr Dinge erinnern konnte. Ich vergaß Papas Lieder, weil Mama mir verbot, sie zu singen. Ich summte sie nur, wenn ich bei Oma und Opa war oder auf dem Weg zur Schule, doch immer öfter dachte ich mir eigene, tschechische Wörter dazu aus, da die polnischen langsam in meiner Erinnerung verblassten.

Es verging Tag um Tag, Monat um Monat, aber von Papa hörte ich nichts. Er rief mich nicht an und schickte mir keinen Brief, während ich sehnlich darauf wartete. Ich verstand nicht, warum er überhaupt kein Lebenszeichen von sich gab.

Er hat doch versprochen, dass er mir schreibt und mich anruft! Vielleicht ist ihm etwas passiert? Ist er überhaupt in diesem Amerika angekommen? Vielleicht ist das Flugzeug abgestürzt, aber darüber hätten sie bestimmt im Fernsehen berichtet. Warum meldet er sich also nicht?

Ich hatte keine Erklärung. In diesen Momenten fielen mir seine Worte bei unserem Abschied ein: «Meine Kleine und Liebste, ich werde dich immer lieben und dich niemals vergessen!»

Ich glaubte ihm.

Aber warum schickt er mir nicht wenigstens eine Postkarte?!, fragte ich mich, als ich wieder einmal vom Briefkasten zurückkam und traurig die Post durchsah.

«Ich rate dir, ihn zu vergessen, das wird das Beste sein», behauptete Mama. «Du hast jetzt einen neuen Papa, und du sollst ihn auch so nennen.»

«Ich kann nicht ‹Papa› zu ihm sagen», entgegnete ich, denn schließlich hatte ich den besten Papa der Welt, selbst wenn er am anderen Ende der Welt lebte. «Ich werde ihn niemals so nennen!»

In diesem Augenblick sah ich, dass Milan mit grimmiger Miene in der Tür stand. Das Einzige, was ich von Anfang an ihm gegenüber empfand, war eine Mischung aus Widerwillen und Angst.

«Ab jetzt bin *ich* dein Papa, und du wirst das auch zu mir sagen!», forderte er kategorisch.

«Aber ich habe meinen Papa und kann dich nicht so nennen», versuchte ich zu argumentieren, wobei ich spürte, dass meine Worte ihn wütend machten.

«Ich verlange, dass du Papa zu mir sagst!»

«Das werde ich nicht tun. Ich kann es nicht!», widersprach ich entschieden.

Da nahm er den Gürtel, der an der Schranktür hing, und ich bekam zum ersten Mal Schläge.

Obwohl Milan mich weiterhin dazu zwingen wollte, ihn «Papa» zu nennen, kam mir dieses Wort niemals über die Lippen. Immer wieder bekam ich deswegen Prügel und musste anschließend in mein Zimmer gehen. Zusammengekrümmt lag ich dann auf meinem Bett, wischte mir die Tränen ab, die mir vor Schmerz und Demütigung gekommen waren, und flüsterte: «Papi, wo bist du? Hol mich von hier weg, bitte …»

Tagträume von Papa wurden zu meiner einzigen Flucht vor der Realität. Ich stellte mir vor, dass er in Amerika in einem kleinen Haus wohnte, am Lagerfeuer Gitarre spielte und die ganze Zeit auf mich wartete.

Der Schulbeginn erwies sich als nächster schwieriger Abschnitt in meinem Leben. Die Kinder lachten mich aus, weil ich nach wie vor Fehler beim Sprechen machte, Worte verdrehte oder polnische

Ausdrücke verwendete. Seit der ersten Klasse war ich «anders», und das blieb auch in den folgenden Jahren so, selbst als ich längst perfekt Tschechisch sprechen konnte und Polnisch vollständig vergessen hatte.

Ich wurde wie ein Sonderling behandelt, und keiner wollte mit mir spielen. In der Klasse hatten wir eine ungerade Schülerzahl, deshalb saß ich von Anfang an allein. Obwohl ich mich schlecht und wertlos fühlte, ließ ich mir das nicht anmerken. Ich sehnte mich nach einer Freundin, nach wenigstens einem Menschen, der meinem Herzen nahe gewesen wäre, aber ich fand niemanden. So wurde ich eine einsame Außenseiterin, wenn ich im Herzen auch danach lechzte, Kontakt mit Gleichaltrigen zu haben.

Als ich in der ersten oder zweiten Klasse war, brachte die Lehrerin einmal einen Globus mit in den Unterricht. Sie zeigte uns zuerst Brünn und die Tschechoslowakei, danach all die Orte, die wir ihr nannten. Ich fragte nach Amerika und war gespannt, wie viele Menschen dort lebten. Sie sagte, dass es Nord- und Südamerika gebe, doch dass es mir sicher um die Vereinigten Staaten gehe.

Mit ihrem Finger zeigte sie auf die zweite Halbkugel und erklärte, dass die Vereinigten Staaten sehr weit weg seien und dass wahrscheinlich dreißig Mal so viele Menschen dort lebten wie in der Tschechoslowakei.

Damals kamen mir Zweifel, ob es mir jemals gelingen würde, Papa in einer solchen Menge zu finden, aber ich schwor mir, es zu versuchen, sobald ich erwachsen wäre.

Nur die Hoffnung, ihn irgendwann wiederzusehen, hielt mich am Leben, denn seitdem ich mich geweigert hatte, einen fremden Mann «Papa» zu nennen, hatte mein Leben sich in eine Hölle verwandelt.

Nachdem ich das erste Mal Schläge bekommen hatte, hagelten die nächsten nur so auf mich nieder. Im Grunde für alles. Mama und Milan erzogen mich mit einer schrecklichen Disziplin. Sie erwarteten Perfektion bei allem, was ich tat, damit ich ihnen Ehre machte, und wenn etwas nicht fehlerfrei war, musste ich dafür büßen.

Jede kleinste Sache bot einen Anlass, um mich zu bestrafen: wenn ich das Bett nicht ordentlich genug gemacht hatte, wenn ich vergessen hatte, den Kugelschreiber wieder in die Schublade zu legen, wenn meine Kleidung auf dem Stuhl lag, wenn ich das Geschirr nicht abgewaschen oder das Handtuch schief aufgehängt hatte.

Meine Haare mussten perfekt gekämmt und die Schuhe spiegelblank sein.

Alles hatte ideal zu sein.

Wenn ich fünf Minuten zu spät von der Schule heimkam, erwarteten mich Prügel.

Ich wurde dafür geschlagen, dass ich den Nachbarn nicht laut genug «Guten Tag» sagte, dass ich einen Fehler bei den Hausaufgaben gemacht hatte, meinen Füller nicht mehr fand oder etwas vergessen hatte, aber vor allem dafür, dass ich in der Schule nicht die Klassenbeste war.

Ich war zwar eine gute Schülerin, doch sie verlangten, dass ich die besten Noten von allen nach Hause brachte. Ich sollte die perfekte Tochter sein. Die Beste, ein Ideal, ein Vorbild, die Nummer eins in allem. Um das zu erreichen, erzogen sie mich nicht, sondern dressierten mich wie ein Tier mithilfe körperlicher Züchtigung.

Mein Stiefvater schlug mich mit dem Gürtel und der Rute überall hin: auf den Kopf, die Hände, die Beine, den Rücken, den Po. Mit der Zeit wurde er immer brutaler. Bald war das Einzige, was ich ihm und Mama gegenüber empfand, blanker Hass.

Obwohl ich mich mit aller Kraft bemühte, ihrem Idealbild zu entsprechen, war ich nicht in der Lage, ihre Erwartungen zu erfüllen. Ich wollte ihre Anerkennung gewinnen, allerdings gelang mir das niemals. Egal, was ich tat, es war nie gut genug, um mir ihre

Zustimmung oder auch nur einen Hauch von Akzeptanz zu verdienen.

Unablässig versuchte ich, ihren Ansprüchen gerecht zu werden, doch ich erlitt einzig und allein Niederlagen. Ich hatte noch keine Ahnung, dass die von ihnen gesteckten Ziele unrealistisch und unerreichbar waren.

Es war hauptsächlich mein Stiefvater, der mich schlug, während Mama zuschaute. Ich verstand nicht, warum sie das zuließ und mich nicht schützte. Wenn wir allein waren und ich mich vor Schmerzen kaum setzen konnte, bat ich sie leise und mit Tränen in den Augen:

«Mama, lass dich von ihm scheiden. Bitte! Ich flehe dich an!»

Sie schaute mich nur an und saß wie versteinert da. Manchmal liefen ihr Tränen übers Gesicht, doch sie nahm mich niemals in den Arm und sagte auch kein einziges Wort.

Es gab Momente, in denen sie Milan weinend bat, mich nicht mehr zu schlagen, vor allem nicht auf den Kopf.

Zum Teil stritten sie sich auch, dann fuhr er sie an, sie solle still sein, ansonsten würde er sie zusammen mit mir und unseren beiden Koffern rausschmeißen.

Mama liebte ihn wahrscheinlich zu sehr, als dass sie sich von ihm getrennt hätte. Sie musste sich für einen von uns beiden entscheiden. Und sie opferte mich …

«Nadia, komm, wir gehen ein bisschen durch die Stadt.» Opa kam manchmal zu uns und nahm mich zu einem Spaziergang mit, wenn Mama es erlaubte. Dann konnte ich zumindest für eine Weile der Wirklichkeit entfliehen.

Wir gingen auf den idyllischen Wegen am Stausee entlang oder durch die Altstadt – so lange, bis mir die Füße wehtaten. Ich mochte den Hof des Alten Rathauses, weil dort in einem Durchgang an der Decke ein Drache hing, der böse Leute erschrecken sollte. Aber eigentlich konnte jedes Kind sehen, dass es ein Krokodil war.

Einmal stiegen wir auf den Rathausturm. Mir war ein bisschen bange, doch als ich die ganze Stadt von oben sah und sogar die weit entfernten Berge, war ich so begeistert, dass alle Ängste augenblicklich verschwanden.

Am meisten liebte ich es, wenn Oma Hörnchen mit Schinken in Opas Rucksack gepackt hatte und wir zusammen picknickten. Dann gingen wir eine ganze Weile bergauf, die Stufen hinauf zur historischen Festung Spielberg, die auf einer Anhöhe über der Stadt lag. Müde vom Laufen setzten wir uns dort auf eine Bank, packten unseren Proviant aus und bewunderten die schöne Aussicht. Opa ruhte sich etwas aus, während ich über den großen Platz hüpfte und mich vergnügte.

Diese Ausflüge endeten immer in der Konditorei, wo ich Kekse aß, die wie ein Turm aussahen, mit Schokolade überzogen und lecker gefüllt waren. An solchen Tagen konnte ich zumindest für einen Moment alle Probleme und die Sehnsucht nach Papa vergessen. Es gab sie jedoch sehr selten.

Kapitel 6
Ein Leben in Angst

Es war ein schöner, sonniger Herbsttag. Auf dem Weg zur Schule sammelte ich fröhlich Kastanien.

Als uns die Lehrerin später im Klassenzimmer die korrigierten Tests zurückgab, zerplatzte meine Freude jedoch wie eine Seifenblase. Ich mochte Mathematik, aber manchmal machte ich vor Aufregung Fehler beim Multiplizieren, obwohl ich stundenlang gelernt hatte. Erschrocken sah ich, dass die Lehrerin drei Fehler gefunden hatte.

Eine Eins war das Einzige, was Mama und Milan billigten, und ich hatte eine Drei. An diesem Tag sollte Elternabend sein. Ich wusste, was mir zu Hause blühte, wenn sie von der Drei erfuhren … Mein Magen krampfte sich gewaltig zusammen, und ich begann plötzlich am ganzen Leib zu zittern.

«Entschuldigen Sie, mit Nadia ist etwas nicht in Ordnung!», rief eine Mitschülerin.

«Nadia, tut dir etwas weh?», fragte die Lehrerin beunruhigt und kam zu mir.

«Nein, nichts …» Ein weiterer Krampf erfasste mich.

«Was ist denn los? Sag es mir.» Sie beugte sich über mich.

«Es ist, weil … Papa mag es nicht, wenn ich eine schlechte Note bekomme», flüsterte ich.

«Machst du dir Sorgen wegen der Drei?», fragte sie leise zurück.

«Jeder kann sich doch einmal irren. Du übst noch ein bisschen, und am Ende der dritten Klasse wirst du lauter Einsen haben!»

Leider war das kein Argument, das meine Eltern überzeugen würde. Ihrer Ansicht nach hatte ich kein Recht, Fehler zu machen, obwohl ich gerade einmal acht Jahre alt war. Und jeder Fehler bedeutete Bestrafung.

Manchmal gelang es mir nicht, Milans Schlägen ins Gesicht schnell genug auszuweichen. Wenn er die Nase traf, begann meistens das Blut zu laufen. Wenn blaue Flecken sichtbar zurückblieben, musste ich mir vor anderen Lügen ausdenken, um zu erklären, woher sie kamen.

Eigentlich waren an mir immer irgendwelche Spuren vom Gürtel oder einem Kabel zu sehen, wenn sie mir zum Beispiel die Hände zusammengebunden hatten, weil ich mich zu sehr gegen die Prügel gewehrt hatte. In der Regel hatte ich so starke Schürfwunden oder blaue Flecken, dass ich kaum sitzen konnte.

Schlimmer jedoch als der körperliche Schmerz, den sie mir zufügten, war die Angst, welche «Erziehungsmethode» sie das nächste Mal anwenden würden, wenn «der Gerechtigkeit Genüge getan» werden musste. Denn oft war es so, dass Milan nach einem Vergehen meinerseits nur ankündigte, dass er sich eine «geeignete Strafe» überlegen würde, die mich dann am folgenden Tag ereilte.

Allein das Warten darauf war schon eine Qual. Schmerz und Angst waren meine ständigen und vertrautesten Begleiter, wie siamesische Zwillinge mit mir verbunden. Ich schlief am Abend mit Schmerzen ein und wachte am Morgen mit Angst wieder auf.

Manchmal schlug Milan mich mit einer solchen Grausamkeit, dass ich dachte, er wolle mich zu Tode prügeln. Ich krümmte mich auf dem Fußboden zusammen und versuchte, mit den Händen mein Gesicht zu schützen. In diesen Momenten betete ich – ohne zu wissen, zu wem –, dass Papa endlich auftauchte und mich aus dieser Hölle herausholte.

Jeder weitere Tag war schwierig zu überstehen. Ich betete auch, dass diejenigen bestraft würden, die mir Leid zufügten.

Im Laufe der Zeit, als keines meiner Gebete erhört wurde, die Strafen weitergingen und sogar noch brutaler wurden, bat ich darum, sterben zu dürfen. Mir war alles egal, ich wollte nur noch, dass dieser Horror ein Ende hatte. Ich sehnte mich danach, tot zu sein, und fragte den mir unbekannten Gott, ob es keine Möglichkeit gäbe, am Morgen nicht mehr zu erwachen. Doch niemand reagierte auf meine Bitten.

Es tauchte weder Papa auf, noch starb ich, während sie mich immer schlimmer misshandelten.

«Sei nicht traurig, Nadia, du bist eine gute Schülerin.» Die Lehrerin strich mir über den Kopf.

Diese warme Geste beruhigte mich für einen Moment.

In der Pause rannte ich mit den anderen über den Schulhof, das ließ mich den unglückseligen Test kurzzeitig vergessen.

Als der Unterricht für diesen Tag zu Ende war, kehrte die schmerzhafte Anspannung jedoch zurück. Je mehr ich mich unserer Wohnung näherte, desto größer wurde meine Angst. Die blauen Flecken vom letzten Mal waren noch nicht verheilt. Vor Nervosität kaute ich mir alle Fingernägel ab, obwohl ich auch dafür ständig bestraft wurde. Ich wollte nicht erneut Prügel bekommen und wieder gequält werden.

«Ich halte das nicht mehr aus», wimmerte ich leise auf dem Heimweg.

«Was ist dir denn passiert, mein Kind?», sprach mich jemand auf dem Weg besorgt an.

«Nichts», erwiderte ich und wischte mir schnell die Tränen ab.

Ich ging immer langsamer, während der Schulranzen mit den Büchern auf meinem Rücken mit jeder Minute schwerer wurde. Die Angst durchdrang jede Faser meines Körpers. Ich wäre zu allem bereit gewesen, um nur nicht nach Hause gehen zu müssen. Aber was hätte ich tun können? Wo mich verstecken können?

Die einzige Rettung war Opi. Meine geliebte Omi lebte mittlerweile nicht mehr. Sie war an multipler Sklerose gestorben. Ich war mir sicher, dass sich ihr Gesundheitszustand wegen der ständigen Sorge um uns so schnell verschlechtert hatte.

Opa war ohne sie sehr traurig und lächelte nur noch wenig.

Mama erlaubte mir nicht oft, ihn zu besuchen, weil sie der Meinung war, dass er mich verwöhnte und einen schlechten Einfluss auf mich hatte.

Dabei war er der Einzige, den ich um Hilfe bitten konnte. Er versuchte immer, mich vor Mamas Zorn zu schützen, obwohl sie deswegen sehr wütend auf uns beide war. Jetzt konnte mich nicht einmal das davon abhalten, zu ihm zu gehen.

Ohne weiter nachzudenken, bog ich in die nächste Straße ein, die mich zu Opas Haus führte. Ich lief immer schneller, bis ich schließlich rannte. Der Ranzen auf meinem Rücken schaukelte hin und her und stieß mir an die Schulterblätter.

Mir war klar, dass Mama und Milan auf jeden Fall davon erfahren würden und dass ich die Strafe nur hinauszögerte, doch an diesem Tag hatte ich keine Kraft, um mich dem zu stellen. Ich war erleichtert, dass ich wenigstens für einige Stunden Ruhe haben würde.

Opi war die einzige Medizin für mein Leiden: für das Unverständnis, die Einsamkeit, den Schmerz, die Hilflosigkeit. Er nahm mich in den Arm, streichelte über meinen Kopf und – was das Wichtigste war – erzählte mir Geschichten von Papi. So sagte er unter anderem, dass er nie einen Vater gesehen habe, der sein Töchterchen so unbeschreiblich liebte. Und ich konnte mir nicht vorstellen, dass es eine Tochter geben sollte, die ihren Vater mehr liebte, als ich es tat.

Bei Opas Erzählungen versetzte ich mich in die wunderbare Welt der Erinnerungen, als meine Eltern noch zusammen waren, mich liebten, küssten und zu Konzerten mitnahmen. In das Land meiner Träume, in dem mein Papi der beste Vater der Welt war.

Opi erinnerte mich an Ereignisse, die ich schon vergessen hatte, und diese Momente waren wie Balsam für meine Seele. Ich begann zu weinen, wenn mir bewusst wurde, was ich verloren hatte, doch andererseits empfand ich auch Freude bei dem Gedanken, irgendwo auf der Welt einen so wunderbaren Vater zu haben. Nach wie vor zweifelte ich nicht daran, dass er mich eines Tages finden würde, auch wenn Mama alles tat, um das zu verhindern.

Ich war mir sicher, dass Opa meinen Vater unglaublich liebte, wenn er so viele wundervolle Dinge über ihn erzählte. Auch der Bruder meiner Mutter, den ich nur selten sah, sprach mit großer Sympathie von Papa, allerdings nicht, wenn Mama dabei war. In ihrer Gegenwart durfte ich ihn nicht einmal erwähnen, weil sie sofort furchtbar wütend wurde. Er war ein absolutes Tabuthema, so als hätte es Papa nie gegeben.

Mir wurde immer klarer, dass all die entsetzlichen Dinge, die sie über ihn sagte – dass er mich nicht mehr lieben würde und mich vergessen hätte –, nicht wahr sein konnten. Dass sie log, damit ich nicht mehr an ihn dachte.

Nachdem Mama einige Male zornig bei Opa angerufen und gefordert hatte, dass ich sofort nach Hause zu kommen hätte, machte ich mich auf den Heimweg. Opa begleitete mich, dennoch war der Weg eine Qual.

Wenn doch nur Papi hier wäre …, dachte ich verzweifelt. *Warum ist er nicht da?! Warum? Wo ist er?!*

«Nadialein, denk daran, dass ich dich liebe», flüsterte Opa mir ins Ohr, bevor ich an unserer Wohnungstür klingelte. Ich hielt seine Hand krampfhaft fest. Als sich die Tür öffnete, traute ich mich nicht, den Blick zu heben, aus Angst vor dem, was gleich passieren würde.

Opa versuchte, Mama irgendwie zu besänftigen, aber sie ließ ihn nicht einmal eintreten, sondern riss mich von ihm los und zischte in seine Richtung: «Das wirst du noch bereuen!»

Hinter meinen Schläfen spürte ich das Blut pulsieren. Ich hatte das Gefühl, mein Herz würde gleich zerspringen. Noch vor einem Moment hatte ich die Hoffnung gehabt, dass es Opa gelingen würde, Mama etwas zu beruhigen, aber ich hatte mich getäuscht, denn die Strafe, die folgte, war erbarmungslos.

Ich bekam Prügel mit einem Stock auf den nackten Körper, bis ich blutete. Um es auszuhalten, erinnerte ich mich an das, was Opa von Papa erzählt hatte, und in meinem Innern war ich mir sicher, dass er eines Tages kommen und all das rächen würde, was sie mir angetan hatten. Ich biss die Zähne zusammen und gab keinen Laut von mir, obwohl es höllisch weh tat.

Trotz dieser grausamen Bestrafung flüchtete ich weiterhin zu Opa. Es war keine halbe Stunde Fußweg, die meine Welt voller Schmerzen von der seinen voller Ruhe und Liebe trennte. Ich wusste, dass ich nicht lange dort bleiben konnte und dass das Ganze nur eine Verzögerung darstellte, weil ich immer nach Hause zurückkehren musste, wo mich Strafe erwartete.

Dennoch waren diese zwei, drei Stunden so wichtig für mich, dass ich die Konsequenzen dafür in Kauf nahm.

Die Schläge trafen mich so oder so, aber die wunderbaren Erinnerungen an meinen Papi, Opas Umarmungen und sein Streicheln über meinen Kopf waren jedes Leiden wert und gaben mir Kraft, den Albtraum zu Hause zu ertragen.

Immer, wenn mir Prügel drohten, versuchte ich, so früh wie möglich ins Bett zu gehen, um sieben oder acht, um schon zu schlafen, wenn Milan nach Hause kam.

Er war oft erst spät daheim, weil er als Maschinist arbeitete, voller Stolz darauf, als einer der Ersten in Brünn die Berechtigung erlangt zu haben, elektrische Züge fahren zu dürfen, nicht mehr nur Dampflokomotiven wie zuvor.

Durch seine Arbeit kam er häufig erst nachts nach Hause, zum Teil auch erst nach vier, fünf Tagen oder sogar nach zwei Wochen, wenn er unterwegs gewesen war. Ist es nicht paradox, dass sich das, was Mama Papa vorgeworfen hatte – seine ständige Abwesenheit – im Fall meines Stiefvaters wiederholte?

Ich hoffte zutiefst, dass er mich nicht mehr bestrafen würde, wenn er spät von der Arbeit kam. Wie sich allerdings schnell herausstellte, half es nichts. Sie weckten mich unabhängig von der Uhrzeit, manchmal um Mitternacht. Ich bekam Prügel, durfte danach ins Bett zurückgehen, wo ich vor Schmerzen stundenlang weinte, bis ich erschöpft einschlief.

In dieser Nacht schreckte mich das Schlüsselgeräusch an der Tür aus meinem leichten Schlaf auf. Ich biss mir auf die Lippen und hielt den Atem an. Auf dem Stuhl im Wohnzimmer lagen, wie als Beweismittel, meine weißen Strumpfhosen, die ich mir an den Knien aufgerissen hatte, als ich auf dem glatten Gehweg ausgerutscht war. Sie waren neu, ich wusste also, dass «Recht gesprochen» werden und die Strafe sehr hart ausfallen würde.

Ich drehte mich mit dem Rücken zur Tür, zog die Decke bis ans Kinn und kniff die Augen zusammen. Als ich Milans Schritte hörte, versteifte sich mein Körper, und ich hielt die Luft an. Nur mein Herz klopfte wie eine riesige Glocke. Wenn ich in diesem Moment hätte sterben können, hätte ich das gern getan. Das wäre besser gewesen als die nächsten Schläge auf meinen nackten Körper, der permanent mit blauen Flecken übersät war.

Milan zog die Bettdecke ein Stück weg. Ich erstarrte, auf den ersten Schlag wartend. Da zischte er langsam: «Wir unterhalten uns morgen darüber!»

Morgen? Das halte ich nicht aus bis morgen! Ich ertrage diese Anspannung nicht, diese Angst vor den Schmerzen!

Die einzige Rettung schien mir die Flucht. Ich lag bewegungslos da, bis die Uhr des nahegelegenen Kirchturms zwölf Mal schlug. So leise wie möglich schloss ich meine Zimmertür und öffnete das Fenster. In Schlafanzug und Hausschuhen sprang ich aus dem ersten Stock. Glücklicherweise landete ich im Schnee, ohne mir etwas zu brechen.

Ich wartete einen Moment und vergewisserte mich, dass niemand etwas gehört hatte. Um mich herum herrschte Stille. Ich schüttelte den Schnee vom Schlafanzug und lief, so schnell ich konnte, durch die dunklen Straßen zu Opa.

Nach drei Tagen brachte Opa mich zurück nach Hause, das heißt, er musste mich fast ziehen, weil sich alles in mir sträubte. Mama hatte einige Male wutentbrannt angerufen.

Die Schläge waren noch schlimmer als sonst und sollten dazu dienen, dass ich mir ein für alle Mal das Ausreißen abgewöhnte.

Sie hängten mich wie ein geschlachtetes Schwein mit den Beinen nach oben auf, woraufhin Milan mich mit einem Stock auf den Po und die Oberschenkel schlug.

«Lass mich … ich kann nicht mehr … hör auf …», flehte ich schluchzend, während ich kaum noch Luft bekam. «Bitte … ich kann nicht mehr atmen …» Ich hatte das Gefühl zu ersticken. Gleich würde mein Herz aufhören zu schlagen.

Kapitel 7
Krankenhausreif

Mein Leben hatte sich zu einem Albtraum entwickelt. Während meine Klassenkameraden nach der Schule zu Hause oder draußen spielten, Fahrrad fuhren, Seil sprangen oder schaukelten, ließen es meine Probleme nicht zu, dass ich wie ein Kind denken oder mich verhalten durfte. Ich lebte in unaufhörlicher Angst und begann wie eine Gefangene darüber nachzudenken, auf welche Weise ich in diesem Gefängnis überleben oder daraus entkommen konnte.

Auch wenn es mir gelang, für eine Weile bei Opa Zuflucht zu suchen, musste ich doch jedes Mal nach Hause zurückkehren, wo mich bittere Strafen erwarteten. Ich überlegte mir Möglichkeiten, wie ich Milan aus dem Weg gehen konnte, wenn er von der Arbeit kam. So versuchte ich, Ausreden zu erfinden, die es mir erlaubten, so spät wie möglich nach Hause zu kommen.

Der Klang seines Wohnungsschlüssels in der Tür bewirkte, dass sich mein Magen in einen schweren Stein verwandelte, mein Herz wie verrückt zu schlagen anfing und alle Muskeln sich aufs Äußerste anspannten. Zum zehnten Mal überprüfte ich, ob ich die Tagesdecke glatt und gerade aufs Bett gelegt hatte, die Bücher ordentlich auf dem Schreibtisch lagen und meine wenigen Spielsachen («Schließlich bist du zu groß für so einen Kinderkram!») in Reih und Glied auf dem Regal standen.

Ich saß beinahe bewegungslos an meinem perfekt aufgeräumten Schreibtisch und tat so, als würde ich Hausaufgaben machen, selbst wenn ich sie längst erledigt hatte, nur um nicht aus meinem Zimmer herauskommen zu müssen. Dieser Moment kam allerdings so oder so irgendwann, wenn sich beispielsweise herausstellte, dass im Bad ein Haar von mir im Waschbecken lag oder meine Schuhe im Flur nicht einwandfrei geputzt waren.

Zum Teil «entsprachen» die Konsequenzen meinem Vergehen,

doch meistens waren sie von Milans und Mamas Laune oder meiner Unterwürfigkeit abhängig. Es genügte, dass sie ihre Hand erhoben, und schon verbarg ich mein Gesicht. Diese Bewegung entwickelte sich bei mir zu einem Reflex: Wenn jemand die Hand erhob, wich ich automatisch zurück und bedeckte mein Gesicht.

Jedes Mal, wenn sie mich schlugen, hoffte ich, dass Papa zurückkommen und mir helfen würde, und wenn nicht er, dann wenigstens einer der Nachbarn. Sie mussten mitbekommen haben, dass meine Eltern mir gegenüber Gewalt anwendeten, weil ich normalerweise vor Schmerzen so laut schrie, dass man mich wahrscheinlich im gesamten Wohnblock hörte.

Hin und wieder sagte einer der Nachbarn zu mir, dass es ganz schön laut bei uns gewesen sei, aber mehr geschah nicht. Viele Nachbarn wussten, dass ich von zu Hause weglief, doch keiner reagierte in irgendeiner Weise darauf, niemand stellte sich schützend vor mich.

Als ich älter wurde und nicht mehr so gefügig war wie in meiner Kindheit, vertraute ich Einzelnen an, dass meine Eltern mich furchtbar schlugen und ich oft zu Opa ausriss. Ich flehte sie geradezu an, mir zu helfen. Doch sie schüttelten nur traurig mit dem Kopf und rieten mir, besser auf meine Eltern zu hören und nicht von zu Hause fortzulaufen, dann würde ich sie nicht so provozieren.

Oder sie rechtfertigten sich damit, dass sie nichts tun konnten, weil sie keine Schwierigkeiten mit meinen Eltern wollten. Ich wusste, dass sie Angst hatten, besonders vor meiner Mutter, die dank ihrer wichtigen Stellung in der Stadtverwaltung überallhin Kontakte hatte.

Vielleicht befürchteten sie, dass Mutter sich an ihnen rächen und beispielsweise irgendeinen Grund finden würde, sie aus ihrer Wohnung hinauszuwerfen? In unserem sozialistischen System, das absoluten Gehorsam und vollkommene Unterordnung unter die Obrigkeit verlangte, war das durchaus möglich.

Nachdem ich immer wieder die Erfahrung machen musste, dass mein Ausreißen nichts half, sondern nur den nächsten Aggressionsausbruch von Milan um ein paar Stunden verzögerte, fing ich an zu lügen. Im Laufe der Zeit wurde ich zu einer professionellen Lügnerin.

Die Angst vor den Schmerzen war mein bester Lehrer.

Sowohl zu Hause als auch in der Schule begann ich zu betrügen. Manchmal hätte ich am liebsten selbst an die von mir erfundenen Geschichten geglaubt. Ohne mit der Wimper zu zucken, log ich, dass sich die Balken bogen.

Ich lernte zudem, verschiedene Handschriften perfekt nachzuahmen, und war in der Lage, fast alles zu fälschen. Wenn ich eine schlechtere Note als eine Eins bekam, schrieb ich ein Plus dazu oder machte eine bessere Note daraus. Ich konnte Mamas Unterschrift und die Namenskürzel der Lehrer so gut nachmachen, dass sie selbst es nicht einmal erkannten.

Termine für Elternabende gab ich nicht mehr an Mama weiter, während ich sie in der Schule entschuldigte, dass sie wegen einer wichtigen Sitzung auf der Arbeit nicht am Elternabend teilnehmen könne. Zum Teil stimmte das sogar, weil Mama tatsächlich sehr in ihre Karriere investierte und viel Zeit auf der Arbeit verbrachte. Sie belegte unablässig irgendwelche Kurse und Weiterbildungen und hatte vor kurzem ein Abendstudium für öffentliche Verwaltung an der renommierten Masaryk-Universität begonnen.

Meine Lehrerin wunderte sich deshalb nicht, dass Mama nicht an den Elternversammlungen teilnahm. Außerdem erzielte ich durchgehend gute Leistungen, und sie sah keinen Bedarf für ein gesondertes Elterngespräch. Ich weiß nicht, was passiert wäre, wenn die Wahrheit ans Licht gekommen wäre. Das hielt mich jedoch nicht davon ab, immer schlauer und gerissener zu werden.

Selbst Auszeichnungen verbesserte ich, wenn es nötig war. Wenn ich bei einem Wettkampf den zweiten Platz belegte, arbeitete ich es auf der Urkunde in den ersten um. Diese Maßnahmen halfen vielleicht nicht viel, weil ich zu Hause sowieso niemals ein Lob bekam, aber zumindest verschafften sie mir für eine gewisse Zeit Ruhe.

Nach einigen verhältnismäßig guten Tagen brach zu Hause gewöhnlich wieder die Hölle aus. Meist wegen einer Kleinigkeit, einem Versehen. Ich erstarrte bereits, wenn ich hörte, wie der Schrank geöffnet wurde, denn ich wusste, dass an der Innenseite der Gürtel hing und Milan gleich in mein Zimmer kommen oder mich rufen würde …

Mama sagte, dass es zu meinem Besten sei, dass sie mich erziehen würden, weil ich widerspenstig, dickköpfig und eingebildet sei. Ich war gewiss kein gefügiges Kind, doch die Methoden, die Milan anwendete, waren unmenschlich. Das war keine Strenge oder Konsequenz – es war Tyrannei.

«Leider ist es wohl gebrochen», stellte die Ärztin im Krankenhaus besorgt fest, als sie mein unnatürlich verdrehtes Bein und den geschwollenen Knöchel untersuchte. Jede Berührung versetzte mir einen solchen Schmerz, dass mir die Tränen nur so über das Gesicht liefen.

«Wie ist das denn passiert?», fragte sie freundlich, während sie vorsichtig versuchte, meine Gliedmaßen in die richtige Position zu bringen.

«Ach, sie ist die Treppe hinuntergefallen. Sie ist im Wachstum und ist ein bisschen ungeschickt», antwortete Mama an meiner Stelle.

Ich hätte am liebsten laut hinausgeschrien, dass das eine Lüge war und dass mein Stiefvater mich so verprügelt hatte, dass die Knochen gebrochen waren, nur weil ich mir ein einziges Mal eine Tafel Schokolade gekauft und ohne seine Erlaubnis allein aufgegessen hatte.

Doch ich wusste, dass Mama alles abstreiten und ihnen glaubhaft machen würde, dass ich eine krankhafte Lügnerin sei. Wer würde mir auch glauben, dass sie mich wegen einer Tafel Schokolade so misshandelt hatten? Jeder würde ihr Glauben schenken, denn schließlich war sie eine wichtige Mitarbeiterin der Stadtverwaltung, wie sie überall betonte. Ich wäre zu Hause nur erbarmungslos bestraft worden.

Ich versuchte, der Ärztin durch meinen Blick ein Zeichen zu geben, doch sie schöpfte nicht einmal ansatzweise Verdacht, dass meine Verletzungen anders passiert sein könnten.

«Wir müssen leider einen Gips anlegen, und es wäre das Beste, wenn Ihre Tochter einige Tage im Krankenhaus bleiben würde», erklärte die Ärztin.

Für mich war das kein «Leider». Ich freute mich, denn es bedeutete einige Tage Ruhe: ohne Strafen, Beschimpfungen und Schläge.

«Wenn du es wagst, auch nur ein Wort zu sagen, wirst du es bitter bereuen!», zischte Mama mir ins Ohr, bevor sie das Krankenhaus verließ.

Ich schwieg wie ein Grab und hielt ihre Version aufrecht, dass ich auf der Treppe gestürzt war.

Das zweite Mal landete ich in derselben Orthopädie-Abteilung, nachdem ich aus Angst vor einer Klassenarbeit die Schule geschwänzt hatte. Als es herauskam, verprügelte Milan mich so schlimm, dass er mir das Wadenbein brach.

Dieses Mal erzählte Mama, dass ich unglücklich von der Schaukel gefallen sei. Ein älterer Arzt führte die Untersuchung durch. Als er meine Krankenakte sah, riet er Mama, mir mehr Milch zu trinken zu geben, da ich offensichtlich äußerst brüchige Knochen hätte.

Ich kam erneut ins Krankenhaus, nachdem sie mir die Hand ausgerenkt hatten. Ich weiß nicht mehr genau, wofür ich damals bestraft wurde, aber wahrscheinlich deshalb, weil ich wieder von

Papa gesprochen hatte, dass er kommen und mich von ihnen befreien würde. Das brachte sie regelmäßig zur Raserei.

Mama fuhr mich in die medizinische Abteilung der Uniklinik. Alle waren begeistert davon, was für eine fürsorgliche Mutter ich hatte. Wie sie mich mit meinem Stiefvater besuchen kam, mir Süßigkeiten und Kompott mitbrachte.

Wer hätte glauben können, dass diese hübsche und elegante Beamtin ihr Kind so quälte? Niemand würde ihr eine so maßlose Gewalt und Grausamkeit zutrauen.

Meine einzige Flucht vor dieser fürchterlichen Realität war die Fantasie. Immer wieder träumte ich von Papa. Das waren die schönsten Augenblicke meines Lebens. Ich war bitter enttäuscht, wenn ich aus solch einem Traum erwachte. Dann schloss ich noch einmal die Augen und wollte wenigstens für eine Weile zu dem zurückkehren, was ich in meinen Träumen gesehen hatte.

Noch ein bisschen, geh noch nicht!, flehte ich. *Ich will in diesen Traum zurück!*

Leider erfüllte sich dieser Wunsch kein einziges Mal. Stattdessen musste ich aufstehen und mit meiner Angst und den Schmerzen zurechtkommen.

Die nächsten Schuljahre beendete ich jeweils als Klassenbeste, was Mama und Milan jedoch nie genügte. Sie wollten, dass ich nicht nur die Beste meiner Klasse war, sondern der gesamten Schule. Das gelang mir allerdings niemals.

Im Laufe der Zeit wurde ich reifer und passte mich immer weniger an.

Als ich zwölf Jahre alt war, konnte ich keine Zuflucht mehr bei Opi suchen, weil er inzwischen gestorben war. Ich werde nie vergessen, wie Mama mich aus dem Büro anrief und mit unverhohlener Genugtuung sagte: «Opa ist tot. Jetzt kannst du dich nirgends mehr verstecken!»

Ein großer Kloß der Verzweiflung stieg in mir auf und nahm mir beinahe die Luft. Ich konnte nicht verstehen, dass es Mama nicht berührte, dass sie ihren Vater verloren hatte. Hatte sie denn überhaupt keine Gefühle? Warum war sie so eiskalt?

«Wenn ich mich verstecken will, werde ich es so machen, dass ihr mich nie wieder findet!», erwiderte ich mit tränenerstickter Stimme.

Ich knallte den Hörer auf den Apparat, begann bitterlich zu weinen und rannte aus der Wohnung. Opa war mein Beschützer und Tröster gewesen, der Einzige, der mich geliebt hatte und zu dem ich jederzeit gehen konnte. Und nur mit ihm hatte ich über Papi reden können. Jetzt war mir niemand mehr geblieben … Ich konnte nicht aufhören zu schluchzen und zitterte am ganzen Leib.

Manchmal, wenn nach einer besonders schweren Tracht Prügel jede Stelle meines Körpers vor Schmerz pulsierte, drohte ich, dass Papa mich finden und von ihnen wegholen würde. Obwohl ich wusste, dass solche Worte sie rasend machten, konnte ich sie mir nicht verkneifen. Ohne den Glauben daran, dass Papa mich eines Tages aus dieser entsetzlichen Situation befreien würde, hätte ich sicher längst den Verstand verloren. Doch mit jedem Jahr wurde die Hoffnung kleiner. Trotz aller Zweifel schrie ich dennoch, dass ich Papi liebte. In der Folge bekam ich noch schlimmere Schläge.

«Fängst du schon wieder von deinem Vater an?! Warum bist du die ganze Zeit so unzufrieden? Was fehlt dir denn?», herrschte Mama mich aufgebracht an.

«Papa fehlt mir!»

«Du hast einen Vater!»

«Das ist nicht mein Papa!»

«Doch, das ist er! Milan ist der beste Vater und kümmert sich um dich! Hör endlich auf, von dem anderen zu reden!», forderte sie.

«Ich werde ihn in Amerika finden! Ich bringe in Erfahrung, wo er wohnt!», schrie ich. «Er liebt mich und würde nie zulassen, dass mich jemand so schlägt!»

«Ach ja …?› Warum hat er dann nicht einen einzigen Brief an dich geschrieben?», fragte sie gehässig.

«Er weiß sicher nicht, wo ich wohne!»

«Wenn ihm etwas daran gelegen hätte, hätte er es herausgefunden. Er hatte schließlich einige Jahre Zeit dazu. Kapier endlich, dass er ein absoluter Egoist war! Er ist in die Staaten gefahren, weil er nur an Geld und seiner Karriere interessiert war. Schon in Warschau habe ich mal ein langes Frauenhaar im Bett gefunden. Er hat weder dich noch mich wirklich geliebt, deshalb hat er uns verlassen!»

«Das stimmt nicht! Ich glaube dir nicht! Kein Wort!», widersprach ich verzweifelt. Ich glaubte erst recht nicht an ein fremdes Frauenhaar in seinem Bett!

«Dann zeig mir doch wenigstens *einen* Beweis dafür, dass er dich liebt oder dass er überhaupt noch lebt! Hast du einen? Eine Postkarte vielleicht? Oder hat er dich auch nur einmal angerufen? Sag's mir doch!» Erbarmungslos verspottete sie meine Naivität.

Sie hatte recht. Der einzige physische Beweis dafür, dass ich in der Vergangenheit einen Papa gehabt hatte, war ein altes Foto, auf dem ich als einjähriges Mädchen auf seinen Knien saß, aber von diesem Bild durfte Mama auf keinen Fall erfahren! Außerdem waren mir meine Erinnerungen an ihn geblieben.

«Ich sage dir, für ihn zählten nur Konzerte, Erfolg und Beliebtheit. Und nach so langer Zeit hat er mit Sicherheit eine neue Familie gegründet und hat andere Kinder. Wenn er überhaupt noch lebt, denn er war schon lange nierenkrank. Du weißt selbst, was für ein ausschweifendes Leben Künstler führen. Er ist bestimmt schon gestorben», wiederholte sie wahrscheinlich zum hundertsten Mal.

Ich wollte ihren Worten nicht glauben, weil ich mir sicher war, dass er trotz seiner Nierenerkrankung lebte.

«In Amerika ist das ganz bestimmt kein Problem», entgegnete ich. «Er hat eine Nierentransplantation bekommen und lebt!»

«Solche Musiker wie er trinken Unmengen Alkohol und nehmen Drogen, da hat keiner eine Chance auf eine Transplantation!», wehrte sie mein Argument ab. «Glaub mir, ihm hat kein Mensch auf dieser Welt irgendetwas bedeutet. Der beste Beweis dafür ist, dass er sich in den letzten Jahren nicht ein einziges Mal bei dir gemeldet hat!»

Obwohl ich selbst nicht verstand, warum Papa kein Lebenszeichen von sich gab, wartete ich nach wie vor darauf. Ich war mir sicher, dass er auftauchen und mich aus diesem grässlichen Zuhause mitnehmen würde. Dass ich irgendwann aufhören würde, mich vor jedem neuen Tag zu fürchten. Dass mich niemand mehr schlagen würde. Dass ich am Morgen aufstehen, mir in Ruhe mein Frühstück machen und endlich einen normalen Tag erleben würde.

«Weil du es ihm verboten hast! Deshalb hat er sich nie gemeldet!» Ich wurde zunehmend lauter.

«Wie redest du mit mir? Ich habe es ihm verboten? Wie hätte ich das denn machen sollen? Wenn man jemanden liebt, findet man einen Weg! Man muss nur wollen.»

Ich schwieg. Sie hatte recht, ich hatte keinerlei Gegenargumente.

«Sprich nicht mehr von ihm! Siehst du nicht, wie ich leide, wenn du von ihm anfängst?!» Mama griff sich ans Herz und begann, schwer zu atmen. «Wir opfern uns für dich auf, doch du weißt das überhaupt nicht zu schätzen! Du dankst uns kein bisschen dafür, dass wir dich zu einem anständigen Menschen erziehen wollen! Vergiss Papa endlich und verliere kein Wort mehr über ihn, denn du treibst mich noch in die Depression», sagte sie mit immer leiser werdender Stimme, während sie sich aufs Sofa legte.

Ich holte ihr ein Glas Wasser und ihre Beruhigungstropfen.

«Mama, es tut mir leid … bitte entschuldige», flüsterte ich. Ich kniete neben dem Sofa und gab ihr die Medizin. Mich hatte plötzlich Furcht gepackt, dass sie so wie Oma und Opa sterben könnte. Und das wäre dann erst noch meine Schuld …

Ich hatte Gewissensbisse und fühlte mich wie eine miserable Tochter. Sie war doch meine Mutter, und trotz allem liebte ich sie. Was wäre, wenn ihr wirklich etwas passieren würde? Wenn sie wegen mir krank werden oder gar sterben würde? Dann hätte ich überhaupt niemanden mehr auf der Welt. Ich würde mit Milan allein bleiben.

Nein, diesen Albtraum wollte ich mir nicht einmal vorstellen. Deshalb versuchte ich, eine gehorsame Tochter zu sein und Papa mit keiner Silbe mehr zu erwähnen.

Nichtsdestotrotz glaubte ich tief im Herzen weiter daran, dass er lebte, mich liebte und mich irgendwann finden würde.

Kapitel 8
Vojtěch

In dieser Zeit wurde ich häufiger krank, ohne dass dafür eine Ursache festgestellt werden konnte. Das passierte an dem Tag zum ersten Mal, an dem ich Milan das Schülerheft mit meinen Noten zeigen sollte. Leider waren darin nicht nur Einsen.

Wegen meiner permanenten Angst und Anspannung hatte ich mich nicht konzentrieren können und einige Dreien bekommen. Bei dem intensiven Versuch, sie herauszuradieren, hatte sich ein Loch auf der Seite gebildet.

Verzweifelt vergrub ich das Heft unterwegs und erzählte in der Schule, dass ich es verloren hätte.

Die Lehrer ließen mich ein neues Heft anlegen und übertrugen alle Noten. Ich hatte eine solche Angst, es Milan zu zeigen, dass ich unerträgliche Magenkrämpfe bekam. So schlimm, dass ich mich nur noch auf dem Fußboden wand.

Mama rief den Notarzt, und ich kam mit dem Verdacht auf eine Blinddarmentzündung ins Krankenhaus.

Sie operierten mich sofort und entfernten den Blinddarm.

Zur großen Verwunderung und Fassungslosigkeit der Ärzte stellte sich heraus, dass er vollkommen gesund war. Die Ärzte hatten keine Erklärung.

Nach der Operation infizierte sich die Wunde, und ich musste für drei Monate im Krankenhaus bleiben. Für mich war das überhaupt kein Problem, ich war glücklich.

Als ich nach einigen Monaten erneut quälende Krämpfe bekam, beobachtete mich Mama zuerst eine Weile in der Annahme, ich würde simulieren. Letztendlich musste sie jedoch den Notarzt rufen. Ich kam ins Krankenhaus und musste mich vielen unangenehmen Untersuchungen unterziehen. Verschiedene Ursachen konnten ausgeschlossen werden, doch die Ärzte fanden keinen Grund für meine Schmerzen.

Während der zwei Monate, die ich im Krankenhaus verbrachte, bekam ich unzählige Spritzen und musste Unmengen von Tabletten schlucken. Die Krämpfe ließen allerdings immer nur für eine kurze Zeit nach.

«Das muss einen psychosomatischen Hintergrund haben», hörte ich den Arzt schlussfolgern. Er fragte meine Eltern, ob ich irgendwelche Probleme oder Stress hätte. Sie verneinten es entschieden.

Als ich zum dritten Mal ins Krankenhaus eingeliefert wurde, waren die Ärzte fest entschlossen, die Krankheitsursache zu finden, und behielten mich fast ein halbes Jahr in Behandlung.

Wieder musste ich die ganze Prozedur über mich ergehen lassen: anstrengende Untersuchungen, schmerzhafte Spritzen, nicht enden wollende Röntgenaufnahmen, Tabletten und das Hängen am Tropf.

Ich ertrug alles, ohne zu klagen, denn paradoxerweise war das einer der glücklicheren Abschnitte meines Lebens. Niemand beschimpfte, erniedrigte und schlug mich.

Den Lehrstoff holte ich problemlos auf. Mama erkundigte sich bei meinen Freundinnen, was im Unterricht behandelt worden war, und nach meiner Rückkehr in die Schule schrieb ich nur noch die Leistungskontrollen nach.

Im Krankenhaus war ich in Sicherheit.

Leider musste ich immer irgendwann wieder zurück nach Hause – zu dem dort herrschenden Terror, den ständigen Bestrafungen und der Angst. Die ganze Zeit musste ich aufpassen, keinen Fehler zu begehen, denn jedes Mal bekam ich solche Schläge, dass ich nicht ausschließen konnte, irgendwann von Milan umgebracht zu werden.

Der Gedanke an den Tod schien mir wie eine Befreiung und

jagte mir an sich keinen Schrecken ein. Ich fürchtete mich dagegen vor einem langsamen und qualvollen Sterben.

Nach Milans letzten Schlägen mit dem Gürtel auf meinen Po und die Beine hatte ich so viele Striemen, dass ich nicht mehr sitzen konnte.

«Nadia, warum setzt du dich nicht normal hin?», fragte mich die Lehrerin verwundert.

Ich ging zu ihrem Schreibtisch und stammelte flüsternd, was passiert war.

«Komm mit nach draußen», sagte sie ebenfalls leise zu mir. Dann gab sie der Klasse eine Aufgabe und ging mit mir in den Raum mit den Lehrmaterialien.

«Zeig mir deinen Rücken und deine Beine», bat sie mich, nachdem sie die Tür geschlossen hatte.

Ich drehte mich um und zog langsam meine Hose nach unten.

«Das ist ja schrecklich!», rief sie und hielt sich die Hand vor den Mund. Sie setzte sich auf die kleine Bank. «Wer hat das getan?»

«Mein Stiefvater …», flüsterte ich.

«Aber wofür?»

«Das ist seine Strafe … für alle möglichen Vergehen, besonders für schlechte Noten.»

«Zieh dich an, mein Kind. Ich muss … mit dem Direktor und … deinen Eltern sprechen.» Sie brachte kaum ein Wort hervor.

In diesem Moment bereute ich meine Ehrlichkeit zutiefst, denn das war definitiv die schlimmste Option.

«Nein … bitte tun Sie das nicht!»

Ich zog mich schnell an.

«Bitte sagen Sie ihnen kein Wort! Ich flehe Sie an!»

Ich war bereit, alles zu tun, damit sie in dieser Sache nichts unternahm.

«Nadia, ich kann das nicht verschweigen. Als Lehrerin habe ich die Pflicht, das zu melden. Du bist gerade einmal zwölf Jahre alt.

Vielleicht sind sich deine Eltern nicht darüber im Klaren, dass ihr Verhalten völlig unangemessen ist? Möglicherweise denken sie, dass es eine gute Erziehungsmethode ist. Weißt du, viele Leute aus meiner Generation wurden selbst sehr streng und mit einer Rute erzogen, deshalb gehen sie davon aus, dass das ein geeignetes Mittel ist, um einem Kind Disziplin beizubringen.»

«Ich ... ich bin mir sicher, dass das nichts helfen wird. Und wenn Sie Mama etwas sagen, werden sie sich an mir rächen und mich noch mehr schlagen. Sie kennen meinen Stiefvater nicht ...»

«Hab keine Angst, ich versuche das diplomatisch zu lösen. Ich bitte deine Mutter allein zum Gespräch und erkläre ihr alles ganz behutsam.»

In Kürze durfte ich mich davon überzeugen, dass es eine der schlechtesten Entscheidungen meines Lebens war, meiner Lehrerin offen und ehrlich von allem zu erzählen.

Ich hörte die Wohnungstür ins Schloss knallen und zuckte auf meinem Stuhl zusammen.

«Nadia!!!» Milans Stimme kündigte nur eines an. «Komm sofort her!»

Vor Angst bebend betrat ich das Wohnzimmer. Ich schaffte es nicht mehr, in Deckung zu gehen, denn der Angriff kam blitzschnell. Milan schlug mich mit der Faust ins Gesicht und traf direkt meine Nase. Der Schlag war so heftig, dass ich zu Boden fiel. Langsam versuchte ich aufzustehen, doch mir war schwindelig und ich bemerkte Blutflecken um mich herum.

«Das geschieht dir recht so!», schrie Mama. «Das wird dir hoffentlich eine Lehre sein, niemandem mehr etwas davon zu erzählen, was zu Hause passiert.»

Mit der Hand versuchte ich, das Blut zu stoppen, das mir aus der Nase lief. Auf dem Weg ins Bad hinterließ ich rote Spuren auf dem Fußboden.

«Mach ja diese Sauerei wieder sauber! Ich will nirgends auch nur einen Tropfen von deinem verdammten Blut sehen!», brüllte Milan hinter mir her.

Ich beugte mich über das Waschbecken. Das Blut tropfte unablässig aus meiner Nase. Vorsichtig bewegte ich den Knochen – er tat so weh, dass ich das Gefühl hatte, die Nase sei gebrochen.

Nur mit Mühe schnappte ich nach Luft, weil ich nicht richtig einatmen konnte. Ich versuchte, die Tränen des Schmerzes und der Hilflosigkeit zurückzuhalten.

Beim Blick in den Spiegel sah ich, dass ein Auge bereits geschwollen war. Meine Wangen brannten.

Schlimmer als der körperliche Schmerz war allerdings der entsetzliche Schmerz in meinem Inneren.

Ich halte das nicht länger aus! Ich kann nicht mehr! Das soll endlich aufhören! Das nächste Mal schlägt er mich wirklich tot. Außer, wenn …

Ja, ich wusste, dass das abscheulich war, aber ich wünschte mir in diesem Moment zutiefst den Tod meines Stiefvaters.

«Gott, ich weiß nicht, wie das gehen kann, aber er soll sterben!»

Ich wollte, dass er einen Unfall hatte oder irgendein großes Auto in den Zug fuhr, in dem er saß. Ihm sollte einfach etwas passieren, so dass er nie mehr zurückkommen würde!

Und wenn nicht, dann … bringe ich ihn um!

Ich schaute in den Spiegel und sah grenzenlosen Hass in meinen Augen. Ja, ich war bereit, es zu tun. Ich wollte ihn töten, ich wusste nur nicht, auf welche Weise. Ich hatte einige Ideen, allerdings hätte ich keine davon umsetzen können: Ich konnte ihn weder vom Balkon werfen noch die Treppen hinunterstoßen, ich hatte auch keine Tabletten, die ich ihm hätte geben können, beziehungsweise wusste nicht, welche die richtigen gewesen wären.

Es war drei Tage nach Milans aggressivem Ausbruch. Mittlerweile war mir eine Idee gekommen, deren Realisierung aus meiner Sicht erfolgreich sein sollte.

Um die Schwellungen in meinem Gesicht abklingen zu lassen,

hatte ich etliche Fehltage in der Schule eingelegt, für die ich mir selbst eine Entschuldigung wegen Magenproblemen geschrieben hatte. Ich setzte Mamas Unterschrift darunter und gab das Schreiben in der Schule ab.

Meine Lehrerin fragte mich später, ob ihr Gespräch mit meiner Mutter etwas geholfen habe.

«Ich hatte doch recht, mein Kind, deine Eltern haben nicht negativ darauf reagiert, oder?»

«Im Grunde nein … sie haben nur ziemlich geschrien», log ich ihr ins Gesicht. Darin war ich geübt.

«Das ist nicht gut», erwiderte sie besorgt.

«Nein, es ist nichts weiter passiert», versicherte ich eifrig.

Wie hätte ich ihr auch die Wahrheit sagen können? Mir war bewusst, dass jede weitere Offenbarung noch schlimmere Folgen für mich haben würde. Am Ende würde sogar die Lehrerin ihren Job verlieren, denn Milan hatte in seiner Wut geschrien, dass so eine Idiotin, die sich in fremde Angelegenheiten einmischte, sofort entlassen werden sollte. Ich hatte keinen Zweifel daran, dass er und Mama tatsächlich dafür sorgen konnten.

«Und was ist das für eine Schramme auf deiner Wange?»

«Da habe ich mich am Schrank im Bad gestoßen», log ich, da diese Version sowohl für mich als auch für sie besser war.

«Wenn du doch noch irgendwelche Probleme haben solltest, sag es mir bitte, in Ordnung?» In ihrer Stimme war ehrliche Sorge zu spüren.

«Ja, das mache ich», beteuerte ich, obwohl ich wusste, dass ich um keinen Preis der Welt jemals wieder ein Wort sagen würde.

Am Abend zuvor hatte Mama angekündigt, dass sie erst spät nach Hause kommen würde, weil sie die Monatsbilanz abschließen musste. Das war regelmäßig der Fall, und an solchen Tagen war es meine Pflicht, das Mittagessen zu kochen. Es war die perfekte Gelegenheit, meinen Plan in die Tat umzusetzen.

Auf dem Heimweg von der Schule ging ich in ein Geschäft, in dem ich normalerweise nie einkaufte und wo mich keiner kannte. Nachdem ich Hackfleisch für Frikadellen bekommen hatte, ging ich weiter in die Gartenabteilung und bat die Verkäuferin um … Mäusegift.

«Oh, habt ihr diese Scheusale etwa auch zu Hause?», fragte sie.

«Hmmm», murmelte ich voller Angst, dass mein Plan auffliegen könnte.

«Wie bei uns, sie kommen durch den Keller herein.»

Ich atmete erleichtert auf. Unterwegs riss ich den Aufkleber mit der Warnung «Achtung! Gift!» von der Verpackung ab und warf ihn in einen großen Mülleimer. Das kleine Päckchen steckte ich in den Rucksack.

Meine Hände zitterten, als ich das graue Granulat unter das Hackfleisch mischte. Ich tat ziemlich viel hinein, den Rest schüttete ich in die Toilette. Das Ganze würzte ich mit viel Pfeffer und Paprika, so wie Milan es mochte, danach briet ich die Frikadellen. Ich kochte Kartoffeln und bereitete außerdem Rote Bete mit Meerrettich zu.

Als Milan nach Hause kam, setzte er sich sofort mit der Zeitung an den Tisch. Mein Herz schlug wie verrückt, als ich ihm zuerst die Knoblauchsuppe und danach den Teller mit dem Hauptgericht servierte. Ich sagte, dass es mir heute nicht so gut gehe und ich deshalb nichts essen würde. Leise ging ich in mein Zimmer. Ich hätte keinen Bissen herunterbekommen, vor allem keine Frikadelle.

Während Milan aß, versuchte ich mich auf meine Hausaufgaben zu konzentrieren, doch die Buchstaben schienen vor meinen Augen umherzuspringen, und ich konnte keinen klaren Gedanken fassen.

Nach einer Weile, die mir wie eine Ewigkeit vorkam, hörte ich, wie Milan plötzlich ins Bad lief und sich kurz darauf übergab. Ich erstarrte, mein Herz klopfte bis zum Hals, und ich horchte auf das leiseste Geräusch. Es herrschte Ruhe …

Ist er vielleicht …⸮

Ich konnte kaum atmen und spürte, wie sich mein Puls beschleunigte. Einen Moment lang war ich nicht in der Lage, mich auch nur einen Millimeter zu bewegen, bis ich schließlich sein schweres Schlurfen hörte.

Milan kam ungewöhnlich langsam aus dem Bad in Richtung meines Zimmers. Ich saß kerzengerade am Schreibtisch, mein Heft lag vor mir, und ich tat so, als wäre ich in die Hausaufgaben vertieft.

«Wo ist das Thermometer⸮», fragte er mit schwacher Stimme, während er sich an der Tür festhielt. «Dir ging es doch auch nicht gut. Wahrscheinlich hast du irgendeine Krankheit angeschleppt und mich angesteckt», brummte er ärgerlich.

Eilig ging ich in die Küche und holte das Thermometer. Als ich es ihm reichte, schaute ich ihn nicht an. In diesem Moment hielt er sich die Hand vor den Mund und lief erneut ins Bad. Nach einer Weile hörte ich die Toilettenspülung. Kurz darauf schleppte er sich ins Schlafzimmer.

Ich atmete tief durch.

Mama kam wie angekündigt spät nach Hause.

«Ist Papa da⸮», fragte sie, nachdem sie die Wohnung betreten hatte. Das war immer ihre erste Frage – er war für sie das Wichtigste.

«Er liegt im Bett, wahrscheinlich ist er krank … Er wollte das Thermometer», sagte ich leise, ohne sie anzuschauen. «Ich mache die ganze Zeit Hausaufgaben.»

Sie zog nicht einmal ihren Mantel und ihre Schuhe aus, sondern ging direkt ins Schlafzimmer. Das wäre normalerweise ein Verstoß gegen die häuslichen Regeln gewesen und in meinem Fall ganz sicher bestraft worden.

«Oje, Liebling, was ist denn mit dir?», hörte ich ihre besorgte Stimme.

«Ich weiß es nicht … Mir geht es nicht gut, und ich habe Fieber … Wahrscheinlich ein Virus. Vermutlich hat Nadia mich mit irgendetwas angesteckt …» Vor der Tür konnte ich seine leise Antwort kaum verstehen.

«Dann rufe ich am besten den Arzt!»

«Nein … es wird langsam besser», erwiderte er mit Mühe. «Nadia ging es auch schnell wieder gut. Aber bei ihr ist das kein Wunder, denn bekanntlich vergeht Unkraut ja nicht!»

«Wenn es morgen noch nicht in Ordnung ist, mache ich dir einen Termin beim Arzt», versicherte Mama fürsorglich.

Milan war am nächsten Tag zwar noch schwach und hatte erhöhte Temperatur, aber sein Zustand hatte sich insgesamt verbessert. Keiner vermutete, was der wahre Grund seiner plötzlichen Krankheit war. Die Verpackung von dem Gift – der einzige Beweis meines schrecklichen Vorhabens – hatte ich längst entsorgt.

Ich war von gegensätzlichen Gefühlen hin- und hergerissen. Einerseits hatte ich tief in meinem Innern Gewissensbisse, weil ich ihn umbringen wollte, andererseits war ich enttäuscht, dass mein Plan nicht funktioniert hatte. Bis auf ein paar Tage Ruhe hatte ich nichts erreicht. Aber wenigstens das.

Leider hatte sich seit dem Tag, an dem meine Lehrerin das Gespräch mit Mama gesucht hatte, die Atmosphäre zu Hause noch mehr verschlechtert. Ich hatte keine Kraft mehr, das alles zu ertragen. Nachdem mir klar geworden war, dass es mir nicht gelingen würde, Milan aus dem Weg zu räumen, schien mir die einzige logische Konsequenz, meinem eigenen Leben ein Ende zu setzen.

Nur wie? Sollte ich mich erhängen? – Das kam mir zu grausam vor. Oder mich vor ein Auto werfen? Vom Balkon springen? –

Wenn ich das jedoch überleben und gelähmt sein würde? Dann wäre ich bis zu meinem Lebensende ihrer Willkür ausgeliefert. Das wäre schlimmer als der Tod!

Wenn ich eine Überdosis Tabletten nahm, könnte es so ausgehen, dass es «nur» zu einer Vergiftung kam, ähnlich wie bei Milan. Doch ich wollte mir erfolgreich und möglichst schmerzfrei das Leben nehmen. Nicht, weil ich mich an Mama und Milan rächen oder ihnen ein schlechtes Gewissen machen wollte, obwohl mir solche Gedanken früher tatsächlich durch den Kopf gegangen waren. Jetzt nicht mehr. Mittlerweile hatte ich sogar Zweifel daran, ob sie sich überhaupt irgendwelche Vorwürfe machen würden. Ich wollte einfach nur, dass mein Leiden aufhörte und ich keine Schmerzen mehr spürte. Der Tod kam mir wie eine Erlösung vor. Von ganzem Herzen wollte ich sterben!

Ich nahm eine Rasierklinge, schloss die Augen und fuhr mit zitternden Händen einige Male über mein Handgelenk – allerdings erst einmal zaghaft. Das Aufschneiden der Pulsadern war die einzige Möglichkeit, mir das Leben zu nehmen, die mir realisierbar und effektiv erschien. Ich spürte ein leichtes Brennen. Ich kniete mich neben die Wanne und schaute zu, wie das Blut an meiner Hand heruntertropfte.

An diesem Tag kam Mama unerwartet früher von der Arbeit nach Hause. Als sie mich nicht in meinem Zimmer antraf, begann sie, an die Badezimmertür zu klopfen.

«Ich bin gleich fertig! Ich mache gerade sauber», rief ich mit schwacher Stimme, während ich mich langsam erhob. Ich drehte schnell den Wasserhahn auf, spülte die Wanne aus und klebte ein breites Pflaster auf die Wunde. Meine Arme bedeckte ich zusätzlich mit einem langärmligen Pullover.

Mama schöpfte keinen Verdacht. Sie saß im Sessel und massierte sich die Stirn. «Ich musste heute eher gehen, weil ich furchtbare Kopfschmerzen habe. Gib mir die Tabletten aus dem

Schrank, die in der weißen Verpackung», bat sie. «Ich habe zwar schon eine genommen, aber sie hat nicht geholfen.»

Es musste ihr wirklich schlecht gehen, wenn sie, die immer Gewissenhafte und Pflichtbewusste, früher aus dem Büro kam.

«Du bist aber auch irgendwie blass …», stellte sie fest, als ich ihr die Tabletten und ein Glas Wasser brachte.

«Mir tut auch ein bisschen der Kopf weh, das liegt wahrscheinlich an diesem hässlichen Wetter», log ich. «Soll ich dir eine Decke holen?»

Mama hatte sich inzwischen aufs Sofa gelegt. «Ja, bitte.»

Sie wunderte sich darüber, dass ich dabei gewesen war, das Bad zu putzen. Ich erklärte ihr, dass mir Schmutzflecken in der Wanne aufgefallen waren.

«Endlich sehe ich, dass du weißt, was es bedeutet, die Wohnung sauber zu halten», lobte sie mich, was äußerst selten vorkam.

Wenn sie geahnt hätte, was der eigentliche Grund gewesen war …

Einige Wochen später, nachdem ich wieder einmal so schlimme Schläge bekommen hatte, dass ich nicht mehr sitzen konnte, kehrten die Selbstmordgedanken mit doppelter Kraft zurück. An diesem Tag sollte Mama erst sehr spät von der Arbeit kommen, und Milan hatte Nachtschicht.

Ich ließ Wasser in die Badewanne laufen, beugte mich darüber und machte einige tiefe Schnitte. Immer mehr Blut vermischte sich mit dem Wasser. Ich spürte keine Schmerzen, nur süßes Glück.

Das ist also das Ende …, dachte ich.

Nur eines bereute ich: dass ich Papi nicht mehr sehen würde. Meine letzten Gedanken drehten sich um ihn – ich sah mich auf seinem Schoß sitzen, wie auf dem Foto, das ich so liebte.

Die Realität und meine Fantasie gingen immer mehr ineinander über … Ich war wieder die kleine glückliche Nadia in Papis Armen, und das für immer …

Als ich zu mir kam, lag ich auf dem Fußboden, zitternd vor Kälte. Wie durch einen Schleier hörte ich Mamas Stimme, die mir die Handgelenke verband. Sie führte mich ins Bett, weil ich nicht allein laufen konnte. Am folgenden Tag brüllte Milan mich an, dass ich nicht normal sei und in einem Irrenhaus eingeschlossen werden sollte.

Wenigstens bekam ich dieses Mal keine Prügel. Offenbar waren sie der Ansicht, dass ich mir selbst die richtige Strafe verpasst hatte.

Damals begann ich, meine Zuflucht in der Musik zu suchen. Obwohl Milan und Mama ärgerlich waren und meinten, ich sollte meine Zeit nicht mit so einem Blödsinn vergeuden, lernte ich zu singen und Gitarre, Klavier sowie andere Instrumente zu spielen.

Ich träumte davon, an der Musikhochschule angenommen zu werden. Üben konnte ich allerdings nur, wenn keiner zu Hause war, weil es sonst jedes Mal zu Streit kam.

«Verschwendest du schon wieder deine Zeit?!» Mama hatte kaum die Wohnung betreten, schon begann sie mich zu kritisieren.

Ich überhörte ihre Worte und widmete mich dem Gitarrespielen.

«Hör auf damit, und lerne lieber, sonst vermasselst du es wie sonst auch. Schreibst du morgen einen Test?»

«Nein, und die Hausaufgaben habe ich auch schon gemacht.»

«Du kannst bestimmt trotzdem noch nicht alles und bekommst wieder nur eine Zwei anstatt eine Eins, so wie letzte Woche», ließ sie mein Argument nicht gelten. «Von Musik kannst du nicht leben! Ich werde nicht zulassen, dass du dein Leben ruinierst wie dein …» Sie wollte den Satz nicht einmal zu Ende führen, auf keinen Fall das Wort «Vater» aussprechen. Für sie hatte er längst aufgehört zu existieren.

Obwohl ich regelmäßig versicherte, dass ich meine Hausaufgaben erledigt hatte und dass das Spielen keinen negativen Einfluss auf meine Leistungen hatte, verboten sie mir nach einigen Monaten, weiter zur Musikschule zu gehen, so dass ich keinen Kurs abschließen konnte. Dabei wollte ich spielen und singen wie Papa. Ich wünschte mir, ihm ähnlich zu sein.

Nach wie vor, entgegen allen Fakten, vertraute ich darauf, dass er eines Tages vor der Tür stehen würde. Ich würde in seine Arme fallen und rufen: «Papi, ich habe so lange auf dich gewartet! Du hast mir schrecklich gefehlt! Bitte, nimm mich mit, weit weg von hier! Hol mich aus dieser Hölle heraus!»

Ich hatte sogar die ganze Zeit eine gepackte Tasche in meinem Schrank stehen und war bereit für sein Kommen.

Nichts war in der Lage, mir meinen kindlichen Glauben zu rauben, dass er mich nicht vergessen hatte.

Auch wenn ich die ganze Zeit kein einziges Lebenszeichen von ihm erhalten hatte, hielten mich die Gedanken an ihn am Leben. Ich wollte mit aller Kraft an meiner Überzeugung festhalten, dass ich ihn wiedersehen würde, auch wenn die Hoffnung darauf mit jedem Tag kleiner wurde.

Langsam, von Jahr zu Jahr, verblasste sein Bild in meinem Kopf immer mehr.

Auf dem Heimweg von der Schule hielt ich häufig am Markt an und hörte den dort spielenden Musikern zu. Bald summte ich die Lieder zusammen mit ihnen. Sie waren sympathisch, gesprächig und erinnerten mich vor allem an meinen Vater.

«Du hast ein super Gehör, Kleine», stellte der gutaussehende Junge an der Gitarre fest. «Wie heißt du?»

«Nadia.»

«Ein schöner Name, gar nicht so typisch für hier … Und wie alt bist du?», fragte er mit einem Blick auf meinen Schulranzen.

«Vierzehn.» Das waren fast zwei Jahre mehr, als es der Wahrheit entsprach. Durch meine Größe sah ich tatsächlich älter aus. «Und du?» Meine Stimme klang sicher, da es mir nie schwergefallen war, mit Unbekannten zu sprechen.

«Vojtěch.»

«Wie alt bist du?»

«Ich bin ein bisschen älter als du», lachte er.

«Aber wie viel genau?!»

«Fünfundzwanzig. Ganz schön alt, oder?» Er zwinkerte mir zu.

«Nein ... ich mag ältere Jungen, besonders Musiker», erwiderte ich locker.

«Du hast eine tolle Stimme, Nadia.»

Seine Worte stärkten mein Selbstwertgefühl enorm. Ich träumte davon, zu singen, zu spielen, so wie Papa zu sein, doch außer meinen Musiklehrern wusste das keiner zu schätzen.

«Du brauchst dich nicht zu schämen, sing aus vollem Halse», ermunterte mich Vojtěch.

Ich setzte mich auf die Mauer neben der Band und sang immer mutiger mit. Um uns herum versammelten sich mehr und mehr Zuhörer.

Bald saß ich mit Vojtěch bis in die Abendstunden hinein zusammen, wenn ich wusste, dass Milan Nachtschicht hatte und Mama nach der Arbeit beim Studium war. Wir sangen zusammen und unterhielten uns viel. In der Schule saß ich in der letzten Unterrichtsstunde wie auf Kohlen und konnte es kaum erwarten, ihn wieder zu treffen. Sobald die Klingel ertönte, packte ich in Windeseile meine Sachen zusammen und lief zu dem Ort, an dem er gerade spielte. Ich spürte ein Kribbeln im Bauch, so als würde ein Schmetterlingsschwarm darin herumflattern.

Eines Tages begann es gerade zu regnen, als ich zu ihm kam. «Da muss ich für heute wohl Schluss machen!», stellte Vojtěch fest und packte seine Gitarre in den Kasten, um sie vor dem Regen zu schützen.

«Schade ...», bemerkte ich traurig. Das bedeutete, dass ich weder eine Möglichkeit zum Singen hatte noch dazu, mit Vojtěch mehr Zeit zu verbringen.

«Das macht nichts, dann lade ich dich in ein Café ein.» Er schaute mich mit seinen großen dunklen Augen an, die nicht nur schön waren, sondern mich auch an … Papas Augen erinnerten.

Meine Knie wurden weich. Ich sehnte mich plötzlich danach, dass er mich nicht nur ansah, sondern umarmte, an die Hand nahm und vielleicht sogar küsste.

«Ich weiß nicht …», warf ich unsicher ein. «Wenn uns jemand sieht, der meine Mutter kennt …»

«Wir können auch zu mir gehen», schlug er vor. «Ich wohne nicht weit von hier.»

«In deine Wohnung?»

«Ja, es ist gerade niemand zu Hause, wir hätten unsere Ruhe.»

Das überzeugte mich, denn Mama würde es mit Sicherheit nicht erfahren. Außerdem hatte ich ein immer größeres Verlangen danach, mit Vojtěch allein zu sein. Mir war inzwischen klar, dass ich mich in ihn verliebt hatte.

Bei ihm zu Hause war tatsächlich keiner da. Er zeigte mir sein Zimmer, entschuldigte sich für das Durcheinander – zu den Ordentlichsten gehörte er wahrlich nicht – und bot mir einen Platz auf dem Sofa an.

Ich schaute mir die Plakate an den Wänden an. Auf allen waren Musikgruppen zu sehen, insbesondere die Beatles, die auch ich liebte.

Vojtěch setzte währenddessen Wasser für Tee auf. Er bereitete ihn mit reichlich Rum, Zitrone und Zucker zu. «Damit du dich nicht erkältest.» Er gab mir eine Tasse mit kleinen Blumen darauf.

Mein Herz hüpfte vor Freude darüber, dass er sich um mich sorgte. Ich dürstete so sehr nach Güte, Wärme und Nähe, dass mich jede fürsorgliche Geste von Vojtěch berührte.

Wir unterhielten uns über irgendetwas, aber wahrscheinlich wussten wir beide nicht wirklich, worüber eigentlich, denn mit jeder Minute rückten wir ein Stück näher zueinander, bis wir uns so leidenschaftlich küssten, dass mir fast schwindelig wurde.

Seine Hand wanderte von meinem Hals über meine Brüste, immer tiefer. «Nadia, du bist wunderbar, einzigartig …», flüsterte er, während er mich am ganzen Körper streichelte. Ich spürte das Blut in mir pulsieren.

«Kommt auch wirklich niemand؟», vergewisserte ich mich mit dem letzten Rest Bewusstsein.

«Nein, wir sind vollkommen allein», versicherte er, als er mir meine Unterwäsche auszog. «Ich liebe dich», wiederholte er. «Ich liebe dich.»

«Ich liebe dich auch», erwiderte ich keuchend. Ich wollte mich ihm ganz hingeben.

Vojtěch war meine erste Liebe. Immer zärtlich und fürsorglich. Nach diesem ersten Mal fragte er mich einfühlsam, ob es mir nicht wehgetan hätte.

Ob es nicht *wehgetan* hätte؟

Ich hatte ihm nie die ganze Wahrheit darüber gesagt, wie alt ich tatsächlich war und was für Verhältnisse bei mir zu Hause herrschten. Wenn er gewusst hätte, dass ich mit noch nicht einmal dreizehn Jahren schon so viel Leid durch meinen Stiefvater erfahren hatte … und jetzt fragte er, ob mir *das* nicht wehgetan hätte!

Nein, das hatte es nicht! Nach den Schmerzen, die ich in meiner Familie erlebt hatte, war ich in der Lage, für ein bisschen Zuwendung alles auf mich zu nehmen.

Die nächsten Monate führte ich eine Art Doppelleben. Einerseits hatte ich mein Zuhause, das ein Albtraum für mich war, andererseits die Treffen mit Vojtěch, mit dem es mir wunderbar ging. Er gab mir Wärme, Zärtlichkeit und erwies mir eine geradezu väterliche Liebe – das, was mir zu Hause fehlte. Alle meine Sinne wurden geweckt. Wenn er mich umarmte, hatte ich das Gefühl, vor lauter Genuss dahinzuschmelzen.

Leider bekam mein Geliebter zu Beginn des nächsten Jahres Arbeit in Prag. Der Abschied fiel mir schwer, und ich vermisste ihn unheimlich.

Wenn ich wusste, dass meine Eltern abends nicht zu Hause sein würden, ging ich in den Club in der Altstadt, in dem Vojtěch manchmal gespielt hatte. Dort suchte ich seine Gegenwart, Spuren von ihm, irgendwelche Informationen über ihn von seinen Freunden. Sie waren so wie er um einiges älter als ich.

Vojtěch kam am Anfang einige Male nach Brünn, aber die große Entfernung ließ unsere Gefühle füreinander allmählich schwächer werden.

Nach der Erfahrung mit Vojtěch war ich nicht mehr in der Lage, allein zu sein. Seine Kumpels sahen bald nicht mehr nur Vojtěchs Freundin in mir, sondern begannen sich ebenfalls für mich zu interessieren. So traf ich mich mit Václav, später mit Peter.

Jedem erzählte ich, ich sei älter, als ich es wirklich war. Sie gaben mir Drinks aus, ließen mich singen, kümmerten sich um mich, waren nett und fürsorglich. Ich hing an ihnen, genoss ihre Herzlichkeit und Zuwendung.

Kapitel 9
«Ich bin nicht verrückt!»

Der erste Elternabend im neuen Schuljahr näherte sich, und ich war froh, dass ich bisher sehr gute Leistungen erzielt hatte. Leider stellte sich heraus, dass ich dennoch nicht die Klassenbeste war. Zu allem Unglück sah mich auch noch eine meiner Lehrerinnen mit einem Jungen in der Stadt und erwähnte das Mama gegenüber.

«Konntest du dich nicht mehr anstrengen?! Du hast nur Dummheiten im Kopf!» Milan kam wütend in die Küche, als ich gerade Fleisch für das Mittagessen schnitt. Mama hatte ihm bereits alles erzählt. «Ich habe immer gewusst, dass du stinkfaul bist! Was war das für ein Junge, mit dem du dich getroffen hast?»

«Ich habe so viel gelernt, wie ich konnte!», antwortete ich in überheblichem Ton, obwohl ich mir denken konnte, was für eine Reaktion das hervorrufen würde. Ich war nicht mehr das kleine, fügsame Mädchen. Milans ständige Schläge mussten endlich ein Ende haben! Ich schwor mir selbst, dass ich etwas unternehmen und auf keinen Fall dabei zuschauen würde, wie er mich eines Tages umbrachte.

«Ich habe getan, was in meiner Macht lag! Und der Junge war nur ein Klassenkamerad!», wehrte ich ab.

«Ein Klassenkamerad? Dir wird gleich die Lust an Klassenkameraden vergehen!»

Als ich sah, wie sich seine Hand zum Schlag erhob, sprang ich mit dem Messer in der Hand zur Seite, direkt auf den Balkon.

«Mach noch *einen* Schritt in meine Richtung, dann stoße ich es mir in den Bauch!», drohte ich und hielt das Messer unmittelbar vor mich. «Dann kommst du ins Gefängnis, denn alle Nachbarn wissen, was bei uns los ist!»

Wir schauten uns beide einige Sekunden lang wütend in die Augen. Offensichtlich war ihm seit meinem Selbstmordversuch, bei dem ich mir die Pulsadern aufgeritzt hatte, bewusst, dass es mir ernst war.

«Milan, lass sie!», rief Mama erschrocken. «Nadia, komm sofort vom Balkon herunter! Ich flehe dich an, komm herunter!», langsam näherte sie sich.

«Mama, keinen Schritt weiter, sonst ersteche ich mich oder springe», hielt ich sie zurück und drückte das Messer fester gegen meinen Bauch.

Wir wohnten im ersten Stock, und mir war klar, dass ich mir bei einem Sprung höchstens die Beine brechen würde. Dann hätte ich nicht einmal die Möglichkeit, vor ihnen wegzurennen. Das wäre die schlimmste aller Lösungsvarianten! Das Messer stellte definitiv die wirksamste Methode dar …

«Kommt ja nicht näher!», wiederholte ich warnend.

Beide standen angespannt und wortlos da. Langsam taten sie kleine Schritte nach hinten und gingen rückwärts aus der Küche in den Flur. Nach einer Weile kam ich vom Balkon und legte mit einem tiefen Seufzer das Messer aus der Hand.

Mama sprang geradewegs auf mich zu und packte mich am T-Shirt: «Bist du verrückt geworden?!», rief sie ärgerlich, obwohl ich in ihrer Stimmung auch Erleichterung spürte. «Wir müssen uns überlegen, wie wir mit deinem skandalösen Verhalten umgehen werden.»

Ich ging in mein Zimmer, setzte mich aufs Sofa und spürte eine gewaltige Anspannung von mir abfallen. Die Tränen schossen mir in die Augen. Gleichzeitig beschloss ich, dass ich ihnen nicht mehr erlauben würde, mich weiterhin so zu misshandeln! Wenn Milan mich wieder schlagen würde, würde ich mir wirklich etwas antun. Der Tod wäre eine Erlösung für mich gewesen.

«Ich habe dir einen Termin bei meinem Bekannten vereinbart. Er ist Psychologe und macht einen Test mit dir, damit du weißt, für welche Schule du dich entscheiden musst», sagte Mama am nächsten Tag beim Frühstück.

Ihr freundlicher Ton überraschte mich angesichts des gestrigen Vorfalls, doch ich war in der achten Klasse und stand vor dem Übergang in die Mittelschule. In der Tschechoslowakei waren solche Tests üblich, um herauszufinden, worin ein Schüler besonders begabt war und welche Schule die beste für ihn wäre. Mich wunderte nur, warum sie den Termin so plötzlich angesetzt hatte.

«Heute?», fragte ich erstaunt.

«Ja, das war der einzige freie Termin, den er hatte. Das ist nichts Kompliziertes, er stellt dir nur ein paar Fragen. Anhand deiner Antworten wird er dir dann die richtige Schule empfehlen.»

Ich schöpfte nicht den geringsten Verdacht, dass das Ganze eine Falle sein könnte. Einer der wenigen Bereiche, in denen ich Mama vorbehaltlos vertraute, war die Bildung. Eine gute Ausbildung, Arbeit und Position waren für sie von außerordentlicher Bedeutung. Sie selbst machte Karriere und studierte an einer renommierten Universität. Dahinein investierte sie ihre gesamte freie Zeit – die Zeit, die uns fehlte, um gemeinsam etwas zu unternehmen: spazieren zu gehen, einzukaufen oder einfach wie Mutter und Tochter zusammenzusitzen und miteinander zu reden.

«Ich will dir helfen», erklärte Mama. «Vielleicht merkst du das nicht, aber ich will das Beste für dich. Und nimm deine Schulbücher mit, denn ich möchte nicht, dass dir ein ganzer Tag entgeht.»

Ich dachte im Traum nicht daran, dass Mama nicht die Wahrheit sagen könnte. An diesem Morgen glaubte ich ihr voll und ganz.

Wir fuhren vor ein riesiges altes, zweistöckiges Gebäude, das mehrere Flügel hatte und fast wie ein Palast aussah. Ich fragte mich voller Verwunderung, warum Mama mich wegen einem einfachen Gespräch an so einen Ort brachte.

«Das ist doch das psychiatrische Krankenhaus!», rief ich.

Ich erinnerte mich plötzlich wieder, wie ich manchmal mit

Klassenkameraden im Bus an diesem Gebäude vorbeigefahren war und wir darüber gelacht hatten, dass hier «die Irren» eingesperrt wurden. Jetzt war mir allerdings ganz und gar nicht nach Lachen zumute.

«Alles in Ordnung, der Psychologe ist ein Spezialist, deshalb ist er auch in diesem Krankenhaus angestellt. Du wirst sehen, er sucht die beste Schule für dich aus, so wie ich es dir versprochen habe», versicherte mir Mama.

Ich spürte eine eigenartige Unruhe, aber ich sagte mir selbst, dass Mama schließlich keine Verrückte aus mir machen und mich nicht in der Psychiatrie einschließen lassen würde.

Wir gingen hinein. An der Pforte nannte Mama den Namen des Spezialisten und erklärte, dass wir mit ihm verabredet seien. Sein Büro befand sich im Erdgeschoss, und es hieß, er würde bereits auf uns warten.

In dem kleinen Raum waren zwei Krankenpfleger in weißen Schürzen. Ich fühlte mich sehr unwohl und drängte mich dicht an Mama.

Das, was kurz darauf geschah, kam mir wie eine Szene aus einem Horrorfilm vor: Es war kein Psychologe da, niemand stellte mir irgendeine Frage, und es wurde kein Test mit mir gemacht. Dafür griffen mich diese zwei kräftigen Pfleger an den Armen und banden sie hinter meinem Rücken zusammen.

«Mama, wer ist das?», rief ich verstört, während ich versuchte, mich zu befreien. Ich schaute sie hilflos und verzweifelt an. «Mama, was ist hier los? Hilf mir …», flehte ich.

Ich war mir sicher, dass die zwei Pfleger mich mit jemandem verwechselt hatten, dass Mama gleich alles aufklären und mir helfen würde.

Bloß gut, dass ich nicht allein hierhergekommen bin, dass Mama bei mir ist und mich von hier wieder mitnimmt! Sie ist ja meine Mutter und würde nicht zulassen, dass mir etwas passiert!

«Mama, was ist los?» Ich wurde immer lauter, aber sie tat …
nichts. Sie stand einfach nur wie angewurzelt da.

Diese fürchterlichen Männer wollten mich durch eine Tür in
den Innenhof ziehen, doch ich wehrte mich mit aller Kraft und
stieß mich mit den Beinen vom Türrahmen ab.

«Mama, wo bringen die mich hin? Hilf mir doch! Bitte hilf mir,
und lass das nicht zu!» Ich brüllte mir die Kehle aus dem Hals,
während ich meinen Kopf zu ihr drehte.

Sie schaute mich nicht einmal an. Sie stand immer noch reglos
an derselben Stelle und unternahm nichts. Gar nichts. Tränen liefen über ihr Gesicht, doch sie schritt nicht in das Geschehen ein.

«Ich habe Angst, schreckliche Angst!», schrie ich, als sie mich
über den Hof in einen Seitenflügel des Gebäudes schleppten. «Mama, bitte nimm mich von hier mit!»

Sie konnte mich längst nicht mehr hören.

«Hör auf so zu brüllen, sonst zeigen wir dir, wer hier das Sagen
hat!», warnte mich einer der Pfleger und griff noch fester zu.

Der andere hielt mir den Mund zu, deshalb biss ich ihn in die
Hand.

«Auu!», zischte er zornig. «Beruhige dich, du Rotznase, ansonsten wirst du das bitter bereuen!»

«Geschlossene Abteilung für Geisteskranke» – entsetzt las ich
das Schild an der großen Tür, durch die sie mich ins Innere zerrten.
Ich wehrte mich und schrie, obwohl ich keine Chance gegen die
beiden hatte.

*Alle Fenster vergittert. Nein, das darf nicht wahr sein! Das passiert
nicht wirklich!*

Immer größere Panik erfasste mich. Sie brachten mich in einen
kleinen, fast leeren Raum, der bis zur Decke weiß gefliest war und
in dem ein beleibter Mann in weißer Schürze hinter dem Schreibtisch saß. Ich fragte mich, ob das der Psychologe war.

«Ist das die Verrückte, die ihrem Vater mit dem Messer gedroht
hat?», fragte er und schaute mich voller Verachtung an.

Langsam wurde mir klar, warum ich hier gelandet war. Mama hatte ihnen also gesagt, dass …

«Ich bin nicht verrückt, wirklich nicht! Ich habe niemanden bedroht, ich wollte nur, dass mein Stiefvater aufhört, mich zu quälen …»

Verzweifelt versuchte ich diesem Mann meine Situation zu erklären. Er war meine letzte Chance auf Rettung. Wenn ich ihm alles erzählen würde, würde er mich vielleicht entlassen. Mama wartete sicher noch auf mich.

«Es ist hier nicht deine Aufgabe, Diagnosen zu stellen! Zieh dich aus, und das schnell!», befahl er.

Einer der Pfleger löste meine Hände und gab mir einen viel zu großen und ausgewaschenen Schlafanzug.

Ich zögerte und wusste nicht, was ich tun sollte.

«Ich bin wirklich nicht …»

«Diskutiere nicht! Zieh dich um, und dann ab ins Zimmer!»

«Aber … ich bin nicht …», setzte ich nochmals an.

«Ich habe gesagt, du sollst dich umziehen!», fuhr er mich böse an.

Langsam drehte ich mich mit dem Rücken zu ihnen, kleidete mich aus und zog den Schlafanzug an, der wie ein Sack an mir herunterhing.

Die Pfleger kümmerten sich nicht darum, dass die Hosenbeine um einiges zu lang waren und ich damit über den Boden schleifte. Sie führten mich über den Flur in einen großen, sehr hohen Raum, setzten mich auf ein Bett und gingen ohne ein Wort hinaus.

Verstört schaute ich mich um. In weiteren Betten befanden sich andere Leute, die alle wesentlich älter als ich zu sein schienen. Ich war einige Monate zuvor vierzehn geworden, doch die übrigen Patienten waren mindestens fünfzig oder sechzig Jahre alt. Sie gaben scheußliche, verworrene Laute von sich, gingen im Raum umher oder wippten vor und zurück, während sie auf ihren Betten saßen und die Wand anstarrten.

Es war unschwer zu erkennen, dass sie psychisch krank waren. Eine runzlige, zahnlose Frau kam murmelnd auf mein Bett zu und versuchte, mein Gesicht zu berühren. Ich wich in die hinterste Ecke aus und zog mir die Decke bis zum Kopf, doch sie hörte nicht auf. Voller Entsetzen begann ich laut zu schreien.

Nach einer Weile tauchte einer der Pfleger auf. «Ich habe dir gesagt, dass du dich benehmen sollst, sonst wirst du es bereuen!»

«Ich weiß, aber diese Frau fasst mich die ganze Zeit an!»

«Ach was, dachtest du etwa, dass du hier zur Kur in ein Sanatorium gekommen bist?», fragte er zynisch.

«Ich habe Angst vor diesen Leuten! Sie sind nicht normal … Ich halte das hier nicht aus! Nehmen Sie mich hier raus!»

«Du hältst es hier nicht aus? Na, dann fragen wir den Chef, ob er nicht ein Einzelzimmer für dich hat!»

Ich atmete erleichtert auf.

In diesem Moment erschien der zweite Pfleger, und die beiden zwinkerten sich vielsagend zu.

«Pass auf sie auf, dann erkundige ich mich nach einem Zimmer für unsere Königin.» Er verließ den Raum und kam kurz darauf zurück.

«Wir haben die Erlaubnis!», verkündete er triumphierend.

Es beruhigte mich ein wenig, dass ich nicht mit diesen Leuten zusammen sein musste, nur das eigenartige Lächeln des Pflegers weckte mein Misstrauen. Sie griffen mich unter den Achseln, brachten mich an das Ende des Flures und dann über die Treppen nach oben.

«Wo führt ihr mich hin?», fragte ich und bemühte mich trotz zunehmender Panik, so nett wie möglich zu sein, damit sie mich nicht länger für verrückt hielten.

«Das wirst du gleich sehen. Hier sind die Einzelzimmer.» Wieder ertönte ihr unangenehmes Lachen.

Sie schlossen eine große braune Tür ohne Klinke auf und stießen mich in ein winziges, dunkles Zimmer, in dem es kein einziges Fenster gab. Im schwachen Licht, das vom Flur hereinschien, sah ich ein Metallbett mit einer in ein Wachstuch eingeschlagenen Matratze.

«Leg dich hin!»

Ich stand wie erstarrt da.

«Hier … soll ich bleiben⸮!» Ich brachte kaum ein Wort hervor, während die Pfleger hinter mir eintraten und die Tür hinter sich schlossen.

«Du hast selbst darum gebeten, ein anderes Zimmer zu bekommen, weil dir die Mitbewohner nicht passen.» Sie lachten laut und gehässig.

«Ich habe Angst! Ich bleibe nicht hier! Lasst mich raus!» Ich versuchte mit aller Kraft, aus diesem furchteinflößenden Raum zu entkommen, doch ich hatte keine Chance gegen die beiden Pfleger.

«Das Isolierzimmer wird dich zur Vernunft bringen», sagten sie mit sadistischer Freude. Gewaltsam legten sie mich aufs Bett und schnallten meine Hände und Füße mit Ledergurten am Gestell fest.

Ich rief um Hilfe, wand mich mit meinem ganzen Leib und schrie aus vollem Hals.

Da steckten sie mir ein Tuch in den Mund und befestigten es, so dass ich das Gefühl hatte, jeden Moment zu ersticken. Dann hörte ich nur noch, wie die Tür mit lautem Knall ins Schloss fiel.

Nein, das darf einfach nicht wahr sein, das kann nicht sein, das muss ein schlechter Traum sein!

Ich konnte die ganze Zeit nicht glauben, was hier mit mir passierte.

Bestimmt wache ich gleich aus diesem Albtraum auf!

Verzweifelt suchte ich nach einer Erklärung, um meine panische Angst in den Griff zu bekommen, denn ich konnte das alles nicht fassen. Noch vor zwei oder drei Stunden war ich mit Mama die sonnigen Straßen entlanggefahren, und jetzt lag ich in diesem fürchterlichen, finsteren Loch in der Psychiatrie, festgebunden und geknebelt. Gefangen mit Mamas Zustimmung.

Das kann einfach nicht sein! Man kann doch in einem normalen, zivilisierten Land nicht einfach sein Kind einsperren lassen und eine Irre aus ihr machen! Das geht nicht! Sie müssen irgendwelche Beweise haben, Untersuchungen machen, Meinungen einholen. Das alles kann nur ein grauenhafter Traum sein, versuchte ich mich selbst zu überzeugen.

Doch es war kein Traum. Mit jeder weiteren Minute nahm meine Verzweiflung zu. Ich konnte mich nicht bewegen, obwohl ich es mit aller Kraft probierte.

Wie lange liege ich schon hier?, überlegte ich. *Wahrscheinlich seit einigen Stunden.*

Meine Hände und Füße waren nach einer Weile taub geworden. Durch das Tuch im Mund fehlte mir Sauerstoff, und ich konnte kaum atmen. Ich hatte unheimlichen Durst und musste gleichzeitig dringend zur Toilette, aber wie hätte ich jemanden rufen sollen? Bald konnte ich den Blasendruck nicht mehr aushalten und spürte, wie es warm zwischen meinen Beinen herunterlief. Vor Scham und Hilflosigkeit begann ich zu weinen.

Nach sehr langer Zeit kam der große Mann, mit dem ich am Anfang gesprochen hatte. Ich wusste immer noch nicht, ob er der Psychologe war, den Mama kannte, oder irgendein Arzt. Eine muskulöse Frau in weißer Schürze tauchte neben ihm auf, sicher eine Krankenschwester. Sie nahm mir das Tuch aus dem Mund. Erleichtert holte ich tief Luft.

«Herr Doktor, das ist irgendein Missverständnis ... ich bin hierhergekommen, weil ...» Ich erkannte meine Stimme fast nicht mehr.

«Ein Missverständnis? Hier gibt es ganz und gar kein Missverständnis. Du bist eine Gefährdung für deine Umwelt, bedrohst dich und andere.»

«Das ist nicht wahr ... ich wollte nur ...»

«Du hast deinem Vater mit dem Messer gedroht und ein paar

Mal versucht, dir das Leben zu nehmen. So anständige Eltern und so eine unzurechnungsfähige Tochter …» Er schüttelte den Kopf.

«Das stimmt nicht, ich schwöre, dass ich nichts verbrochen habe! Ich bin normal, ich habe es nur nicht mehr ausgehalten, dass …», versuchte ich zu erklären.

«Normal? Du findest es normal, seinen Eltern damit zu drohen, vom Balkon zu springen oder sich ein Messer in den Bauch zu rammen? Weißt du, was für Probleme du ihnen damit gemacht hättest? Unzurechnungsfähige Personen müssen abgesondert und geheilt werden.»

«Das war, weil mein Stiefvater mich wieder schlagen wollte! Sie misshandeln mich so oft!»

«Oh, deine Eltern schlagen dich, du Arme», erwiderte der Arzt ironisch. «Soweit ich weiß, machst du ihnen die ganze Zeit nur Schwierigkeiten, lässt dich auf Schlägereien mit Klassenkameradinnen ein, erpresst deine Mutter damit, dass du dir die Adern aufschlitzt. Du bist eine Gefahr für dich und andere. Es ist kein Wunder, dass sie versuchen, dich aufzuhalten. Und wenn es auf normalem Weg nicht geht, sind eben andere Methoden notwendig.»

«Das ist, weil sie …»

«Niemand kann es mit dir aushalten! Deine Mutter und dein Vater lieben dich, aber sie kommen nicht mehr mit dir zurecht.»

«Er ist nicht mein Vater! Mein Vater lebt in Amerika!»

«Deine Mutter sagte, dass er schon lange nicht mehr lebt, doch dass du die ganze Zeit behauptest, er würde dich abholen kommen. Das zeugt von ernsten emotionalen Störungen.»

«Das ist eine Lüge, er lebt!» Ich begann zu weinen, denn dieses Argument war das schlimmste von allen.

«Jetzt sehen Sie es selbst», er wandte sich an die Krankenschwester. «Vielleicht ist es Schizophrenie? Wir müssen das überprüfen. Diese Wahnvorstellungen würden das bestätigen. Wenn sie ein bisschen hierbleibt, werden sie schon verschwinden. Wir werden sie davon heilen. Ihr wird schnell die Lust an Selbstmord-versuchen und dummen Erpressungen vergehen. Das ist uns schließlich auch in anderen Fällen gelungen.»

Er schaute mich grimmig an. «Am Anfang sind alle Jugendlichen frech und wollen beweisen, dass sie unbeugsam sind, aber hier werden sie plötzlich lammfromm.» In seiner Stimme hörte ich eine abartige Genugtuung.

«Ich bin keine Verrückte!»

«Jeder Irre behauptet das von sich!»

Ich merkte, dass ich in der Falle saß, und fühlte mich wie ein gefangenes Tier. Alles, was ich sagte, wurde als Lüge abgetan und war für sie ein Beweis meiner Unzurechnungsfähigkeit.

Die Krankenschwester brachte mir einen Teller Suppe, dazu eine Scheibe Brot und einen Becher kalten Tee.

«Hier hast du etwas zu essen.» Sie band meine Hände los. «Und sei gehorsam! Wenn du aufspringst, binden wir dich sofort wieder an. Es hängt einzig und allein von dir ab, ob du hier festgebunden in der Dunkelheit liegst oder in den Saal zurückkommst», sagte sie warnend und schloss die Tür hinter sich. Dieses Mal ließ sie eine schwache Glühbirne brennen.

Ich war so hungrig und durstig, dass ich das Essen geradezu hi-nunterschlang. Obwohl die Suppe scheußlich schmeckte und das Brot trocken war, aß ich alles restlos auf. Dann versuchte ich mir die Gurte von den Beinen zu lösen. Mit einiger Mühe gelang es mir schließlich. Langsam ließ ich die Füße auf den Boden sinken und ging im Zimmer umher. Ich tastete alle Wände ab und suchte die Tür zur Toilette oder zumindest einen Eimer.

Leider fand ich nichts dergleichen. Der Raum erinnerte mich an eine Gefängniszelle. Ich ging zurück zum Bett und begann zu weinen.

Stundenlang lag ich zusammengekrümmt dort. Die Gedanken in meinem Kopf überschlugen sich. Ich konnte einfach nicht verstehen, wie mich meine eigene Mutter an einen so furchtbaren Ort bringen konnte. Warum? Wieso hasste sie mich so sehr?

Als ich spürte, dass ich wieder zur Toilette gehen musste, klopfte ich einige Male an die Tür. Niemand regte sich, also begann ich, mit der Faust dagegenzuhämmern. Endlich tauchten zwei Pfleger auf und führten mich bis ans Ende des Flurs. Sie blieben die ganze Zeit vor der Tür stehen und passten auf mich auf.

«So geht man ja nicht einmal mit einem Hund um! Das ist kein Krankenhaus, sondern ein Gefängnis! Aber wahrscheinlich wird man nicht einmal dort so behandelt wie hier!», sagte ich vorwurfsvoll, als sie mich zurückbrachten.

«Wenn dir etwas nicht passt, können wir dich noch mal für zwölf Stunden anbinden», gab einer von ihnen zurück.

Nachdem sie mich ins Zimmer geschubst hatten, schnallten sie tatsächlich wieder meine Hände und Beine am Bett fest. Dann löschten sie das Licht und warteten, ob ich anfangen würde zu schreien, um mich gegebenenfalls noch zu knebeln. Ich schloss die Augen und bemühte mich, keinen Laut von mir zu geben. So verließen sie den Raum.

Weinend flüsterte ich: «Papi, mein geliebter Papi, wo bist du? Hol mich hier raus, ich flehe dich an! Ich halte das nicht aus!»

Niemand sollte es hören und denken, dass ich erneut einen hysterischen Anfall oder Wahnvorstellungen hätte.

Es verging eine lange Zeit, bis ich vom Geräusch des Schlüssels wach wurde. Ich hatte keine Vorstellung, welche Tageszeit es war. In der Tür tauchten eine andere Krankenschwester und ein Pfleger auf. Sie brachten einen Teller mit einer Scheibe Brot, die dünn mit Margarine und Marmelade bestrichen war, sowie einen Becher kalten Tee, der wie ein alter Lappen stank.

«Und, wie geht es unserer bekloppten Königin?», fragte der Pfleger mit einem süffisanten Lächeln.

Ich hatte keine Kraft mehr, auch nur ein Wort darauf zu antworten.

Sie brachten mich zur Toilette, woraufhin ich wieder endlose Stunden zusammengekrümmt in dem dunklen und kalten Zimmer auf dem Bett lag. Nicht nur die Kälte, sondern auch die Angst, was sie mir als Nächstes antun würden, ließen mich am ganzen Leib zittern.

Ich weinte so lange, bis ich in eine Art Lethargie verfiel. Als ich irgendwann erwachte, hatte ich weder eine Ahnung, wie lange ich geschlafen hatte, noch ob es Tag oder Nacht war. Jegliches Zeitgefühl war mir abhandengekommen. Ich hatte den Eindruck, dass es nicht mehr lange dauern würde, bis ich den Verstand verlieren würde.

Dreimal täglich kamen Pfleger und Krankenschwestern, gaben mir etwas zu essen und ließen mich zur Toilette gehen. Wenn ich zwischendurch das Bedürfnis hatte, mich zu entleeren, trommelte ich gegen die Tür, doch nur selten reagierte jemand darauf.

Wenn meine Worte unhöflich waren, banden sie mich ans Bett und machten das Licht aus.

Es passierte öfter, dass ich es bis zum nächsten Toilettengang nicht aushielt, dann machte ich ins Bett. Das, was ich anschließend von den Krankenschwestern zu hören bekam, war ein Schwall von Flüchen, unter denen «du dreckiges Schwein» noch einer der netteren war.

«Wenn ihr mich rauslassen würdet, könnte ich normal auf die Toilette gehen!» Ich schaffte es nicht, die Tränen der Demütigung zurückzuhalten.

Immer wieder bettelte ich sie an, mich waschen und mir einen sauberen Schlafanzug anziehen zu dürfen.

«Gebt ihr einen nassen Lappen und einen Eimer, damit sie diese Sauerei in Ordnung bringen kann», rief die Krankenschwester dem Pfleger auf dem Flur zu, während sie angeekelt auf mein mit Exkrementen verschmiertes Bett blickte.

Der Lappen, den sie mir ins Zimmer warfen, stank widerlich. Ich versuchte meine Beine damit sauber zu machen und schrubbte sie so verbissen, dass die Haut rot wurde und zu schmerzen begann. Beim Abwischen des stinkenden Bettes erfasste mich ein solches Gefühl der Erniedrigung, dass mir die Tränen in Strömen übers Gesicht liefen. Bis dahin hatte ich gedacht, dass nur die Menschen im Konzentrationslager so behandelt worden waren.

Als bei der nächsten Visite der Arzt erschien, begann ich zu weinen und flehte ihn schluchzend an, dafür zu sorgen, dass die Pfleger mich wie einen Menschen behandelten – das heißt auf die Toilette gehen ließen und mich nicht mehr ans Bett fesselten.

«Vorher Schreien, jetzt unkontrolliertes Heulen. Wie ich sehe, bist du wirklich emotional instabil. Wir haben hier die klassischen Symptome: emotionale Labilität, Überempfindlichkeit, unangemessene Reaktion auf äußere Reize sowie plötzliche Wut- und Heulanfälle. Alles passt», notierte er in seinen Unterlagen.

«Ich bin doch nicht …»

«Außerdem fehlende Selbstbeherrschung sowie Nicht-Zurechtkommen mit Stress. Neurotische Persönlichkeit.»

«Sie sind kein …», entglitt es mir. «… kein Arzt, sondern ein Fleischer!», wollte ich hinzufügen. Zum Glück biss ich mir rechtzeitig auf die Zunge.

«Was hast du gesagt?»

«Nichts, gar nichts …», flüsterte ich.

«Das hoffe ich … Ich denke, du beruhigst dich nach dem Einsatz der klassischen Methoden, damit wir dich nicht damit bekannt machen müssen, was ein Elektroschock genau ist. Wenn du dich allerdings weiterhin so benimmst, verabreichen wir dir einige davon. Das ist das Beste für solche Irren wie dich», lächelte er bösartig. «Oder irgendwelche starken Tabletten, nach denen du keinen Pieps mehr von dir geben wirst, das garantiere ich dir.

Spektakuläre Erfolge erzielen auch Spritzen mit Salzlösung. Hast du verstanden?»

«Ja, ich werde ... mich benehmen», versicherte ich leise und schluckte die Tränen herunter. In diesem Moment hätte ich alles versprochen.

Kapitel 10
Janek

Einige Tage später bekam ich meine monatliche Regel und erlebte, wie sie mich als Mädchen noch mehr erniedrigen konnten, indem sie mich einfach in meinem Blut liegen ließen. Keiner kümmerte sich darum. Ich bekam weder eine Binde, noch wurde mir erlaubt, mich zu waschen. Dazu quälten mich schreckliche Bauchschmerzen und ein abgrundtiefes Gefühl der Demütigung.

«Schwester, könnte ich ... bitte wenigstens eine Binde oder zumindest etwas Watte bekommen ...», flüsterte ich, so nett ich konnte, als die Krankenschwester in mein Zimmer kam. «Und bitte eine Schmerztablette.»

Nach einer Weile brachte sie mir ein Papiertaschentuch. Dazu warf sie mir einen nassen, kalten Lappen auf den Bauch. «Mach bloß diese Sauerei wieder sauber», forderte sie mich beim Hinausgehen noch auf.

Gott, warum kann ich nicht einfach einschlafen und nie wieder aufwachen?! Endlich nichts mehr spüren. Keine körperlichen und vor allem keine seelischen Schmerzen mehr empfinden.

Ich hatte den Bezug zur Wirklichkeit vollkommen verloren. Manchmal schien es mir, als würde Papa neben mir sitzen und mir über den Kopf streicheln.

Häufig hörte ich die Schreie und das Stöhnen der Patienten aus dem Saal. Ich begegnete ihnen auf dem Flur, wenn die Pfleger mich zur Toilette brachten. Einige schienen nur halb anwesend zu sein, starrten ausdruckslos vor sich hin und lebten in ihrer eigenen Welt. Andere waren überdreht, sprangen wild umher und gaben eigenartige Geräusche von sich.

Was hatte dieser Fleischer mit dem Doktortitel gesagt? Dass ich froh sein könne, wenn sie mir keine Medikamente gaben oder Elektroschocks verabreichten? Ich hatte einmal in einem Film gesehen, was für fürchterliche Wirkungen diese Maßnahmen hatten. Der Mensch wurde zu einem Wrack und bestand nur noch aus dem Körper, während das Gehirn praktisch wie leergefegt war. Angeblich waren politische Gefangene und Spitzel so bestraft worden. Ich hatte allerdings nichts Schlimmes getan.

«Gott, bewahre mich vor diesen Methoden!», wisperte ich in die Dunkelheit, obwohl ich keine Ahnung hatte, ob es überhaupt einen Gott gab.

Ich verstand bald, dass ich nur dann etwas erreichen beziehungsweise brutalen therapeutischen Mitteln entgehen würde, wenn ich mich beherrschte und meine Gefühle verbarg. So beschleunigte sich mein persönlicher Reifungsprozess unnatürlich schnell. Ich versuchte mich so ruhig wie möglich zu verhalten, weil mir klar war, dass ich tatsächlich verrückt werden würde, wenn sie mich noch länger in diesem Isolierzimmer ließen. Ich biss die Zähne zusammen, um kein falsches Wort mehr zu sagen.

Letztendlich erwies sich diese Strategie als erfolgreich, und sie verlegten mich zurück in den großen Saal. Zu meiner großen Erleichterung brachten sie mich vorher ins Bad, und nach langer Zeit konnte ich endlich wieder einmal duschen. Was war das für ein Genuss! Meine Haare hingen strähnig und zottelig an mir herunter, und meine Haut war mit roten Flecken und Pusteln übersät, insbesondere am Unterkörper. Ich stank so stark, dass mir übel wurde. Entsetzt betrachtete ich mein Gesicht in dem kleinen Badezimmerspiegel.

Das bin ich?!

«Schwester», fragte ich höflich, «welcher Tag ist heute?»

«Heute? Wir haben Mittwoch, den vierten Dezember.»

Den vierten Dezember? Es ist also ein ganzer Monat vergangen?

Sie hatten mich über vier Wochen in diesem dunklen Loch festgehalten! Vier schreckliche Wochen.

In einem ausgewaschenen, aber sauberen Schlafanzug legte ich mich ins Bett und deckte mich sorgfältig von Kopf bis Fuß zu. Dennoch kam wie am ersten Tag ständig einer der anderen Patienten zu mir und versuchte, mein Gesicht anzufassen oder mir über den Kopf zu streicheln. Mit aller Kraft riss ich mich zusammen, schloss die Augen und tat so, als würde ich schlafen.

Es funktionierte, und nach einer Weile ließen sie mich wieder in Ruhe. Ihre Anwesenheit war auf alle Fälle besser als die Einsamkeit und Dunkelheit, die mich fast in den Wahnsinn getrieben hatten. Man konnte sich sogar an den Geruch von vollgepinkelter Bettwäsche gewöhnen.

Wenn ich doch bloß ein Buch lesen oder mich mit jemandem unterhalten könnte ..., träumte ich, wenn mich die Langeweile zu erdrücken drohte. *Ob ich jemals wieder hier herauskomme?,* fragte ich mich.

Ich durfte den Saal nur verlassen, um auf die Toilette zu gehen oder einen kurzen Spaziergang über den Flur zu machen. Wenn es warm war, hatte ich die Erlaubnis, zusammen mit einem Pfleger eine Runde im Innenhof zu laufen.

Auf alle Fragen, die der Arzt mir stellte, antwortete ich freundlich und zeigte keinerlei Gefühle. Dabei heulte in meinem Inneren alles vor Verzweiflung.

Ich schaute durch die Gitter vor dem Fenster des Saals auf den naheliegenden Platz und beobachtete die Veränderungen in der Natur. Das ganze Gelände war inzwischen von einer dicken Schneeschicht bedeckt. Durch die großen alten und undichten Fenster drang die Kälte in den Saal.

Wie lange wird das noch dauern?

Nach einer gewissen Zeit gewöhnte ich mich an den Anblick und das Verhalten der Patienten im Saal und versuchte, Kontakt zu ihnen aufzunehmen, auch wenn sich das äußerst schwierig gestaltete. Es gelang selten, sich mit ihnen zu unterhalten, sie nuschelten und standen unter dem Einfluss starker Tabletten. Viele hatten Narben am Hals und an den Armen.

Ich brachte ihnen das Essen und wusch nach den bescheidenen Mahlzeiten ihr schmutziges Geschirr ab, um mich mit irgendetwas zu beschäftigen.

Den größten Teil der Zeit verbrachte ich damit, im Bett zu liegen – mit dem Bemühen, der Wirklichkeit um mich herum zu entfliehen. Zum Teil schlief ich dabei ein, manchmal hatte ich Tagträume von Papa. Ich versuchte mich zu erinnern, wie er aussah, was er gesagt und wie er mich umarmt hatte. Die Gedanken an ihn und das Verlangen, aus diesem furchtbaren Gefängnis zu entkommen, um ihn zu finden, hielten mich bei gesundem Verstand.

Ich hörte ein lautes Poltern und Schreie auf dem Flur. «Wen haben wir denn hier? Oh … unser Stammgast. Wir stecken ihn am besten in eine Zwangsjacke, sonst greift er uns noch an!»

«Nein! Keine Zwangsjacke!», flehte eine Stimme, die nach einem jungen Mann klang.

«Das kommt nicht in Frage, du wütest bloß wieder los! Gib mir die Zwangsjacke! Beruhig dich, sonst bekommst du eine Spritze!»

«Nein, bindet mich nicht fest!», schrie er weiter.

Nach einer Weile wurde es still, und die Pfleger verließen lachend das benachbarte Isolierzimmer, das für besonders aggressive und gefährliche Patienten vorgesehen war.

Ich wartete einige Minuten und ging dann auf den Flur unter dem Vorwand, zur Toilette zu müssen. Auf dem Weg dahin warf ich einen Blick in das Zimmer. Ein Junge lag in einer Zwangsjacke auf dem Bett. Er sah aus, als hätte er eine hohe Dosis Schlaftabletten bekommen. Seine Haare waren völlig durcheinander.

Endlich jemand, der annähernd in meinem Alter ist, dachte ich glücklich, obwohl ich wusste, dass dieser Gedanke egoistisch war.

Vorsichtig und so, dass niemand vom Personal es mitbekam,

schaute ich hin und wieder in das Zimmer, aber er schien die ganze Zeit zu schlafen.

Erst einige Tage später, als die Tür geöffnet war, sah ich, dass er wach war.

«Hallo, warum bist du hier?», flüsterte ich.

Lange schaute er mich aus blutunterlaufenen Augen an, so als würde er mich nicht sehen.

«Hörst du mich?», fragte ich erneut.

«Mir brummt der Schädel … Wer bist du?»

«Meine Eltern haben mich hier eingeschlossen, weil … eigentlich weiß ich nicht, warum, denn ich bin vollkommen normal.»

«Kiffst du?» Er konnte nur mit Mühe sprechen.

«Was?»

«Rauchst du Gras?»

«Was meinst du?»

«Na, ob du Drogen nimmst?»

«Nein, ich hatte noch nie etwas mit Drogen zu tun!»

«Hast du dich geritzt?»

«Na ja … ja, ich habe versucht, mich umzubringen, aber sie haben mich gerettet.»

«Das reicht, um jemanden zum Irren zu erklären.»

«Woher weißt du das?»

«Man war halt so hier und da … Das ist mein vierter oder fünfter Aufenthalt in der Klapsmühle. Ich erinnere mich nicht mehr.»

«Bist du psychisch krank?»

«Manche nennen das so, aber ich … nehme die Welt einfach anders wahr.»

«Also du bist kein Verrückter?»

«Die Realität regt mich zu sehr auf, deshalb greife ich zu Drogen. Manchmal werde ich dadurch unberechenbar, dann lande ich hier.»

«Halten sie dich lange hier fest?»

«Das ist verschieden.»

«Hoffentlich möglichst lange ...», sagte ich leise.

«Was⸮»

«Außer uns sind alle alt und nicht ganz bei Sinnen. Es gibt keinen, mit dem man reden kann.»

«Kein Wunder, Psychopharmaka heilen nicht. Das weiß ich, weil sie mir auch welche geben.»

«Ich muss gehen, sonst bekomme ich Schwierigkeiten. Ach so, wie heißt du und wie alt bist du⸮»

«Janek, einundzwanzig. Und du⸮»

«Nadia, vierzehneinhalb.»

Kapitel 11

Unbedingter Gehorsam

Seit diesem Tag war Janek mein Krankenhausfreund. Dank seiner Anwesenheit und unserer heimlichen Gespräche wurde der grauenvolle Aufenthalt an diesem Ort ein klein wenig erträglicher.

Er war sicher kein Engel, denn einige Male war er in der Psychiatrie gelandet, weil er unter Drogeneinfluss zu einer Bedrohung für andere geworden war. Wegen Diebstahls hatte er sogar schon einen Gefängnisaufenthalt hinter sich. Mir jedoch tat er gut. Wir hatten nie die Möglichkeit, uns länger zu unterhalten, aber selbst unser kurzer Gedankenaustausch war für mich jedes Mal wie ein erfrischender Schluck Wasser in der Wüste.

«Als sie mich ins Isolierzimmer gesteckt haben, dachte ich, dass ich wirklich psychisch krank bin. Ich war am Rande eines Nervenzusammenbruchs.» Endlich konnte ich jemandem erzählen, was ich erlebt hatte. Das minderte den Schmerz zumindest ein klein wenig.

«Hier kann man wirklich durchdrehen …»

«Aber jemanden einzusperren, der völlig gesund ist …¿!» Nach wie vor konnte ich nicht fassen, was hier vor sich ging.

«Wie die Philosophen sagen: Keiner ist vollkommen gesund, nur wurde noch nicht bei jedem eine Krankheit diagnostiziert!» Janek lachte. «Ich habe hier schon einmal ein Mädchen getroffen, sie hieß Eva. Ihre Eltern haben mit dem Psychiater unter einer Decke gesteckt. Sie haben sie zur Strafe im Irrenhaus eingesperrt, aber vielleicht dachten sie auch, dass ein Kind psychisch krank ist, wenn es sich auflehnt oder keinen Sinn im Leben sieht¿»

«Aber es muss doch zumindest eine Grundlage dafür geben, irgendwelche Untersuchungen!»

«Hier werden die Leute oft aufgrund der subjektiven Einschätzung des Psychiaters festgehalten, Untersuchungen werden erst danach durchgeführt.»

«Und dieses Mädchen, von dem du gesprochen hast?»

«Eva? Sie hat jeden Tag eine Beruhigungstablette bekommen, das war ihre ganze ‹Therapie›. Sie hat ununterbrochen geheult, aber das Personal hat sich einen Dreck darum geschert. Meistens haben sie sie nur angeschrien, dass sie aufhören soll, besonders die dicke Schwester. Kennst du die? Mir geht es hier nicht schlecht, weil meine Tante Ärztin ist und mit einem der Ärzte befreundet ist. Wenn ich also Ärger mache, liefern sie mich ein und geben mir einen Drogenersatzstoff, das ist okay.»

«Janek, alles, was ich hier durchgemacht habe … kann ich selbst kaum glauben, und ich werde es bis an mein Lebensende nicht vergessen! Wenn ich überhaupt irgendwann hier rauskomme …»

«Die entlassen dich schon, keine Angst! Wahrscheinlich sogar bald», tröstete er mich.

«Komm mit!», rief mir die Krankenschwester eines Nachmittags zu.

Gehorsam stand ich auf und lief hinter ihr her. Der lange Aufenthalt an diesem Ort hatte mich gelehrt, zu meinem eigenen Besten jede Anweisung des Personals unverzüglich und ohne Widerrede zu befolgen.

Sie führte mich ins Bad und trug mir auf, mich schnell zu waschen und dann ins Zimmer des Chefarztes zu gehen.

Mein Herz begann heftig zu schlagen.

Der Arzt saß hinter seinem Schreibtisch und gegenüber von ihm sah ich … Mama. Ich stand sprachlos und abwartend da, während ich beide beobachtete.

Was haben sie sich dieses Mal ausgedacht?, überlegte ich.

Mama schaute mich mit ernstem Blick an. «Du wirst aus dem Krankenhaus entlassen …», teilte sie mir leise mit. «Unter einer Bedingung: Du versprichst hier vor dem Arzt, dass du ab jetzt vernünftig sein wirst. Du wirst fügsam wie ein Lamm sein und versuchst nicht mehr, dir das Leben zu nehmen. Ich weiß, woher das kommt … das sind diese irrationalen Gedanken an deinen Vater.

Schwöre, dass du ihn mit keiner Silbe mehr erwähnen wirst. Ich habe dir x-mal gesagt, dass er längst gestorben ist. Wenn du das nicht endlich glaubst, wirst du wieder emotionale Störungen haben, doch das nächste Mal wird der Arzt dich nicht mehr entlassen können. Versprichst du also, ihn zu vergessen?»

Ich schwieg eine lange Weile. Das Atmen fiel mir schwer, und ich bekam kaum ein Wort über die Lippen.

«Versprichst du es?», wiederholte Mama.

Ich nickte. Ich hätte allem zugestimmt, nur damit sie mich aus diesem Loch herausholte. Mit der Perspektive, wieder frei zu sein, hätte ich es keinen Augenblick länger hier ausgehalten.

«Ich will es hören! Versprichst du es?»

«Ja», antwortete ich leise.

«Dann kannst du heute mit nach Hause kommen, wenn der Doktor zustimmt.»

Ich sah zu dem großen Kalender an der Wand, an dem das heutige Datum angezeigt wurde. Es war der fünfte Februar. Das heißt, ich hatte drei Monate in diesen Mauern zugebracht! Die drei traumatischsten Monate meines Lebens.

Obwohl ich Mama am liebsten ins Gesicht geschrien hätte, wie sehr ich sie dafür hasste, dass sie mich hierhergebracht hatte, beherrschte ich mich mit ganzer Kraft. Alles wäre besser gewesen als dieser entsetzliche Ort.

Als wir draußen ankamen, hatte ich das Gefühl, aus dem Abgrund der Hölle zurückgekehrt zu sein.

«Ja, er hat mir versichert, dass es keine Spur in den Akten geben wird. Ich habe ihm versprochen, dass er dafür so viel Geld aus dem Budget der Stadt für das Krankenhaus bekommt, wie er braucht», sagte Mama zu Milan, als sie gemeinsam die Wohnung betraten.

Ihnen war offensichtlich nicht klar, dass ich zu Hause war und ihr Gespräch hörte. Ich war früher als gewöhnlich von der Schule gekommen, weil die letzten zwei Stunden wegen einer Lehrerkonferenz ausgefallen waren.

Jetzt saß ich in meinem Zimmer und lernte. Durch die lange Fehlzeit in der Schule, die Mama mit einem Kuraufenthalt entschuldigt hatte, hatte ich viel nachzuholen und verbrachte jede freie Minute damit, mir den zurückliegenden Unterrichtsstoff anzueignen.

Zuerst achtete ich nicht auf ihre Worte. Mama war die Hauptbuchhalterin in der Stadtverwaltung und aktives Parteimitglied, damit hatte sie ein entscheidendes Mitspracherecht bei der Verteilung der städtischen Gelder.

«Das hat er sich verdient. Er hat uns unglaublich geholfen. Sie ist so folgsam wie noch nie», erwiderte Milan.

Ich spitzte die Ohren: *Redet er etwa … von mir und dem Direktor der Psychiatrie? Mein Aufenthalt dort wurde also ohne irgendwelche Papiere eingefädelt, und dafür gab es dann eine Zuwendung von der Stadt?!*

Ich war fassungslos.

Mama, warum hast du mir das angetan?!

Wie gern wäre ich aus meinem Zimmer gelaufen und hätte ihr diese Frage gestellt, die mir im Krankenhaus tausende Male durch den Kopf gegangen war! Ich wusste jedoch, dass ich das bitter bereuen würde.

Einige Monate später offenbarte Mama selbst den Grund für diese furchtbare Entscheidung. Während eines Streits brüllte sie: «Lehnst du dich wieder auf? Willst du etwa zurück ins Krankenhaus?! Hat es dir noch nicht gereicht?»

In diesem Moment platzte etwas in mir. Ich begann zu weinen und schrie in meinem ganzen inneren Schmerz: «Mama, wie konntest du mir das antun⸮! Warum⸮! Sag mir, warum hast du das gemacht⸮»

«Warum⸮», eiferte sich Mama. «Ich denke, dass du jetzt verstanden hast, wer hier das Sagen hat und wer über dein Leben entscheidet! Wir sorgen für dich und bestimmen über alles, was dich betrifft! Kapier endlich, dass dein Vater längst tot ist, und vergiss ihn!»

Ich konnte nicht verstehen, wie sie so herzlos sein konnte. Empfand sie denn überhaupt nichts für ihr eigenes Kind⸮ Sie war in der Lage, mich in diese Hölle zu schicken, nur um meinen absoluten Gehorsam zu erzwingen⸮! Und damit ich Papa vergaß⸮

«Mama, du kannst dir nicht einmal vorstellen, was für ein Albtraum das dort war!» Erneut spürte ich den schrecklichen psychischen Schmerz und die abgrundtiefe Angst, die mich in der Psychiatrie ständig begleitet hatten.

«Dann weißt du ja, was dich erwartet, wenn du dich nicht unterordnest!», war ihr einziger Kommentar.

Deutlicher als je zuvor wurde mir bewusst, dass Mama keinerlei Skrupel hatte.

Kapitel 12
Pest oder Cholera?

Ich versuchte mich so brav wie möglich zu verhalten, doch meine Ruhe und Beherrschtheit waren einzig und allein Tarnung. Nach dem Gespräch mit Mama war etwas in mir zerbrochen. Ich war nicht mehr dieselbe Vierzehnjährige, die in der Psychiatrie eingesperrt worden war, weil sie sich aus Verzweiflung das Leben nehmen wollte. Abgehärtet und voller innerer Rebellion war ich von dort zurückgekommen. Bereit, alle Mittel zu ergreifen und zu kämpfen, um nie wieder in eine ähnliche Situation zu geraten.

Ich versuchte, Milan zu beeindrucken. Er war sehr sportlich und legte großen Wert auf körperliche Betätigung, war beim Boxen und ging joggen. Also bemühte ich mich, mir seine Anerkennung dadurch zu verdienen, dass ich Rollschuh und Schlittschuh fuhr, Tennis spielte sowie Sit-ups und Liegestütze mit ihm trainierte.

Milan ließ allerdings keine Nachsicht walten und berücksichtigte nie, dass ich ein Mädchen war. Sein einziges Lob bestand darin, mir abfällig auf die Schulter zu klopfen und herablassend zu lächeln. Es gelang mir auf keine Weise, seinen Erwartungen gerecht zu werden.

Als ich einige Monate später erneut Schläge für irgendein Vergehen bekam, ging ich am nächsten Tag nicht in die Schule, sondern … aufs Polizeirevier. Ich erinnerte mich zwar gut daran, mit was für einem Fiasko das Gespräch mit meiner Lehrerin geendet hatte, aber ich war der festen Überzeugung, dass die Polizei in der Lage sein würde, mir zu helfen. Es musste in diesem Land schließlich *irgendeine* Gerechtigkeit geben!

Mama und Milan konnten nicht ungestraft bleiben, sondern mussten den Vertretern der staatlichen Macht gehorchen. Auch wenn es ihnen gelungen war, die Dinge in der Psychiatrie mithilfe eines korrupten Arztes illegal abzuwickeln, so war das mit der Polizei sicher nicht möglich.

Als ich durch die Eingangstür des Polizeireviers trat, zitterte ich zwar vor Aufregung, doch ich war entschlossen.

«Ich möchte Ihnen sagen … was bei uns zu Hause los ist», stammelte ich. Ich hatte Angst davor, dass Mama und Milan mich aus Rache für meine Anzeige zu Tode foltern würden, doch in mir war keine Kraft mehr, das alles länger zu ertragen.

Ein Mann schaute mich prüfend an und führte mich über den langen, grauen Flur in ein Großraumbüro, in dem sich unzählige Menschen befanden. Ich sollte vor einem der Schreibtische Platz nehmen.

In Gegenwart von drei Polizeibeamten erzählte ich alles, was sich bei uns zu Hause abspielte. Mein Herz klopfte so laut, dass ich sein Pulsieren förmlich hörte. Ich fühlte mich elend dabei, die eigene Mutter anzuzeigen, doch ich sah keinen anderen Ausweg.

«Tja, Mädchen», sagte einer der Polizisten mit traurigem Gesichtsausdruck. Während meines Berichts hatte er sich die ganze Zeit Notizen gemacht. «Wir können den Fall untersuchen. Und falls, ich wiederhole, *falls* deine Erzählung sich als wahr erweist, werden wir eingreifen. Ich weiß jedoch nicht, ob du dir darüber im Klaren bist, was passiert, wenn das alles wirklich stimmt. Der einzige Verfahrensweg in solchen Fällen ist, dass das Kind ins Kinderheim kommt. Aber dort … das garantiere ich dir, ist es mit Sicherheit noch schlimmer als bei dir zu Hause. Sehr viel schlimmer. Deshalb rate ich dir, dir das noch einmal gut zu überlegen!»

Niedergeschlagen ließ ich den Kopf hängen.

Das bedeutet also, dass es keine Rettung für mich gibt? Keine Befreiung aus diesem Gefängnis, welches mein Zuhause ist? Ist tatsächlich niemand auf der Welt imstande, mir zu helfen?! Niemand? Sie können mich wie einen Hund misshandeln, ohne dass es irgendwelche Konsequenzen hat?!

«Du bist fünfzehn, richtig?»

«Ja», flüsterte ich und versuchte, die aufsteigenden Tränen zu unterdrücken.

«Wenn du es so lange ausgehalten hast, schaffst du das auch noch diese drei Jahre, bis du volljährig bist. Sei stark, das ist schon bald.»

Drei Jahre? Bald? Wie soll ich noch drei Jahre überleben, wenn ich mich jetzt schon ständig frage, wie ich bis zum nächsten Tag durchhalten soll?

Wie betäubt machte ich mich auf den Heimweg.

Kinderheim, Kinderheim ..., wiederholte ich unzählige Male in Gedanken.

Ich war immer davon ausgegangen, dass in einem Kinderheim Waisen lebten, Kinder ohne Vater und Mutter. Doch ich war keine Waise. Ich hatte Mutter und Vater. Auch wenn ich meinen leiblichen Vater seit zehn Jahren nicht mehr gesehen hatte und keine Information von ihm besaß, war ich mir gewiss, dass er lebte. Und dass er mich befreien würde, wenn er wüsste, was ich durchmachte. Alles Leid, das sie mir angetan hatten, würde er rächen. Er würde für mich kämpfen und Milan verprügeln – genau so stellte ich mir das vor, und dann würde er Mama aufhalten, wenn sie wie damals versuchen würde, mich ihm zu entreißen.

«Papi, mein geliebter Papi, wo bist du?», weinte ich Abend für Abend in mein Kopfkissen. «Komm, und hol mich hier weg! Ich habe solche Sehnsucht nach dir, unbeschreibliche Sehnsucht!»

Leider blieben meine Bitten ohne Antwort.

Zum Polizeirevier ging ich noch zwei- oder dreimal. Wahrscheinlich nur deshalb, um mich bei jemandem ausweinen zu können, wenn ich wieder erbarmungslos geschlagen worden war. Immer wurde mir deutlich gemacht, dass das Kinderheim die einzige Alternative wäre.

«Überlege dir gut, ob du das wirklich willst», rieten mir die Polizisten, wenn ich darum bat, dass sie eingriffen. «Möchtest du wirklich ins Kinderheim kommen?!»

Nein, das wollte ich nicht, obwohl ich manchmal, wenn ich gerade wieder Prügel über mich ergehen lassen musste, die Vermutung hegte, dass es mir dort doch besser gehen würde. Es war wie die Wahl zwischen Pest und Cholera.

Nur einmal nahm eine junge Polizistin meine Klage ernst und wollte, dass ich zu einer gerichtsmedizinischen Untersuchung ging, um daraufhin etwas unternehmen zu können. Ich wusste jedoch von keinem Arzt, der meine Eltern nicht gekannt hätte. Mir war klar, dass Mama bereits Bescheid wüsste, bevor ich überhaupt das Sprechzimmer verlassen hätte. Ihr Name lähmte jeden Arzt in der Stadt, weil alle vom Budget der Stadtverwaltung abhängig waren.

Ich stellte immer öfter fest, dass Mama überallhin Kontakte hatte. Die Schlinge um meinen Hals zog sich enger. Von nirgendwoher konnte ich Hilfe erwarten. Lehrer, Psychologen, Ärzte, selbst Polizeibeamte sahen sich nicht in der Lage, irgendetwas zu tun.

Ich zählte die Wochen und Monate, die mich noch von der Volljährigkeit trennten, so wie es mir die Polizisten geraten hatten. «Halte durch, bis du achtzehn bist», wiederholten sie. «Das ist schon bald.»

Manchmal schien mir dieser Tag so weit weg, dass ich mir nicht sicher war, ob ich ihn überhaupt erleben würde. Dann kam es mir wahrscheinlicher vor, dass Milan mich vorher totschlug.

Nein, diesen Gefallen tue ich ihm nicht!, schwor ich mir.

Wenn ich wenigstens gewusst hätte, dass er sich irgendwann dafür hätte verantworten müssen! Aber dank seiner Beziehungen, das wusste ich, würde es ihm höchstwahrscheinlich gelingen, einer gerechten Strafe zu entgehen.

Er würde beweisen, dass es ein unglücklicher Unfall war, und würde bei meiner Beerdigung zur Schau heulen. Darauf kann er lange warten! Dazu werde ich es nicht kommen lassen!

Bei jeder erneuten Tracht Prügel beschloss ich noch verbissener, dass ich überleben und durchhalten würde. Es verhärtete sich nicht nur meine Haut, sondern auch meine Seele.

Um einen Beweis dafür zu haben, dass meine Eltern mich misshandelten, schrie ich so laut, dass mich alle Nachbarn hören konnten. Obwohl keiner von ihnen jemals darauf reagierte, hoffte ich, dass ihr Gewissen wenigstens dann anschlagen würde, wenn Milan mich zu Tode geprügelt hätte, und dass sie gegen ihn aussagen würden und er nicht straflos davonkäme.

Wie besessen wartete ich auf meinen achtzehnten Geburtstag – den Tag, an dem ich den Mut und die Möglichkeit hätte, aus diesem schrecklichen Haus zu entkommen. Irgendwohin, wo sie mich niemals wiederfinden würden.

Mir war bewusst, dass Mama mir dank ihrer zahlreichen Bekanntschaften überall in der Tschechoslowakei auf die Spur kommen würde. Damit war die logische Schlussfolgerung, dass die Flucht ins Ausland der einzige Weg für mich war. Dorthin würde ich auf Nimmerwiedersehen verschwinden!

Kapitel 13
«Du gehst nirgendwo hin!»

Von der langersehnten Volljährigkeit trennten mich nur noch wenige Monate.

Ola, eine ältere Schulfreundin, die wusste, was bei mir zu Hause los war, versuchte mich zu überreden, zusammen mit ihr nach Italien zu fahren. Sie hatte dort einen Freund, der versprochen hatte, mir Arbeit in einem Restaurant zu verschaffen.

Mir war nicht ganz wohl bei diesem Gedanken, weil ich verschiedene Geschichten gehört hatte, wie Mädchen im Ausland ausgebeutet wurden, insbesondere wenn sie die Sprache nicht kannten. So manche hatte vorher die Zusage, einen Job als Bardame, Babysitterin oder Model zu bekommen, doch es hatte mit Sklavenarbeit für ein bisschen Kleingeld, Entmündigung oder sogar sexuellem Missbrauch geendet.

Manchmal wurde in den Nachrichten vor genau diesen Dingen gewarnt, denn seit den politischen Strukturveränderungen im Land, dem Ende des Kommunismus und der Bildung der beiden neuen Staaten Tschechien und Slowakei, war es sehr viel einfacher geworden, ins Ausland zu fahren.

Von Brünn nach Wien waren es gerade einmal 130 Kilometer, näher als nach Prag, deshalb suchten viele junge Frauen aus Tschechien Beschäftigung in Österreich, der Schweiz oder etwas weiter: in Italien. Angelockt von der Aussicht auf Arbeit, landeten zahlreiche ahnungslose Mädchen plötzlich in Bordellen.

«Sei bloß nicht naiv! Du musst vorsichtig sein, sonst kann das schlimm ausgehen», warnte mich Radka, die einzige Freundin, die in unseren Plan eingeweiht war.

Ola jedoch zerstreute schnell alle meine Zweifel und Widerstände. «Es gibt nichts, wovor du Angst haben müsstest. Du wirst schon, es wird super», versuchte sie mich zu überzeugen, während sie in schillernden Farben beschrieb, wie gut es mir in Italien gehen würde. «Das wird eine ordentliche und ehrliche Arbeit. Vor allem kommst du zu Hause raus und verdienst bei dieser Gelegenheit gleich noch ganz gut.»

Was hätte mir andererseits auch Schlimmeres passieren können? Wohl niemand sonst auf dieser Welt würde mich so schlecht behandeln wie meine Eltern. Letztendlich war die Perspektive, zu Hause bleiben zu müssen, schrecklich genug, um mir die Furcht davor zu nehmen, was mich im Ausland erwarten könnte. Außerdem ließ Ola auch nicht nach, mir zu versichern, dass eine wunderbare Zukunft vor mir lag.

Die letzten Monate vor meinem achtzehnten Geburtstag verbrachte ich mit intensiven Vorbereitungen auf die Flucht. Wenn keiner in der Wohnung war, lernte ich ein wenig Italienisch mithilfe eines alten Wörterbuches, das ich mir in der Bibliothek ausgeliehen hatte. Ich versteckte es tief in meinem Ranzen, damit niemand Verdacht schöpfte.

Gut, dass Mama unsere Reisepässe in einer unverschlossenen Schublade aufbewahrte. Peinlich genau zählte ich alles Geld, das ich angespart hatte und jetzt in einer Wechselstube in Lire umtauschte.

Einige Tage vor meinem Geburtstag packte ich die Tasche, die ich normalerweise für den Sportunterricht mitnahm.

Mein Plan war, am Tag nach meinem Geburtstag ganz normal früh aus dem Haus in die Schule zu gehen, allerdings nicht mehr zurückzukehren. Obwohl ich mich auf diesen Moment freute und ihn zutiefst herbeisehnte, regten sich nach wie vor auch gewisse Zweifel in mir.

Habe ich überhaupt das Recht, das zu tun?, zögerte ich. *Und wenn Mama sich Sorgen um mich macht und anfängt, mich zu suchen?*

Fast jede Nacht plagten mich Gewissensbisse, die mir den Schlaf raubten. Es gab Momente, in denen ich Mama richtiggehend hasste, doch gleichzeitig war sie schließlich meine Mutter und die einzige Nahestehende, die ich auf dieser Welt hatte.

Ich war einmal auf einen Bericht gestoßen, dass selbst bei Entführungsopfern – insbesondere wenn es sich dabei um Kinder handelt – ein eigenartiger psychologischer Mechanismus zu Tage tritt, in dessen Folge das Opfer Gefühle entwickelt für die Person, die bei ihm ist. Ich war wahrscheinlich ein Beispiel für genau dieses Syndrom: Zum einen empfand ich eine ungeheure Abneigung Mama gegenüber für das, was sie mir angetan hatte, doch zum anderen liebte ich sie tief in meinem Inneren.

Ich erwachte voller Aufregung. *Morgen werde ich achtzehn!*

Mein Traum, von zu Hause loszukommen, sollte endlich in Erfüllung gehen. Draußen sangen die Vögel, und das saftige Maigrün war eine Augenweide. Ein herrlicher Tag kündigte sich an, noch dazu ein schulfreier wegen des Feiertags «Tag der Befreiung».

Ich beschloss, alle Vorwürfe und jeglichen Groll beiseitezuschieben und für den nächsten Tag eine kleine Geburtstagsfeier vorzubereiten.

Mama und Milan nahmen an einer Festveranstaltung im Rathaus teil, deshalb konnte ich heimlich meinen besten Kuchen backen – eine Schokoladentorte nach einem alten Rezept von Oma.

Die Vorbereitung machte nicht viel Arbeit: Ich backte einen dunklen Biskuitboden mit Kakao, bestrich ihn mit Marmelade, rührte die Schokoladenmasse zusammen, gab sie auf den Boden, überzog das Ganze mit einem Schokoladenguss und dekorierte die Torte mit meisterhaft geformten Rosen aus Zartbitterschokolade. Mama liebte diesen Kuchen.

Ich bat unsere Nachbarn, die Torte bis zum nächsten Tag aufzubewahren. Als ich an meinem Geburtstag von der Schule kam, deckte ich den Tisch und kochte Kaffee.

Ich stellte mir vor, wie Mama und ich zusammen Platz nehmen, die süße Leckerei genießen und uns ausgiebig und in Ruhe miteinander unterhalten würden. Deshalb arrangierte ich unsere kleine Feier zu zweit in der Küche.

Ich werde sie bitten, mir zu erzählen, wie es war, als ich geboren wurde, als ich anfing zu sprechen und zu laufen … Dann kehre ich in Gedanken in meine frühesten Jahre zurück, in die meiner Kindheit, als ich einfach nur glücklich war.

Ich sehnte mich sehr nach schönen Erinnerungen, insbesondere an diesem Tag.

Als ich, zufrieden und stolz auf mein süßes Kunstwerk, Mama vorschlug, bei einer Tasse Kaffee und einem Stück Torte meinen Geburtstag zu feiern, wollte sie, dass ich auch Milan dazu einlud. So machte sie es immer.

Manchmal wäre ich gern allein mit ihr gewesen, doch sie schob mich jedes Mal in seine Richtung und sagte: «Schmiege dich doch ein bisschen an Papa, das freut ihn.» Ich konnte das nicht ausstehen, doch Mama zwang mich dazu. So war es auch heute.

«Na, geh schon, rufe ihn, und du wirst sehen, was du Papa damit für eine Freude machst, dass wir deinen Geburtstag feiern können.»

Ich hatte ernsthafte Zweifel, dass das für ihn ein Grund zur Freude war.

«Aber vielleicht setzen wir uns allein hin und … ich bringe ihm ein Stück Kuchen ins Wohnzimmer?», schlug ich mit unsicherer Stimme vor. Eigentlich war klar, dass Mama nicht zustimmen würde. «Vielleicht dieses eine Mal …?», hoffte ich nichtsdestotrotz.

«Das kommt nicht in Frage! Er ist dein Vater und freut sich über deinen Ehrentag», empörte sie sich. «Da können wir ihn doch nicht einfach ausschließen!»

Ich glaubte nicht an diesen Enthusiasmus, aber ich hatte keine Wahl.

«Ich habe einen Geburtstagskuchen gebacken und möchte dich einladen, mit in die Küche zu kommen», presste ich hervor.

Milan saß im Sessel und war ins Fernsehprogramm vertieft. Er bemerkte kaum, dass ich in der Tür stand.

«Mama sagte, dass du Geburtstagstorte mit uns essen kannst», wiederholte ich etwas lauter.

«Stör mich jetzt nicht, ich schaue mir ein Fußballspiel an!» Er wandte den Blick nicht vom Bildschirm ab.

«Aber später kann ich nicht mehr. Ich will mich nachher mit Freunden im Café treffen», antwortete ich ruhig.

Seine Reaktion versetzte mir zwar einen Stich, aber gleichzeitig hoffte ich, dass er einfach sagen würde: «Esst den Kuchen allein.» Milan jedoch drehte sich blitzschnell in meine Richtung um.

«Was hast du gesagt?»

«Ich möchte dann mit Freunden meinen Geburtstag feiern …»

«Feiern? Was willst du feiern? *Du* willst Bedingungen vorgeben?! Wie kannst du es wagen, so mit mir zu reden?!» Er sprang vom Sessel auf.

Ich ging instinktiv in Deckung, als er auf mich zukam.

«Geburtstag? Dein Geburtstag ist absolut bedeutungslos! Hörst du? Bedeutungslos!»

«Zu meinem achtzehnten Geburtstag darf ich doch wohl …»

«Nein, du darfst überhaupt nichts! Verstehst du? Nichts! Du gehst nirgendwo hin!» Er wurde immer lauter. Wütend folgte er mir in die Küche.

Wie immer in solchen Situationen reagierte Mama nicht. Sie saß bewegungslos am Tisch und umklammerte ihre Tasse, die sie sich gerade mit Kaffee hatte füllen wollen. Milan musterte den Tisch, hielt kurz inne, schnappte sich den Teller mit der Torte, öffnete den Schrank unter der Spüle, zog den Mülleimer hervor … und warf die Torte hinein.

Selbst Mama hielt sich bestürzt die Hand vor den Mund und seufzte auf.

Im ersten Moment wollte ich ihm ins Gesicht schreien, wie sehr und zutiefst und höllisch ich ihn hasste, wie gemein und was für ein Tyrann er war, doch ich bekam kein Wort über die Lippen. Als der erste Schock vorüber war, spürte ich … Dankbarkeit dafür, was er getan hatte! Er machte es mir leicht, eine definitive Entscheidung zu treffen. Ich hatte einen solchen Impuls gebraucht.

Jetzt empfand ich keine Skrupel mehr, einfach zu verschwinden, keinerlei Gewissensbisse, Mama und Milan für immer zu verlassen.

Ich lief aus der Wohnung zur nächsten Telefonzelle und rief Ola an. «Ich bin bereit. Morgen können wir losfahren!», erklärte ich, während ich spürte, wie die Tränen in mir aufstiegen.

In dieser Nacht tat ich kein Auge zu. Als ich am Morgen hörte, wie die Tür hinter ihnen ins Schloss fiel, stand ich auf und packte meine Sachen. Auf dem Tisch ließ ich einen Brief zurück, in dem ich schrieb, dass ich weggehen würde und dass sie mich nicht zu suchen brauchten, weil sie mich sowieso nicht finden würden. Niemals und nirgends!

Kapitel 14
«Mio amore»

Als an der österreichischen Grenze Zollbeamte in den Zug stiegen, begann mein Herz lauter zu schlagen als eine Kirchenglocke. Ich war nervös und stellte mir das Schlimmste vor.

Was, wenn Milan früher von der Arbeit gekommen ist und eine Personenfahndung ausgelöst hat? Am Ende nehmen sie mich fest und liefern mich wieder zu Hause ab! Aber ich bin doch volljährig und darf schließlich fahren, wohin ich will, rief ich mir ins Gedächtnis. *Endlich kann ich selbst über mein Leben entscheiden!*

Ola plauderte mit den Beamten, während ich ihnen mit zitternden Händen meinen Pass gab und dabei freundlich zu lächeln versuchte. Mein Deutsch beschränkte sich auf wenige Phrasen.

Der Zug fuhr wieder los. Ich drückte mich tief in den Sitz und verbarg mein Gesicht hinter dem Vorhang, damit niemand die Tränen sah, die mir über die Wangen liefen. Zahlreiche unruhige Gedanken schossen mir durch den Kopf. Ich war innerlich so zerrissen wie nie zuvor – Angst mischte sich mit Erleichterung, Besorgnis mit Freude.

Wie geht es jetzt weiter? Werde ich in einem völlig fremden Land zurechtkommen?

Irgendwann schlief ich vor Erschöpfung ein.

Wie von ferne drang Olas Stimme zu mir durch: «Wir sind in Italien! Bald kommt Mailand», verkündete sie freudestrahlend.

Als ich hinaus auf den Bahnsteig trat, ergriff mich ein starkes Gefühl von Freiheit. «Es wird gut», sagte ich zu mir selbst, auch wenn mich nach wie vor Ungewissheit plagte.

Am liebsten wäre ich wieder in den Zug gestiegen und zurück nach … Doch das war es ja gerade, denn es gab keinen Ort, an den ich hätte zurückkehren können! Ich war mir sicher, dass es mir an jedem anderen Ort auf der Welt besser gehen würde als zu Hause.

Als der warme Frühlingswind leicht über mein Gesicht wehte, wollte ich daran glauben, dass er etwas Neues und Schönes in meinem Leben ankündigte.

Auf dem Bahnhof erwartete uns Olas Freund, Silvio, der sehr viel älter als sie war. Es wunderte mich, denn das hatte sie nie erwähnt.

Vielleicht ist es gut, dass er kein junger Typ ist, sondern ein reifer Mann. Ich hoffe, dass er es ernst gemeint hat damit, mir einen Job zu suchen, dachte ich.

Schnell rechnete ich aus, wie alt mein erster Freund Vojtěch jetzt sein müsste. Vierunddreißig, wahrscheinlich nicht viel jünger als Silvio.

Dieser nahm uns zu seinem Auto mit. «Das ist ein Alfa Romeo Spider», erklärte Silvio stolz, als wir in das rote Cabrio einstiegen und er unser Gepäck verstaute.

Auf der Fahrt durch die sonnendurchflutete Stadt spielte der Wind in meinem langen Haar, und meine Ängste schmolzen allmählich dahin. Alles begeisterte mich – die Architektur, die wunderschönen Steinhäuser, die reich mit Skulpturen verzierten Brücken, die exotischen Bäume, die bunt gekleideten Menschen.

«Die verträumten italienischen Gassen haben einen unwiderstehlichen Reiz und erinnern an Reisen und Sommerurlaub.» – Dieser Satz aus einem Reiseführer über Italien kam mir wieder in den Sinn.

Ideal für romantische Spaziergänge, dachte ich. Vielleicht hatte mich die Erinnerung an meine erste große Liebe so sentimental gestimmt.

Silvio fuhr uns zu einem gemütlichen Café in einer traumhaften kleinen Gasse, und ich spürte, wie ich mich Hals über Kopf in dieses Land verliebte. Ich genoss den Cappuccino und das köstliche Tiramisu, hörte den melodischen Stimmen der gutaussehenden, schwarzhaarigen Italiener zu und schaute mir die hübschen braungebrannten Italienerinnen an.

Ola wendete ihren Blick keinen Augenblick von ihrem Liebsten ab. Mit seinem Charme konnte er einem tatsächlich den Kopf verdrehen. Außerdem war er schlank, muskulös, und sein dunkler Teint bildete einen schönen Kontrast zum weißen Hemd, dessen lange Ärmel er bis zu den Ellenbogen hochgekrempelt hatte.

Die tschechischen Männer waren normalerweise nicht so elegant gekleidet. Verträumt schaute er Ola an und schmiedete Pläne für einen wundervollen Urlaub.

Für mich hatte er eine Unterkunft im Motel reserviert. Mir war nicht ganz wohl dabei, allein zu bleiben, doch Silvio versicherte mir, dass noch andere Mädchen dort wären, unter anderem aus Tschechien.

Mit der Arbeit in einem Restaurant, die er mir besorgen sollte, hatte es zwar nicht geklappt, er gab mir allerdings ein Kärtchen mit der Adresse eines anderen Lokals und erklärte, dass sie dort ganz gewiss einen Job für mich hätten. Ich sollte mir um nichts Sorgen machen – überzeugte er uns beide –, schließlich war ich Olas Freundin, und er würde sich auch um mich kümmern.

Am Abend fuhren wir wie angekündigt zu dem Motel. Er trug meine Tasche in die dritte Etage und gab mir den Zimmerschlüssel. Bevor ich die Tür geöffnet hatte, war er schon verschwunden.

Mir wurde schnell klar, warum er sich so blitzschnell aus dem Staub gemacht hatte: Während er mir außergewöhnliche Dinge in Aussicht gestellt hatte, hatte er vergessen hinzuzufügen, dass ich in einem winzigen Zimmer im Dachgeschoss zusammen mit einigen anderen Personen schlafen würde.

In diesem Moment war ich allein, doch auf dem Boden lagen vier Matratzen. Auf einer von ihnen entdeckte ich ein abgerissenes Stück Papier mit dem Wort «nuovo». Für den Neuzugang also. Das war zweifellos kein Mut machender Beginn.

Ich wusch mich in dem kleinen provisorischen Bad. Kaum hatte ich mich hingelegt, überfiel mich auch schon ein bleierner Schlaf.

Am nächsten Morgen weckte mich der Vogelgesang, der durch das Fenster zu hören war. Ich schaute mich um und musste erst einmal überlegen, wo ich überhaupt war und was das für Mädchen waren, die neben mir schliefen.

Ich bin in Italien!

Barfuß und auf Zehenspitzen ging ich auf den winzigen Balkon und betrachtete die belebte Straße. Es war so vollkommen anders als in Tschechien – laut, bunt und fröhlich. Ringsherum waren Wäscheleinen zwischen den Häusern gespannt. Mütter riefen laut ihre Kinder, die mit Ranzen auf dem Rücken in die Schule liefen. Es gefiel mir hier, aber gleichzeitig war ich unruhig in meinem Innern.

Hauptsache, ich finde einen Job, dann wird alles gut, machte ich mir selbst Mut.

Eines der Mädchen war aufgewacht und schaute mich verschlafen an. Sie hatte wahrscheinlich noch nicht lange geschlafen, denn Ola hatte mir erzählt, dass die meisten italienischen Cafés und Restaurants fast die ganze Nacht hindurch geöffnet waren, zumindest in den größeren Städten.

«Neu?», fragte sie flüsternd auf Italienisch.

«Ja», antwortete ich, selbst darüber erstaunt, ein italienisches Wort aus meinem Mund zu hören.

«Woher kommst du?»

«Aus Tschechien.»

«Hast du Hunger?»

«Mhmmm.» Ich nickte.

«Dort ist der Kühlschrank», sie wies mir mit der Hand die Richtung, gähnte und ließ den Kopf wieder aufs Kissen sinken.

Ich nahm mir ein Stück Käse und Butter aus dem Kühlschrank, dazu zwei Scheiben Toastbrot. Ehrlich gesagt starb ich fast vor

Hunger. Mit einer Tasse Kaffee setzte ich mich an den Tisch und bewegte mich lange nicht von der Stelle.

Ich fragte mich, wie ich ohne die versprochene Arbeit zurechtkommen würde und ob ich mich in dem Lokal überhaupt verständigen könnte. Ich wollte warten, bis die anderen Mädchen wach waren und mir einen Tipp gaben, wie ich zu der Adresse gelangen konnte, die Silvio mir aufgeschrieben hatte.

Hoffentlich verstehen wir uns! Zum Glück ist eine aus Tschechien, überlegte ich.

Irgendwann waren alle drei aufgestanden, als letzte Bohumila. Sie stammte aus Prag und war so wie ich mit dem Wunsch nach einem besseren Leben von zu Hause weggefahren. Sie war bereits seit einigen Monaten hier und wollte mir zu meiner großen Freude dabei helfen, mich einzuleben. Kaum hatte sie ihre Morgentoilette beendet, tauchte der Motel-Eigentümer auf und forderte von uns die Miete für das Zimmer.

Meine Reserven waren nicht groß und würden nur für wenige Tage ausreichen.

«Ich werde noch heute Arbeit suchen», versicherte ich ihm mit Bohumilas Hilfe.

Sie gab mir einen Stadtplan, und ich fand schnell das Restaurant, das Silvio mir empfohlen hatte. Dort wollte allerdings niemand mit mir sprechen. Ich versuchte es in anderen Lokalen mit einer Mischung aus Englisch und Italienisch, doch kaum jemand sprach Englisch. Einige Kellner pfiffen bei meinem Anblick zwar bewundernd, aber alle schickten mich wieder weg.

Am Abend war ich so erledigt, dass ich dankbar eine vorübergehende Beschäftigung als Tellerwäscherin in einem kleinen Restaurant annahm. Ich verdiente nicht viel, und es reichte gerade einmal dafür, das Stück Fußboden in unserem Viererzimmer zu bezahlen. Für Lebensmittel blieben mir nur ein paar Lire, deshalb steckte ich heimlich Essensreste von den Gästen in meine Tasche, weil ich die ganze Zeit hungrig war.

In den Geschäften und auf den Märkten gab es verschiedene Wurst-, Käse- und Obstsorten, die ich noch nie zuvor gesehen hatte, doch ich konnte sie mir lediglich anschauen.

Das Restaurant war bis Mitternacht geöffnet, deshalb ging ich erst sehr spät schlafen. Ich stand jedoch morgens zeitig auf, um Italienisch zu lernen, denn ich hoffte, dadurch schneller eine bessere Arbeit zu finden.

Der Eigentümer des Lokals gab mir vom ersten Tag an zu verstehen, dass ich ihm dankbar sein sollte, dass er mich angestellt hatte, und er machte mir unmissverständlich deutlich, *wie* ich das zu tun hatte: Er umarmte mich, tätschelte mich am Hintern, und wenn ich versuchte, ihn abzuwehren, drohte er damit, mich zu entlassen.

Schließlich erlaubte er mir zu kellnern, weil er bemerkt hatte, dass ich mit meinem Aussehen das Interesse der Kunden weckte. Auch hier stellte er die Bedingung, dass ich mich ihm «dankbar erweisen» sollte. Er war nicht hässlich oder unattraktiv, aber mit seinen über fünfzig Jahren kam er mir Achtzehnjährigen ausgesprochen alt vor.

«Sei nicht dumm und verkauf dich nicht unter Wert!», redete Bohumila mir zu. «Komm lieber mit in den Nachtclub, dort kannst du wirklich gut verdienen.»

«In einem Nachtclub tanzen …», fragte ich erschrocken, «… fast nackt?!»

«Hast du einen besseren Vorschlag? Du hast selbst gesagt, dass du noch verhungern wirst oder im Bett vom Chef landest, wenn du in diesem Laden bleibst.»

Ich hatte keine andere Idee. Fern von zu Hause, in einem fremden Land, fast ohne Geld und mit minimalen Sprachkenntnissen … Von Ola, die mir eine paradiesische Zukunft versprochen hatte, kam zwischenzeitlich nur die Nachricht, dass sie noch einige Monate länger in Italien bleiben würde.

Mir war bewusst, dass der Motel-Eigentümer mich bald auf die

Straße setzen würde, falls ich mit der Miete im Rückstand bleiben sollte. Und wenn ich kein Dach mehr über dem Kopf hätte, würden sie mich als Obdachlose festnehmen und nach Tschechien zurückschicken.

«Wie viel würde ich verdienen?», fragte ich Bohumila nach langem Zögern.

«Ziemlich gut. Wir bekommen ein Grundgehalt und dazu dreißig Prozent Provision von der Bar für Drinks und Weinflaschen, die von den Kunden gekauft werden. Wir versuchen sie dazu zu bringen, so viele Getränke wie möglich zu kaufen», weihte Bohumila mich in die Geheimnisse des Nachtclubgeschäfts ein.

«Muss man etwa zusammen mit ihnen trinken?»

«Keine Angst, du wirst nicht zur Alkoholikerin. Die Typen denken, dass sie uns Champagner ausgeben, doch in Wirklichkeit ist es Sprite oder irgendetwas anderes. Ansonsten würden wir die Nächte gar nicht durchhalten. Wir bekommen auch eine Provision für jeden Tanz plus alle Trinkgelder, die uns jemand in die Hand drückt.»

«Und das läuft die ganze Nacht so?»

Manchmal wurde ich wach, wenn Bohumila am frühen Morgen ins Motel kam, deshalb wusste ich, dass sie viele Stunden im Club verbrachte.

«Normalerweise von abends um acht bis zwei, drei Uhr morgens. Aber wenn es eine gute Nacht ist, dann kann es bis zum letzten Kunden auch mal zwölf Uhr Mittag werden. Einen Abend in der Woche hast du frei.»

Ich schwieg und dachte über ihr Angebot nach.

«Finanziell wirst du es auf alle Fälle nicht bereuen, besonders im Vergleich zu den paar Lira, die du jetzt verdienst. Was ist … kommst du mit?»

«Ich überlege es mir, aber wahrscheinlich habe ich keine andere Wahl.»

«Nadia, da gibt es nichts zu überlegen. Ich verstehe dich, ich war selbst in einer ähnlichen Situation. Die wenigsten von uns würden sich für so einen Job entscheiden, wenn sie eine bessere Alternative hätten. Bei uns werden die Mädchen auch verhältnismäßig gut behandelt, nicht so wie in manch anderen Clubs.»

Einige Tage später nahm Bohumila mich mit, um mich dem Betreiber vorzustellen.

«Mio amore», sagte dieser, während er mich wie eine Ware von Kopf bis Fuß musterte. Er wies mich an, mich bis auf die Unterwäsche zu entkleiden. Verlegen zog ich mich langsam aus.

«Ja, ich kann dich beschäftigen», stellte er lüstern fest.

«Ich bin mir nur nicht sicher … ob ich ‹so› tanzen kann.»

Mein innerer Widerstand war gewaltig. Ich stand beschämt vor ihm und wollte mich so schnell wie möglich wieder anziehen.

«‹So›, das heißt erotisch, an der Stange …?»

Er lachte laut auf. «Keine Sorge, man kann alles lernen.» Seine Stimme triefte vor Schmalz, und sein Blick war voller Begierde. «‹La pratica rende perfetti› – Übung macht den Meister! Bohumila wird mit dir üben … Ach so, das könnte dich motivieren: Wir wollen in Zukunft mit Vertretern von Firmen aus der Modebranche zusammenarbeiten und Modenschauen für Abendkleider und Unterwäsche organisieren. Wenn du dich irgendwann als Model ausprobieren willst, wäre das eine ideale Beschäftigung für dich!», lockte er mich mit einem breiten Lächeln, das seine schneeweißen Zähne zum Vorschein brachte. «Und wenn du dich gut machst, kannst du ordentlich Geld verdienen.»

«Und … wie viel?»

«Das hängt von deiner Kreativität ab, mein Kätzchen, davon, wie du es schaffst, das Interesse unserer Kunden zu wecken. Ich hoffe, du weißt, wovon ich spreche?» Er zwinkerte mir zu, und ich spürte, wie sich mir der Magen umdrehte. «Wenn du mehr verdienen willst, musst du dafür sorgen, dass die Gäste eine angenehme Zeit hier verbringen, dir Getränke ausgeben und gern wiederkommen.»

Er leckte sich die Lippen und schaute mich an, als wollte er mein erster Kunde sein. «Du kannst sogar 100.000 Lira in einer Nacht bekommen, aber es ist klar, wofür … Wir verstehen uns?»

Ja, wir verstanden uns. Er hatte keine Zweifel offen gelassen.

Damit war mein Traum von einer ehrlichen und anständigen Arbeit in Italien unerwartet schnell gestorben. Ich hatte es dafür mit der primitiven Begierde von Typen mit goldenen Halskettchen zu tun, denen ich einzig und allein zur Befriedigung ihrer männlichen Bedürfnisse diente. – Wie leichtgläubig und naiv ich doch gewesen war.

Bohumila führte mich in die Besonderheiten der «Arbeit» ein.

«Für einen Drink gibst du dem Kunden ungefähr fünfzehn Minuten, dann muss er den nächsten bestellen. Das Beste ist, wenn er eine ganze Flasche guten Champagner kauft, und wenn die Flasche leer ist, die nächste. Du lenkst ihn ab und … schüttest so viel wie möglich unter den Tisch auf den Teppich. Je früher du das machst, desto schneller bestellt er die nächste Flasche, und davon hängt dein Verdienst ab. Dann musst du nicht einmal mit ihm ins Bett gehen.»

In dieser Nacht machte ich kein Auge zu. Alles in mir wehrte sich gegen diese Art von Beschäftigung.

Als ich am nächsten Abend um sechs im Club erschien, gab mir Vittoria, die Assistentin des Chefs, dunkelrote sexy Unterwäsche. Es war ein Hauch von Nichts – ein Korsett und ein Strumpfhalter aus Spitze sowie ein durchsichtiger Stringtanga. Ich bekam außerdem hochhackige Schuhe und Netzstrümpfe. Selbst nachdem ich das alles angezogen hatte, war ich noch halbnackt.

Verlegen setzte ich mich auf ein kleines Sofa. Ich beobachtete, wie ein Mann nach dem anderen in den Club kam, einem Mädchen zunickte, das daraufhin bei ihm an der Bar Platz nahm, wie er ihr einen Drink ausgab und sie vor ihm tanzte oder mit ihm aufs Zimmer ging.

Nach einer Stunde setzte sich ein Kunde zu mir. Beschämt und verklemmt tanzte ich ein paar Minuten ungeschickt vor ihm, dann spendierte er mir ein Glas Wein. Ich fühlte mich schrecklich, doch als ich gegen fünf Uhr morgens meine Provision für das Tanzen und die Getränke in den Händen hielt, war die Entscheidung gefallen. Seit langem konnte ich mir wieder ein normales Mittagessen leisten.

Jede weitere Nacht lief etwas besser. Nach einer Woche konnte ich die Miete für den ganzen Monat im Voraus bezahlen und das erste Mal einkaufen gehen.

Als der Chef mir einmal wieder einen Umschlag mit Geld überreichte, rief er Bohumila zum Übersetzen dazu und erklärte süßlich lächelnd: «Ein Mädchen wie du sollte sich schick anziehen und mit einem eigenen Auto vorgefahren kommen. Wenn du mehr verdienen willst, weißt du, dass wir für unsere Gäste nicht nur die Bar haben, sondern in der ersten Etage auch hübsche, gemütliche Zimmer mit Bad. Du verstehst, was ich meine?», wiederholte er seinen Lieblingsspruch.

«Er wird nicht mehr lange warten. Entweder stimmst du zu, oder er schmeißt dich raus», warnte Bohumila mich später. «Und glaube nicht, dass es irgendwo anders besser wäre.»

«Das ist ja ein Bordell und gar kein Nachtclub!», erwiderte ich wütend. «Sie behandeln mich wie einen Gegenstand, wie die nächste Errungenschaft, aber nicht wie einen Menschen.»

«Nadia, was hast du denn erwartet? Das sind Italiener, gutaussehende Männer mit feurigem Temperament. Sie lassen kein Mädchen einfach so davonkommen. In jeder italienischen Stadt, egal ob groß oder klein, bieten Frauen rund um die Uhr ihre Dienste an. Hier gibt es ganze Stadtviertel, in denen Mädchen wie wir arbeiten. Schau dir zum Beispiel die Strandpromenaden an. Die meisten von den Frauen, die dort auf den Strich gehen, sind dazu gezwungen, anders würden sie nicht überleben.

Ehrlich gesagt kannst du in Italien in keinem Nachtclub arbeiten, ohne *uscita* zu machen, das heißt, mit dem Klienten aufs Zimmer zu gehen. Im Allgemeinen interessieren sich die Typen nicht allein fürs Flirten oder Spendieren von Drinks … Sie kommen, weil sie auf Sex aus sind. Du musst nur unbedingt aufpassen, dass sie ein Kondom benutzen!», machte sie mir eindringlich klar.

«Denk daran: Sex regiert diese Welt. Sex bedeutet Geld und Macht, und darin liegt deine Kraft.» Mit traurigem Lächeln klopfte sie mir auf die Schulter.

«Es hätte schlimmer kommen können. Ich bin am Anfang in ein Bordell am Strand geraten, das in der Hand der Mafia war», erzählte mir eines der Mädchen. «Ich musste nackt an der Stange tanzen, und sie haben mich dabei gefilmt. Sie sagten, wenn ich mich nicht unterordnen würde, würden sie die Aufnahmen weiterverwenden. Ich hatte Glück, der Mafioso kam wegen Drogenhandels in den Knast, und ich konnte von dort abhauen.»

Ich zitterte am ganzen Leib, als ich zum ersten Mal in das luxuriöseste Zimmer im Dachgeschoss des Nachtclubs ging. Diese Etage durfte niemand ohne Erlaubnis betreten.

Als ich in das Zimmer hineinkam, saß dort in einem Sessel schon der Kunde und reichte mir ein Glas Champagner. Er war ein guter Freund des Chefs. Die Mädchen, die diesen «Job» zum ersten Mal machten, waren besonders wertvoll, und der Chef bot sie speziellen Kunden zu einem hohen Preis an.

Ich nahm das Glas, obwohl ich am liebsten davongerannt wäre. Einzig und allein der Gedanke an die Konsequenzen, die es für mich hätte, hielt mich davon ab. Kaum hatte ich den Alkohol ausgetrunken, füllte er mein Glas erneut, dann noch einmal. Als er mich nackt aufs Bett legte, war ich glücklicherweise so betrunken, dass ich mich an nichts mehr erinnere.

Am nächsten Morgen platzte mir fast der Kopf – zum einen von dem vielen Alkohol, zum anderen aufgrund des gewaltigen Ekels vor mir selbst. Ich lief ins Bad und übergab mich. Jede Bewegung fiel mir schwer.

Lange stand ich unter der heißen Dusche und schrubbte meine Haut fast bis aufs Blut bei dem Versuch, seinen Geruch, seine Berührungen und jegliche Spuren der vergangenen Nacht abzuwaschen.

Ich zog mich an, nahm das Geld, das er auf dem Kopfkissen zurückgelassen hatte, und verließ das Gebäude fluchtartig über den Hinterausgang.

Im Motel angekommen, legte ich mich auf meine Matratze, zog die Decke über den Kopf und weinte lange. Ich fühlte mich zutiefst gedemütigt und ausgenutzt. In dieser Nacht hatte ich etwas Wertvolles verloren.

Am nächsten Abend musste ich jedoch wieder im Club erscheinen. Ich war nun «aufgestiegen». Ich tanzte nicht mehr nur, sondern ging mit den Kunden auch auf die Zimmer. Ich bekam zunehmend höhere Trinkgelder, verstand es, die Kunden zum Kauf von immer mehr Flaschen Alkohol zu animieren, und hatte bald einige Stammkunden. Ich war hübsch, schlank und blond – darauf flogen die Italiener, deshalb fehlte es mir nie an Angeboten. Sie nannten mich «Bella», schnalzten mit der Zunge und gaben mir gern ihr Geld.

Unter meinen Verehrern war Antonio, der bald jeden Abend in den Club kam. Er wich nicht mehr von meiner Seite und schaute mich mit verträumten Augen an. «Bellissima», wiederholte er pausenlos. «Mia bella, meine Hübsche», nannte er mich. Ich erinnerte mich dunkel daran, dass Papa mich manchmal so genannt hatte.

Antonio war liebevoll und aufmerksam, dazu umwerfend attraktiv: Er hatte rabenschwarzes, volles Haar, olivfarbene Haut und eine faszinierende, weiche Stimme. Er brachte Blumensträuße vom Markt für mich mit und gab mir besonders großzügige Trinkgelder. Es machte mir nichts aus, dass er fast vierzig war. Ich hatte schon öfter ältere Männer um mich gehabt und fühlte mich bei ihnen geborgen.

Bald lud Antonio mich zum Abendessen ein. Er bekannte, vom ersten Moment an von mir hingerissen gewesen zu sein. Hand in Hand liefen wir die stimmungsvoll beleuchteten Gassen entlang. Wenn er mich umarmte und küsste, schmolz ich wie Wachs in seinen Händen. Ich bemerkte nicht einmal, wie ich mich hoffnungslos in ihn verliebte. Als er mir einige Wochen später einen Heiratsantrag machte und mir anbot, bei ihm einzuziehen, konnte ich mein Glück kaum fassen.

Antonio versprach, dass er mir eine andere Arbeit besorgen würde, am besten als Model, oder er würde mich selbst unterhalten.

Mit jedem Tag verzauberte er mich mehr. In seinem Blick suchte ich Bestätigung und Wertschätzung, in seinen Liebkosungen Zustimmung und Anerkennung.

Das einzige Rätsel für mich war, wo Antonio arbeitete. «Interessi, interessi», wiederholte er. Ich verstand nur so viel, dass er irgendwelche «gute Geschäfte» am Laufen hatte. Offensichtlich hatte er das Zeug dazu, denn er wohnte in einem geschmackvoll eingerichteten Appartement in einem historischen Mietshaus. Im Vergleich dazu war die für kommunistische Verhältnisse ziemlich elegante tschechische Wohnung meiner Eltern vollkommen stil- und ausdruckslos gewesen.

An meinen freien Abenden versuchte ich das beste Essen für Antonio zuzubereiten. Ich verbrachte viel Zeit über Kochbüchern, die ich zusammen mit dem Wörterbuch studierte. Nur zu gern wollte ich lernen, die verschiedenen italienischen Spezialitäten zu kochen. Antonio lachte über mich, zeigte mir, wie ich die Speisen richtig würzte, begleitete mich auf den Markt, um mir beizubringen, welche Obst- und Gemüsesorten die besten waren und wie ich einen guten Preis aushandeln konnte.

Nur Wein kaufte er selbst, weil er überzeugt war, dass Frauen sich damit nicht auskannten. Beim Abendessen fehlte niemals Alkohol, und danach verbrachten wir wundervolle Stunden damit, uns zu lieben. Ich genoss es, einfach neben ihm zu liegen, mit ihm zu reden, mich an ihn zu schmiegen und mit ihm zu lachen. Mit Haut und Haaren sehnte ich mich nach echter Nähe, Zärtlichkeit und Wärme.

Kapitel 15
Die Wahrheit über Antonio

Eines Abends, als wir leicht angeheitert auf dem Bett lagen und Antonio mit den Fingern über meinen Körper strich, hielt er mir auf einem Stück Papier irgendein Pulver unter die Nase.

«Riech mal!»

«Was ist das?» Ich schüttelte mich.

«Nichts Schlimmes, Liebling, zieh es einfach durch die Nase ein, möglichst tief!», ermunterte er mich und machte es mir vor. «Du wirst sehen, was für himmlischen Sex wir danach haben werden.»

Obwohl es mir eigenartig vorkam, erfüllte ich seine Bitte. Kurz darauf begann mein Herz heftiger zu schlagen, aber der Sex danach war tatsächlich einzigartig. Ich schien zu fliegen und befand mich irgendwo zwischen Traum und Wirklichkeit. Ich vermutete, dass er mir Drogen gegeben hatte, doch Antonio versicherte mir, dass es nur ein Aufputschmittel gewesen sei und nichts Bedenkliches.

«Aber … ist es legal?»

«Mein kleiner Dummkopf, wo lebst *du* denn? Das nehmen sogar Jugendliche auf dem Gymnasium, ganz zu schweigen von Studenten. Einfach, um die Stimmung zu heben und sich zu entspannen», klärte Antonio mich auf.

Dank diesem Pulver konnte man wirklich wunderbar relaxen. Nachdem ich es einmal erlebt hatte, wollte ich es wieder. Bald kam ich ohne das Zeug nicht mehr aus. Mit jedem Mal wurde seine Wirkung allerdings etwas schwächer.

Kurze Zeit später brachte mein Geliebter ein cremefarbenes Pulver und eine Spritze mit.

«Das ist erst der Hammer, das musst du probieren!», sagte er aufgeregt.

«Eine Spritze? Oh, nein!», widerstand ich.

Nach meinen Krankenhausaufenthalten hatte ich panische Angst vor Spritzen. Antonio gelang es jedoch, mich damit zu beruhigen, dass er einige Semester Medizin studiert hatte und darin geübt sei. Schließlich erlag ich seinen Überredungskünsten. Ich glaubte ihm vorbehaltlos und liebte ihn so sehr, dass ich bereit war, alles für ihn zu tun.

Langsam gab ich ihm meine Hand, während ich die Augen fest zusammenkniff und den Kopf zur Seite drehte. Antonio wies mich an, eine Faust zu machen, und küsste mich auf die Stelle, in die er mir anschließend die Spritze gab. Er schien in der Tat Übung darin zu haben, denn ich merkte den Einstich kaum.

Als ich die Augen wieder öffnete, spürte ich, wie sich meine Muskeln lockerten, dann fühlte ich mich nur noch glücklich und behaglich, einfach unbeschreiblich gut. Eine wohlige Wärme breitete sich in meinem ganzen Körper aus, und ich hatte den Eindruck, der Wirklichkeit zu entfliehen. Milan und Mama verschwanden aus meinen Gedanken, dafür sah ich Papa immer klarer vor mir.

«Was ist das?», fragte ich, obwohl ich kaum die Lippen bewegen konnte. Ich hatte jegliches Raum- und Zeitgefühl verloren.

«Die Spritze der Glückseligkeit», flüsterte Antonio und streichelte mir über den Kopf. «Ich hatte recht, nicht wahr? Das ist der Hammer!»

«Glückseligkeit ...» Ich stimmte ihm vollkommen zu.

Der folgende Morgen war leider nicht mehr so schön. Mein Kopf schmerzte, und die Augen brannten, doch als Antonio am Abend erneut die Spritze und ein kleines Päckchen hervorholte, zögerte ich nicht lange. Ehrlich gesagt hatte ich darauf gewartet. Ohne Widerspruch machte ich meinen Unterarm frei und wollte erneut diesen phänomenalen Zustand jenseits meines Körpers erleben, in eine andere Welt eintauchen, fern von meiner negativen Vergangenheit. Diese Leichtigkeit und Wärme erfahren. Einfach für einen Augenblick alles um mich herum vergessen.

Ich erwachte erst gegen Mittag wieder. Antonio lag neben mir und betrachtete mich. Ich lächelte ihn an, obwohl ein entsetzlicher Schmerz in meinem Kopf hämmerte. Im Nachtschränkchen hatte ich einige Schmerztabletten. Ich nahm zwei davon und trank einen Schluck Wasser dazu. Antonio lag immer noch regungslos neben mir.

«Warum schaust du mich so an?», fragte ich, während ich meine Schläfen massierte.

«Ich bewundere deine Schönheit.»

«Das liegt daran, dass ich glücklich mit dir bin!», erwiderte ich mit schwacher Stimme. Meine eigenen Worte klangen wie aus weiter Ferne.

«Wie schade, dass ich jetzt schon gehen muss!» Er begann sich anzuziehen.

«Ich mache dir noch Frühstück», bot ich an, auch wenn ich nur davon träumte, mich wieder hinzulegen.

«Ich brauche nichts zu essen, mach mir nur einen Cappuccino.»

Mit einiger Mühe quälte ich mich aus dem Bett und warf mir einen Morgenmantel über. Ich liebte das warme italienische Klima, in dem ein leichtes Kleid oder kurze Hosen und eine Bluse genügten. Den Cappuccino bereitete ich so zu, wie er ihn mochte – in der Maschine und mit Schokoladenraspeln bestreut. Ich stellte eine zweite Tasse bereit. Ein doppelter Espresso für mich, damit ich zu Bewusstsein kam.

«Gib mir deinen Pass», bat er, als ich ihm den Kaffee reichte – ich will dich in meiner Wohnung anmelden und mich erkundigen, was für Unterlagen wir noch für die Hochzeit brauchen.»

«Antonio!» Ich warf mich ihm um den Hals.

Ohne zu zögern gab ich ihm meinen Pass, voller Dankbarkeit darüber, dass er sich so außergewöhnlich um mich kümmerte. Nicht nur wie ein Geliebter, sondern wie ein fürsorglicher Vater.

«Aber wirst du nicht Probleme bekommen, weil ich keine Arbeitserlaubnis habe?»

«*Bella,* zerbrich dir mal nicht dein hübsches Köpfchen. Ich kümmere mich um alles», versicherte er mir und gab mir einen leidenschaftlichen Abschiedskuss.

Ist das alles wirklich wahr?

Ich konnte mein Glück noch immer kaum fassen. Antonios Liebe, unsere Pläne für die Zukunft ...

Ist es nicht nur ein Traum? Wenn nur diese schrecklichen Kopfschmerzen verschwinden würden ...

Zum Abendessen kochte ich Pasta mit Tomatensauce nach Antonios Lieblingsrezept: In Olivenöl briet ich Zwiebeln und Knoblauch an, gab Tomatenmark dazu und würzte das Ganze mit Salz, frischem Basilikum und Oregano.

An diesem Abend kam er allerdings erst spät nach Hause, sichtlich verärgert. Seine Hände zitterten. Er ging zunächst ins Bad, während ich Wasser aufsetzte und zwei Teller für uns vorbereitete.

«Liebling, was ist denn passiert?», fragte ich sanft, als er in die Küche kam.

«Halt die Klappe!», erwiderte er wütend.

«Ich habe doch nur ...»

«Du sollst ruhig sein, habe ich gesagt!»

Ich reichte ihm seinen Teller, aber er würdigte mich keines Blickes.

«Was ist das für ein Fraß?!», brüllte er und stand so abrupt auf, dass der Stuhl hinter ihm umkippte.

Sein Verhalten war mir ein völliges Rätsel, ich erkannte meinen Geliebten nicht wieder.

«Antonio, du kannst doch nicht ...»

«*Was* kann ich nicht? Willst du mir etwas verbieten?!», schrie er und schleuderte den Teller in die Spüle. Die Tomatensauce verteilte sich in der ganzen Küche.

Wie … Milan an meinem achtzehnten Geburtstag, schoss es mir durch den Kopf.

Bittere Erinnerungen holten mich wie ein Bumerang ein. Ein Déjà-vu? Ich hatte das Gefühl, in mein altes Zuhause zurückversetzt zu sein, und meine Seele durchdrang ein beißender Schmerz. Wie versteinert stand ich da, unfähig, einen klaren Gedanken zu fassen. Seit sechs Monaten waren wir zusammen, selten hatte ich ihn wütend gesehen und ganz gewiss noch nie so wie jetzt.

«Weißt du, wie ich mich bemüht habe? Ich wollte es so gut wie möglich kochen, das kannst du nicht einfach so niedermachen!» Nach einer Weile hatte ich wieder Mut gefasst.

«Was kann ich nicht?! Ich kann alles!», brüllte er … und gab mir eine Ohrfeige.

Sprachlos berührte ich meine brennende Wange und begann zu weinen.

«Ist ja schon gut, du brauchst nicht gleich zu heulen!»

Ich dachte, er würde mich in den Arm nehmen, sich entschuldigen und mir den Grund für sein Verhalten erklären. Doch er drehte sich um und verließ die Wohnung. Ich konnte nicht glauben, was gerade geschehen war.

Warum hat er mich so behandelt? Wofür die Ohrfeige?!

Weinend machte ich die Küche sauber, dann lag ich stundenlang schluchzend auf dem Bett, analysierte alle seine Gesten und dachte über jedes einzelne Wort von ihm nach.

Erst gegen Morgen schlief ich erschöpft ein. Ich hatte auf Antonio gewartet, aber er war nicht zurückgekommen.

Seit diesem Zwischenfall war Antonio vollkommen verändert. Ich konnte seine Reaktionen nicht mehr abschätzen und wusste nie, was mich erwartete, wenn er nach Hause kam. Manchmal war er liebevoll und zärtlich, umarmte mich und flüsterte mir schöne Dinge ins Ohr, doch immer öfter betrat er die Wohnung aufgebracht und zornig. Dann schrie er: «Halt's Maul!», und wenn ich protestierte oder nachfragte, schlug er mich. Ich lag jedes Mal verzweifelt im Bett und fragte mich weinend, was ich falsch gemacht hatte.

Es war mir ein Rätsel, was in den letzten zwei Monaten mit ihm passiert war. Er entpuppte sich als Grobian, der nicht zögerte zuzuschlagen, so belanglos der Grund auch sein mochte. Schließlich hörte ich auf, mir selbst etwas vorzumachen, und schaute der Wahrheit ins Gesicht: Antonio war drogenabhängig. Ich wollte ihn verlassen, er gab mir jedoch meinen Pass nicht zurück. Ich bat und flehte, aber er erzählte mir, er habe ihn auf dem Amt hinterlegen müssen.

Nach einiger Zeit fing er an, mich zu erpressen. «Wenn du nicht tust, was ich dir sage, gehe ich zur Polizei, und du wirst eingelocht, bevor du auch nur deine Sachen packen kannst. Du bist illegal hier, Süße, vergiss das nicht», betonte er. «Du kannst dich nicht ausweisen, und keiner wird dir glauben.»

«Was soll ich bloß tun?» Diese Frage quälte mich nächtelang.

Ich liebte ihn und war auf ihn angewiesen, gleichzeitig bekam ich immer mehr Angst vor ihm. Deshalb stimmte ich zu, wenn er mir Abend für Abend eine Spritze geben wollte, um wenigstens dann sein Wohlwollen zu erlangen. Es half mir auch, das ganze Elend für einen Moment zu vergessen. Ich redete mir immer wieder ein, dass es keine Drogen wären, nur Aufputschmittel. Doch ich gelangte bald zu der schmerzlichen Gewissheit, wie sehr ich mich selbst betrogen hatte.

«Willst du Heroin, Kleine?», fragte Antonio eines Abends spöttisch, während er mir ein kleines Tütchen unter die Nase hielt.

«Das ist Heroin?!» Ich erschrak zutiefst. Von Drogen hatte ich so gut wie keine Ahnung, allerdings wusste ich, dass Heroin zu den schlimmsten zählte, die am stärksten abhängig machten.

«Was hast *du* denn gedacht?! Milchpulver, du Idiotin? Ja, das ist die Königin der Drogen! Willst du noch ein bisschen?» Er zog die

Spritze hervor und schüttete den Inhalt des Tütchens auf einen Löffel.

Mit letzter Kraft versuchte ich zu widerstehen, doch das Heroin war längst stärker als ich. Ich wollte es nicht nehmen, weinte und schrie, aber mein Körper verlangte gierig nach der nächsten Dosis.

Unbemerkt kam der Moment, in dem ich von selbst begann, Antonio anzubetteln, mir das nächste Päckchen zu besorgen. Er war drogensüchtig, doch was war mit mir? Hatte ich auch schon die Grenze zur Abhängigkeit überschritten? Panik ergriff mich.

Ich versuchte, das Problem mit gesundem Menschenverstand anzugehen, und hielt mir vor Augen, dass dieser Weg nirgendwohin führte und tragische Konsequenzen haben könnte.

Mein Organismus kam allerdings nicht mehr ohne Heroin aus. Jede Spritze ließ mich mein jämmerliches Leben für eine Zeit lang vergessen und nahm mich mit in jene Glückseligkeit, die ich beim ersten Mal erfahren hatte.

Um jedoch völlig darin einzutauchen, musste ich immer öfter etwas nehmen, weil die Drogen zusehends kürzer wirkten.

Antonio gab mir viermal täglich eine Spritze. Nach drei Monaten war ich so abhängig, dass ich Heroin bereits brauchte, um morgens überhaupt aufstehen zu können.

«Koks oder Heroin? Oder etwas anderes? Vielleicht machen wir einen Cocktail? Was ist dir lieber?», fragte Antonio mich an einem Morgen mit skrupellosem Lächeln.

«Antonio, ich flehe dich an, gib mir irgendetwas!» Ich zitterte am ganzen Körper, und mir war abwechselnd heiß und kalt. Die Tränen liefen über mein Gesicht.

«Denkst du etwa, das ist umsonst?!», empörte er sich. «Das musst du dir schon verdienen!»

«Gut, ich gehe zurück in den Club und werde wie früher tanzen», versprach ich. «Nur gib mir etwas!»

«Das lohnt sich nicht. Ab heute wirst du für mich arbeiten», entgegnete er. «Abends gehst du auf die Strandpromenade. Mit deinem hübschen Gesichtchen findest du schnell Kunden.» Er lachte laut.

Im ersten Moment dachte ich, dass das ein Scherz sein sollte. Wie sich jedoch herausstellte, war das sein voller Ernst.

«So eine Arbeit meinte ich nicht!»

Ich konnte nicht fassen, dass er mir nahelegte, auf den Straßenstrich zu gehen! Schließlich war ich seine Freundin, und er wollte mich heiraten. Er hatte mir versprochen, dass ich nicht mehr im Nachtclub arbeiten müsste. Wir hatten so viele Pläne …

«Zu etwas anderem taugst du nicht. Du kannst kaum Italienisch, hast keine abgeschlossene Ausbildung, du bist so klein, *sooo* klein.»

Er führte seinen Daumen und Zeigefinger vor meinen Augen zu einem winzigen Abstand zusammen. «Du solltest mir dankbar sein, dass ich mich überhaupt um dich kümmere und dir sichere Verhältnisse gewährleiste», erklärte er gönnerhaft.

«Antonio, bitte zwing mich nicht zu so etwas!»

«Ich zwinge dich zu überhaupt nichts», heuchelte er. «Du hast mich um Heroin gebeten, aber du kannst es dir nicht anders verdienen, weil du ein Niemand bist! Ein Niemand, verstehst du? Du eignest dich einzig und allein als Flittchen!» Er fasste mir unter das Kinn und zog mein Gesicht schmerzhaft an seines. Während er mir in die Augen sah, zischte er: «Du bist von mir abhängig. Vollkommen abhängig. Sogar wenn ich dir etwas antun würde», bei diesen Worten griff er noch fester zu, «würde dich niemand finden. Und selbst wenn, niemand würde erkennen, wer du bist, so würde ich dein reizendes Gesicht zurichten.»

Ich konnte kaum atmen. Seine Drohungen flößten mir unsagbare Angst ein. Schon zuvor hatte ich mich davon überzeugen dürfen, dass er unter Drogeneinfluss zu allem fähig war. Ich war zum Opfer geworden und in seine Falle geraten. Es gab keine Möglichkeit für mich zu fliehen, ich hatte weder einen Pass noch irgendjemanden, der mich hätte beschützen können. Das Schlimmste war jedoch, dass ich tatsächlich bereit war, für die nächste Dosis Heroin, die mein Körper so verzweifelt verlangte und ohne die ich beinahe verrückt wurde, sogar als Prostituierte auf die Straße zu gehen …

«Pack deine Sachen!», rief Antonio mir am nächsten Tag zu. Wie sich plötzlich herausstellte, gehörte die Wohnung, in der wir seit einigen Monaten lebten, einem Freund von ihm, der gerade aus dem Ausland zurückkehrte. Wir zogen in eine kleine Einraumwohnung in der Vorstadt.

Antonio mietete außerdem ein Hotelzimmer am Stadtrand, wo sich das Rotlichtviertel befand. Erst dort sah ich, welche Ausmaße die Prostitution in Italien angenommen hatte.

Antonio befahl mir, vom frühen Nachmittag an in aufreizender Kleidung und hochhackigen Schuhen die Straße entlangzulaufen. Die Bezeichnung «Hotel» war nur ein Deckname, denn die Zimmer wurden hier stundenweise zu einem einzigen Zweck vermietet.

Als Blondine mit Nachtcluberfahrung hatte ich keinerlei Probleme, die Aufmerksamkeit der Männer zu erregen. Den einzigen Makel meines Äußeren – die durch die Drogeneinnahme und nächtliche Arbeit immer größer und dunkler werdenden Augenringe – verbarg ich hinter starkem Make-up.

Die Italiener mochten bezahlten Sex, deshalb bediente ich jeden Abend einige Kunden. Die Elegantesten und am besten Gekleideten wurden zu meinen Stammkunden. Sie kauften mir schicke Unterwäsche und teure Parfums. Ich verdiente Unmengen an Geld, doch alles floss in Drogen für mich und Antonio.

Er wusste nur zu gut, wie er mich an sich binden konnte: An einem Tag nahm er mich in die Arme und sicherte mir seine Liebe zu, am nächsten schlug und erniedrigte er mich. Ich fürchtete mich vor ihm, konnte aber gleichzeitig seinen dunklen Augen mit den langen Wimpern nicht widerstehen, in denen die Tränen glänzten, wenn er mich um Vergebung bat und versprach, nie wieder handgreiflich zu werden. Er hätte sich einfach geärgert und die Selbstbeherrschung verloren, das könne jedem einmal passieren.

Wenn ich versuchte, mich zu wehren, verprügelte er mich, betitelte mich mit Hure, Flittchen oder Nutte, und wenn er manchmal aufgrund der Drogen Amok lief, trat er mich in den Rücken, bis es blutete.

Er wurde immer brutaler. Als er mitbekam, dass ich keine Angst vor Schmerzen hatte – schließlich war ich in meinem Leben so oft geschlagen worden, dass ich mich im Grunde daran gewöhnt hatte; ich konnte in solchen Momenten mein Bewusstsein abschalten und reagierte nicht –, machte ihn das zusätzlich aggressiv, und er schlug noch heftiger zu.

Schlimmer als die körperliche Gewalt war allerdings seine Zurückweisung. Wenn er mich ignorierte, demütigte, beschimpfte, wegstieß, verfluchte, nicht mit mir sprach oder mit knallender Tür die Wohnung verließ. Ich weinte und konnte nicht glauben, dass noch drei, vier Monate zuvor eine herrliche und vielversprechende Zukunft vor mir gelegen hatte.

Hatte am Ende nur in meiner Fantasie alles so wunderschön ausgesehen? Vielleicht war es von Anfang an schlecht gewesen, ich hatte es jedoch nicht sehen wollen?

Kapitel 16
«Kämpfe um dich, Mädchen!»

Über ein Jahr hinweg wurde mein Körper verkauft. Ich war nicht mehr in der Lage zu zählen, mit wie vielen Männern ich im Bett gewesen war. Es waren viele … sehr viele. Vielleicht vierhundert, fünfhundert oder sogar noch mehr.

Jeden Morgen wollte ich die Abscheulichkeiten vergessen, die ich in der Nacht getan hatte, doch ich konnte es nicht. Dutzende, hunderte Männer umarmten und liebkosten mich. Ich lernte, das Ganze als etwas zu behandeln, das andere mit meinem Leib machten, aber nicht mit meiner Seele und meinem Geist. Nur so konnte ich es irgendwie ertragen. Die Drogen halfen mir dabei sehr.

Wenn ich in den frühen Morgenstunden in unsere Wohnung kam, widerte ich mich selbst an. Ich schrie und weinte, dass ich mich nie wieder dazu herablassen würde, aber am Abend musste ich an derselben Stelle weitermachen, um Geld für die nächste Dosis zu verdienen, ohne die ich nicht mehr leben konnte.

Inzwischen verschafften sie mir kein euphorisches Hochgefühl mehr, weil sich mein Organismus an ihre Wirkung gewöhnt hatte, doch wenn ich nichts nahm, wand ich mich vor Schmerzen. Meistens nahm ich Heroin, wobei ich mich danach oft schläfrig fühlte und den Tag im Bett verbrachte. Um zu Kräften zu kommen, gab Antonio mir Kokain. Danach begann mein Herz allerdings zu rasen, und ich war innerlich extrem aufgeregt. Wenn die Dosis zu hoch war, konnte ich nicht mehr ruhig atmen, also nahm ich erneut Heroin, um einschlafen zu können.

Um Geld für diese abscheulichen Drogen zu beschaffen, ging ich mit dem Nächsten ins Bett. Es schien keinen Ausweg aus diesem Teufelskreis zu geben. Jedes Mal empfand ich Ekel vor mir selbst. Ich hasste diesen «Beruf», verachtete Antonio dafür, dass er mich dazu zwang, und verabscheute mich selbst! Hätte ich tiefer sinken können?

Immer stärker wurde mir bewusst, dass er recht hatte: Ich war ein Niemand. Ein absoluter Niemand! Ich war am Tiefpunkt angelangt.

Eines Tages, als Antonio länger wegfuhr, versuchte ich verzweifelt, der Sucht ein Ende zu setzen. Obwohl ich das Haus nicht verließ, schaffte ich es nicht. Alle meine Muskeln schmerzten unbeschreiblich, ein ständiger Brechreiz quälte mich, dem ich immer wieder nachgeben musste, dazu bekam ich Durchfall und hatte Wahrnehmungsstörungen. Ich zitterte am ganzen Leib und dachte, ich würde sterben. Nach über zehn Stunden wollte ich nur noch eines: Drogen!

Ich wusste, dass ich es ohne die nächste Dosis nicht aushalten würde, doch das bedeutete gleichzeitig, dass ich Geld verdienen musste, damit Antonio mir etwas besorgte.

Psychisch und physisch war ich zu Antonios Sklavin geworden. Ich hatte mich nach Liebe gesehnt und war in die Falle der Abhängigkeit geraten, sowohl von den Drogen als auch von ihm.

Für mein Verlangen nach Annahme musste ich meinen Körper an lüsterne Männer verkaufen. Ich bettelte nach Anerkennung und suchte Bestätigung, dass ich es wert war, geliebt zu werden. Aber hatte ich echte Liebe überhaupt verdient, wenn mein eigener Vater mich vergessen, mein Stiefvater mich schlimmer als ein Haustier behandelt hatte und mein Geliebter mich wie eine Ware verkaufte?

«Polizei!», schrie mitten in der Nacht eines der Mädchen hysterisch.

Wir versuchten auf schnellstem Wege zu entkommen, doch die Polizisten hatten alle Ausgänge umstellt. Sie kannten das Hotel nur zu gut und hatten uns in kürzester Zeit alle geschnappt. Sie befahlen uns zunächst, uns mit dem Gesicht nach unten auf den Boden zu legen, dann ließen sie uns in ihren großen Wagen einsteigen.

«Wenn eine von euch eine falsche Bewegung macht, legen wir euch Handschellen an!», drohten sie und fuhren uns aufs Revier.

Ich zitterte vor Kälte und Angst.

Was passiert jetzt? Werden sie mich abschieben? Was soll ich ihnen sagen?

Ich hatte keine Ausweispapiere, und Antonio hatte mir streng verboten, auch nur ein einziges Wort über ihn zu verlieren. Er hatte mir gedroht, mich umzubringen, wenn ich ihn auffliegen lassen würde. Ich wusste, dass er es ernst meinte.

Andere Mädchen hatten mir vorher erklärt, wie ich mich im Fall einer Kontrolle zu verhalten hatte. Wenn ich gefragt würde, womit ich mich beschäftigte, sollte ich schweigen oder angeben, dass ich als Tänzerin arbeitete.

«In Italien gibt es kein Gesetz, das die Prostitution verbietet», erinnerte mich im Streifenwagen flüsternd eines der Mädchen, das schon lange in dieser Branche tätig war. «Sie wollen nur unseren Kunden das Leben schwer machen, ihnen ein paar Strafzettel verpassen und damit Geld verdienen. Nach einigen Stunden lassen sie uns wieder frei», machte sie mir Mut. «Sag so wenig wie möglich, um keine Schwierigkeiten zu bekommen, denn sie haben es besonders auf Neue und Naive abgesehen», fügte sie warnend hinzu.

Sie sperrten uns die ganze Nacht ein. Am nächsten Tag verhörten sie uns der Reihe nach und machten unzweideutige Angebote, wie wir unser Bußgeld «abarbeiten» konnten. Mir war klar, dass ich entweder zustimmen oder noch mehr Kunden annehmen musste, um die Strafe abzahlen zu können.

Schlimmer jedoch als das war die Tatsache, dass ich keinen Zugang zu Drogen hatte. Ich zitterte, hatte schreckliche Kopf- und Magenschmerzen, zugleich drohte mein Herz zu zerspringen.

Mein einziger Gedanke war, wie ich an ein bisschen weißes Pulver kommen konnte. Ich schrie, schlug mit den Fäusten gegen die Wand und hatte das Gefühl zu sterben.

«Die macht ja eine schöne Szene», kommentierten die Polizisten mein Verhalten, während ich auf jedes ihrer Angebote eingegangen wäre, damit sie mich entließen und ich an Drogen käme. Ich wand mich vor Schmerzen.

«Gebt mir etwas!», bettelte ich verzweifelt.

Ein Mädchen rückte näher an mich heran und holte ein winziges Tütchen aus ihrem Strumpfband hervor. Heimlich reichte sie es mir. Ich drehte mich zur Wand und zog das Pulver ein. Sofort breitete sich ein Gefühl der Erleichterung in mir aus. Als ich aufgerufen wurde, antwortete ich gehorsam auf die Fragen der Beamten, wobei ich log wie gedruckt, um so schnell wie möglich freizukommen.

Als ich zu Hause auftauchte, wusste Antonio schon Bescheid. Er kochte vor Wut.

«Wir müssen von hier verschwinden, denn beim nächsten Mal kommst du bestimmt nicht einfach so davon! Pack sofort deine Sachen, wir hauen ab!»

In den nächsten Städten wiederholte sich das ganze Szenario: Ich beschaffte auf dem Straßenstrich Geld für Drogen, wurde nach einer gewissen Zeit von der Polizei geschnappt und landete erneut für einige Stunden oder sogar Tage auf dem Revier.

Nach jeder Entlassung aus der U-Haft packten wir blitzschnell unsere Sachen und fuhren an einen anderen Ort. Die schönsten Städte des sonnigen Italiens – Mailand, Verona, Padua und Venedig, die Besuchermagnete für Millionen von Touristen waren – wurden für mich einzig und allein zu Haltestellen, an denen ich Geld für die nächste Dosis verdiente, um den folgenden Tag zu überstehen.

Nach dem dritten oder vierten Polizeiverhör und der anschließenden Flucht aus der Stadt hatte ich genug. Ich saß zusammengekrümmt auf dem Boden und schluchzte, dass ich keine Kraft mehr hätte und nicht mehr auf die Straße gehen würde.

Es war umsonst, meine Tränen und Schreie ließen Antonio kalt. «Mach, was du willst. Wenn du nicht rausgehen möchtest, bleib hier», spottete er. «Und wenn du wieder zu Verstand gekommen bist, gebe ich dir das ...» Er schüttete Heroin auf einen Löffel und legte die Spritze daneben, woraufhin er das Zimmer verließ. Er wusste genau, dass ich mich selbst nicht spritzen würde, weil ich panische Angst davor hatte. Das war die schlimmste Folter.

Ich kochte das Heroin auf dem Löffel auf, zog es in die Spritze ein und wollte sie mir selbst setzen. Mit zitternden Händen versuchte ich sie nacheinander in alle möglichen Körperstellen zu stechen: in den Hals, die Arme, unter die Knie, in die Füße, doch die Spritze rutschte mir jedes Mal aus der Hand und das Heroin tropfte auf meine Haut. Ich wusste, dass ich nur diese eine Dosis hatte und keinen Fehler machen durfte, weil nicht klar war, wie lange Antonio wegbleiben würde.

Nach ein paar Stunden benahm ich mich wie eine Verrückte, weinte und schrie. Unter unsagbaren Schmerzen wand ich mich heulend auf dem Fußboden. Ich empfand eine so abgrundtiefe Wut, dass ich für diese eine Dosis in der Lage gewesen wäre, jemanden zu töten.

Antonio kam erst nach neun oder zehn Stunden zurück, als ich zerstochen, überall blutend und dem Wahnsinn nahe im Zimmer lag.

«Na, hast du es dir überlegt, *Bella?*» Höhnisch kniete er sich neben mich. Er nahm die Spritze und erlöste mich von meinen Schmerzen.

Endlich konnte ich wieder aufatmen.

Am Abend stand ich erneut auf der Straße.

Nach diesem Vorfall verstand ich, dass ich absolut abhängig von ein paar Gramm dieser «weißen Sch…» war, wie ein Polizist sich ausgedrückt hatte. Es war ein älterer Beamter, dessen Äußeres mich an Opa erinnerte.

«Kind», hatte er mich gewarnt, «es ist schade um dich. Ich habe verschiedene Frauen hier gesehen, doch ich habe den Eindruck, dass du anders bist. Ist dir klar, dass nach zwanzig Jahren Drogenkonsum die Hälfte der Junkies nicht mehr lebt? Wer hat dich in diesen Mist hineingezogen? Man sollte ihm den Hals umdrehen!»

Er reagierte ausgesprochen zornig. «Hau davon ab, Kind, sonst ist deine Zeit bald abgelaufen! Dann finden sie dich eines Tages tot, und deine eigene Mutter erkennt dich nicht mehr!»

Einige Wochen später, nachdem wir Heroin mit Kokain gemischt hatten, weil es billiger war, kam ich schlotternd zu mir. Ich lag in eiskaltem Wasser nackt in der Wanne.

«Wach auf, verdammt noch mal, wach auf!!!» Antonio schüttelte mich. Seine Stimme drang wie das Echo aus einem tiefen Brunnen zu mir. Er gab mir Ohrfeigen und goss abwechselnd kaltes und warmes Wasser über mich.

«Was … ist passiert?» Ich konnte nur flüstern. Mit Mühe öffnete ich meine Augen.

«Sch…, du hast eine Überdosis genommen! Dein Herz hat aufgehört zu schlagen! Ich habe dir ein paar Schläge auf den Brustkorb gegeben, weil es so aussah, als würdest du verrecken!» Er war sichtlich aufgeregt. Zum ersten Mal sah ich ihn so erschrocken.

Wahrscheinlich wäre das besser gewesen, dachte ich.

In diesem Moment sah ich statt Antonio das Gesicht von Papa, der sich über mich beugte, wie damals, als er mich abends nach einem Konzert ins Bett brachte. Das dauerte nur eine Sekunde. Nachdem ich die Augen weiter geöffnet hatte, war Papa nicht mehr da.

Aber wenn er hier wäre …? Vielleicht sucht er mich?! Wenn ich sterben würde, hätte er keine Chance, mich zu finden. Ich könnte ihm niemals sagen, dass ich ihn nicht vergessen, sondern zutiefst vermisst habe.

Diese Gedanken waren für mich schlimmer als der Tod.

Ich schwor mir selbst, dass ich nicht mehr zu viel nehmen würde, allerdings war mein Organismus bereits so geschwächt, dass ich selbst die normale Dosis zum Teil nicht mehr vertrug.

Kurze Zeit später gab Antonio mir so viel wie immer, doch es war wieder zu viel.

Ich habe keine Ahnung, wie lange ich bewusstlos war.

Wie durch ein Wunder gelang es Antonio erneut, mich zu retten. Natürlich hatte er auch dieses Mal keinen Arzt gerufen.

«Ich dachte, du wärst gestorben!» Er schlug mit der Faust auf meinen Körper ein. Ich war mir nicht sicher, ob aus Angst oder Wut. Sobald ich zu mir gekommen war, verließ er die Wohnung.

Gestorben?

Ehrlich gesagt fühlte ich mich so.

Kann man denn überhaupt davon sprechen, dass ich lebe? Ist bei so einem Leben der Tod nicht erstrebenswerter?, fragte ich mich selbst, während ich vor Schmerzen und Kälte zitterte – oder vielleicht aus Angst vor dem weiteren Ertragen dieser Hölle.

Ich fuhr mit der Zunge über meine aufgesprungenen Lippen. Mit Mühe erhob ich mich vom Boden und hielt mich am Waschbecken fest, um nicht das Gleichgewicht zu verlieren. Beim Blick in den Spiegel bemerkte ich, dass ich nur noch ein Schatten war. Augenringe, zerzauste und glanzlose Haare, unter der Haut hervorstehende Knochen, Ausschlag, blaue Flecken am ganzen Leib. Von meiner früheren Schönheit war nichts übrig geblieben.

«Ein Wrack. Ich bin ein Wrack», sagte ich zu der fremden, ausgemergelten Gestalt, die mir aus dem Spiegel entgegenblickte.

Langsam betrat ich das Wohnzimmer und schaute mich angewidert in dem Raum um, als hätte ich ihn noch nie zuvor gesehen.

Er ähnelte in keiner Weise unserer ersten Wohnung, um die ich mich mit so viel Sorgfalt gekümmert hatte.

Die momentane Unterkunft sah aus wie ein Saustall: Der Tisch war voller Zigarettenstummel, in der Spüle stand schmutziges Geschirr, in den Ecken lagen leere Flaschen, alte Spritzen und Nadeln, überall türmten sich Kleider und Schuhe. Antonio war nicht da.

«Arschloch, du bist ein absolutes Arschloch … Ich habe dir alles gegeben: mein Herz, meine Seele, meinen Körper, doch du hast einen Junkie aus mir gemacht!», flüsterte ich in die Stille. Ich lehnte mich an die Wand und weinte hemmungslos.

Über ein Jahr war seit meiner Ankunft in Italien vergangen. Ich war hierhergekommen, um Freiheit und Glück zu finden, ein besseres Leben, und was war aus mir geworden? Eine Drogenabhängige, eine Prostituierte, ein Niemand. Tiefer ging es wahrscheinlich nicht mehr. Das Einzige, was mir geblieben war, war das Gefühl, zurückgewiesen, ausgenutzt und gehasst zu werden.

Ich will nicht so enden! Ich will diese verfluchten Drogen nicht mehr nehmen, kein Geld mehr dafür verdienen und mich selbst nicht mehr verkaufen!, beschloss ich in einem Anflug von Ernüchterung.

«Nein, ich gebe nicht auf! Ich habe schlimmere Dinge hinter mir», sagte ich halblaut. «Aus diesem Dreck komme ich auch irgendwie heraus. Von den Drogen lasse ich mich nicht bezwingen!»

Nach einigen Stunden ging es mir etwas besser, und in meinem Kopf war ein detaillierter Plan entstanden.

Am nächsten Tag verließ Antonio die Wohnung, nicht ohne mir vorher noch zu drohen, dass ich ihm an diesem Abend mehr Geld als letztes Mal vorzulegen hätte, weil ich es ansonsten bitter bereuen würde.

Sobald er aus dem Haus war, durchwühlte ich in Windeseile das ganze Zimmer in der fieberhaften Suche nach meinem Pass. Ich hatte das zwar zuvor schon dutzende Male getan und vermutete, dass Antonio ihn außerhalb der Wohnung versteckt hielt, nichtsdestotrotz hoffte ich, ihn doch noch irgendwo zu finden. Hastig warf ich alle Sachen auf den Boden, aber von meinem Pass gab es keine Spur. Ich stopfte alles zurück in die Schränke und Schubladen, zog mich an und rannte zur Bushaltestelle.

Mir war bewusst, dass ich schnell handeln musste, um es mir nicht anders zu überlegen, wenn mein Körper nach der nächsten Dosis verlangen würde. Ich fuhr in das nahegelegene Krankenhaus und ging direkt zur Notaufnahme. Vier Patienten warteten bereits. Als ich an der Reihe war, schaute ich die Krankenschwester mit flehendem Blick an, brachte jedoch kein Wort über die Lippen.

«Wie kann ich helfen?», fragte sie freundlich und schaute mich aufmerksam an.

«Kann ich … mit einem Arzt sprechen?», flüsterte ich unter Tränen. «Ich habe keinen Ausweis, aber ich bitte Sie, mir zu helfen! Ich … sterbe.»

Offensichtlich bewirkte mein Aussehen, dass mich diese nette Schwester ohne weitere Fragen zu einem Arztzimmer brachte. Sie bat mich, davor Platz zu nehmen und einen Augenblick zu warten. Ich verbarg mein Gesicht in den Händen. Zwischen den Fingern liefen die Tränen herab. Mein ganzer Körper zitterte.

«Guten Tag», hörte ich eine warme, tiefe Stimme. Ich hob den Kopf und sah einen großen, grauhaarigen Mann in weißem Kittel vor mir stehen. «Was ist passiert?»

Mit dem Handrücken wischte ich mir die nassen Wangen ab.

«Herr Doktor, bitte helfen Sie mir!», erwiderte ich schnell. Das Blut pulsierte hinter meinen Schläfen vor Anspannung, Angst und stärker werdenden Entzugserscheinungen. «Ich bin Tschechin, habe aber keinen Pass. Mein Freund ist Italiener und drogenabhängig. Er schlägt mich und zwingt mich dazu, auf der Straße für ihn Geld zu verdienen, Sie wissen, wie … Dafür kauft er Drogen und gibt sie auch mir, damit ich weiter für ihn anschaffen gehe. Ich hatte schon zweimal eine Überdosis und wäre fast gestorben, deshalb will ich damit Schluss machen. Bitte helfen Sie mir irgendwie!»

Verzweifelt sah ich ihn an. Seine Entscheidung konnte mein ganzes Leben beeinflussen. Jede weitere Dosis konnte tödlich sein, und ich wusste, dass ich keine Kraft hätte zu widerstehen, wenn ich in unsere Wohnung zurückgehen würde. Mein Organismus würde ohne Drogen nicht auskommen.

Der Arzt schaute mich prüfend an, so als wäre er sich nicht sicher, ob ich die Wahrheit sagte.

«Ich helfe dir ...», teilte er nach einer Weile mit. «Ich gebe dir Methadon, das ist eine künstliche Droge, die die Entzugserscheinungen und die Euphorie vermindert, die das Heroin hervorruft. Wir werden es dir täglich verabreichen, du musst es dir jedoch im Krankenhaus abholen kommen. Wir geben es niemandem nach Hause mit, weil es leicht überdosiert werden kann. Das sollte dir helfen, allerdings ... befürchte ich, dass es nicht funktioniert, wenn du dich nicht von dem losreißt, worin du jetzt lebst.

Methadon ist eine Notlösung, keine Medizin. Ich rate dir von ganzem Herzen: Kämpfe um dich, Mädchen! Mach Schluss damit, solange du noch kannst! Melde dich zur Entgiftung und zu einer Therapie an!», mahnte er eindringlich.

Er schrieb meine Daten in seine Kartei, gab mir Methadon in Form von Sirup und riet mir, am nächsten Tag wiederzukommen. Bald empfand ich Erleichterung und konnte wieder logisch denken.

«Sie sind ein Engel», flüsterte ich voller Dankbarkeit.

Kapitel 17
Von jetzt auf gleich

Als ich aus dem Krankenhaus herauskam, dachte ich über die Worte des Arztes nach.

Er hat recht, selbst wenn ich mir jeden Tag im Krankenhaus Methadon geben lasse, wird es mir nicht helfen, wenn ich mich nicht von Antonio trenne.

Ich hatte keinerlei Zweifel daran, dass er mir etwas antun würde, sobald er mitbekäme, dass ich mit den Drogen Schluss machen wollte und nicht mehr für ihn arbeiten würde. Es gab Momente, in denen er unberechenbar und zu allem fähig war.

Aber wie kann ich von ihm loskommen?, überlegte ich fieberhaft. *Was soll ich tun …?*

Es gab nur eine Möglichkeit: die Flucht.

Ja, ich muss von ihm abhauen!

Mein Entschluss stand fest.

In meinem Leben hatte ich viele plötzliche Entscheidungen treffen müssen, ohne in Ruhe das Für und Wider abwägen zu können. In diesem Moment waren meine Freiheit und mein Leben wichtiger als die Frage, was danach passieren würde, wo ich schlafen und was ich essen würde oder wie hoch die Wahrscheinlichkeit wäre, dass mich jemand umbringen würde. Wenn kein Fremder, dann würde Antonio mich töten, aus Rache oder indem er mir die nächste Drogendosis verabreichte.

Glücklicherweise war Antonio noch nicht nach Hause zurückgekehrt, er wollte erst am Abend wieder da sein. In Windeseile packte ich die nötigsten Dinge zusammen, während ich die ganze Zeit aufmerksam horchte, ob er nicht doch früher kam. Ich fand sogar noch eine Meldebescheinigung aus Mailand, die ich einsteckte. Zwar konnte sie meinen Ausweis nicht ersetzen, aber sie enthielt Informationen darüber, wer ich war und wo ich gewohnt hatte. Mit klopfendem Herzen rannte ich aus der Wohnung. Immer wieder schaute ich mich um, aus Angst, Antonio könnte mich verfolgen.

Außer Atem erreichte ich die Hauptstraße, die aus der Stadt führte. Ich stellte mich in der brennenden Sonne auf den Seitenstreifen und begann, den vorbeifahrenden Autos Zeichen zu geben, um sie zum Anhalten zu bringen. Es vergingen nur wenige Minuten, bis ein nettes älteres Pärchen anhielt und mich fünfzig Kilometer mitnahm.

Ich erzählte ihnen, dass ich zu einem Kurzurlaub ans Meer unterwegs war. Sie brachten mich bis zu einem Parkplatz in Strandnähe, ich bedankte mich, und sie fuhren weiter. Ich schaute mich in der fremden Umgebung um.

Und ... was jetzt? Wo soll ich hingehen?

Meine Füße führten mich wie von selbst Richtung Wasser. Ich setzte mich auf eine Bank am Strand und überlegte, wo ich unterkommen könnte. Das Geld, das ich bei mir hatte, würde wahrscheinlich für zwei, drei Nächte in irgendeinem billigen Motel reichen. Ich wollte mich nirgends mit meinem Namen anmelden, weil ich befürchtete, dass Antonio mir durch seine Dealer-Kontakte schnell auf die Spur kommen würde.

Wo soll ich die Nacht verbringen, und wie finde ich etwas zu essen ...?! Was soll ich morgen machen?

Ich wusste, dass ich mich am nächsten Tag in einem Krankenhaus melden musste, um wieder Methadon zu bekommen. Mir war klar, dass mein Körper mit jeder weiteren Stunde stärker nach der nächsten Dosis verlangen würde. Wenn die Symptome unerträglich werden würden, wäre ich nicht stark genug ...

Ich kannte einen erfolgreichen und schnellen Weg, um an Geld für Heroin oder wenigstens Kokain zu kommen, doch ich wollte um keinen Preis mehr meinen Körper verkaufen, selbst wenn ich unter einer Brücke schlafen müsste.

Nie wieder!, schwor ich mir selbst. *Aber wenn nicht die Prostitution, was dann …¿! Wie verdiene ich Geld, um mir eine Wohnung und Essen leisten zu können¿ Wo bin ich sicher vor Antonio¿ Wie soll ich ohne Drogen zurechtkommen, wenn die entsetzlichen Entzugserscheinungen beginnen und ich nicht mehr Herr meiner selbst bin¿!*

Erst jetzt überkamen mich völlige Rat- und Hilflosigkeit.

Was soll ich nur machen …¿

Ich schaute den Wellen zu, die im Glanz der untergehenden Sonne ruhig am Ufer ausliefen. Traurigkeit und ein Gefühl von Bedrohung nahmen mich plötzlich so gefangen, dass sich mir der Magen zusammenkrampfte. Ich konnte die Tränen nicht mehr zurückhalten.

«Hallo, kann ich mich zu dir setzen¿»

Eine Stimme riss mich plötzlich aus meinen Überlegungen. Ich schaute auf.

Ein junger rothaariger Mann mit Sommersprossen im Gesicht stand vor mir. Er sah eher nach einem Schotten als nach einem Italiener aus.

«Ähmmm …» Eilig wischte ich mir über die nassen Wangen und murmelte etwas, das weder «Ja» noch «Nein» bedeutete, in der Hoffnung, dass er mich in Ruhe lassen würde. Ich hatte nicht die geringste Lust, mit irgendjemandem zu sprechen. Meine unfreundliche Reaktion schreckte ihn allerdings nicht ab, er blieb stehen und wartete.

«Es gibt doch wohl genug Platz am Strand», hätte ich gern hinzugefügt, aber er machte insgesamt einen netten Eindruck, deshalb stimmte ich schließlich zu, und er setzte sich.

Ich rückte ein Stück zur Seite, um ihn auf Abstand zu halten, da mich die Erfahrung gelehrt hatte, dass Männer von Frauen nur eines wollten. Mir kamen die Worte einer Slowakin in den Sinn, mit der ich am Anfang im Restaurant gearbeitet hatte. Als sie erfuhr, dass ich im Nachtclub anfangen wollte, warnte sie mich: «Pass auf! So etwas kann man nicht machen, ohne einen Preis dafür zu bezahlen. Um zu überleben, wirst du entweder mit Alkohol oder Drogen anfangen, oder du wirst zynisch. Außerdem bekommst du ein verzerrtes Bild von Männern, und das wird Auswirkungen auf dein ganzes weiteres Leben haben.»

Sie hatte recht behalten: Ich war zum einen drogenabhängig geworden, zum anderen traute ich keinem Mann mehr über den Weg. So war es auch mit diesem Unbekannten, der mich forschend ansah.

«Entschuldigung, ich will nicht aufdringlich sein … Ich bin Romano», stellte er sich vor.

«Nadia», nuschelte ich leicht genervt, ohne ihn eines Blickes zu würdigen.

Mist, warum habe ich mir keinen anderen Namen ausgedacht, erschrak ich. Ich wollte nicht riskieren, dass Antonio mich ausfindig machte – obwohl der Typ hier eher nicht wie einer von der Mafia aussah.

«Du bist keine Italienerin», stellte er fest.

«Nein.» Ich schüttelte den Kopf.

«Machst du Urlaub hier?», bohrte er weiter und zeigte auf meinen Koffer.

Was geht ihn das an?!

«Mhm … ja … nein …», stammelte ich, um diesem neugierigen Menschen so wenig wie möglich über mich zu verraten. Gleichzeitig merkte ich zu meiner Verwunderung, dass er auf irgendeine eigenartige Weise mein Vertrauen weckte.

«Hast du eine Unterkunft für heute Nacht?»

Oho, jetzt kam es also ans Licht … Was interessierte ihn das?!

«Mhmmm», nickte ich.

«Wirklich?» Er ließ nicht locker.

Ich war geübt im Lügen, doch mir entging nicht die Wärme in der Stimme dieses jungen Mannes.

«Ich wollte mich dann nach etwas umschauen …», versuchte ich mich herauszureden.

«Würdest du dich auf einen Kaffee bei mir zu Hause einladen lassen?»

Mir war klar, was hinter dieser Frage stecken musste. Was bildete der sich ein? Glaubte er, ich würde einen Fremden nach wenigen Minuten Bekanntschaft zu ihm nach Hause begleiten?!

«Nicht mit mir! Niemals!», hätte ich beinahe gerufen.

Obwohl … was sollte er mir schon antun? Mich bestehlen? Ich hatte nichts. Mich vergewaltigen? Ich hatte gehört, dass man Prostituierte nicht vergewaltigen konnte.

Wenigstens hätte ich einen Platz zum Schlafen und etwas zu essen, überlegte ich.

«Ich gebe dir mein Wort, dass meine Mutter zu Hause ist.»

Ich hätte am liebsten laut losgelacht. Mit einem solchen Argument hatte mich noch niemand in seine Wohnung gelockt.

«Gut, ich kann mitkommen, aber mach dir bloß keine Hoffnungen!», warnte ich ihn. Energisch erhob ich mich und schüttelte den Sand von meinen Sachen. Ich starb vor Hunger, und bei ihm würde es sicher etwas zu essen geben.

Mir verschlug es fast die Sprache, als uns bei Romano tatsächlich eine rothaarige Frau mittleren Alters lächelnd die Tür des kleinen alten Hauses öffnete. Sie hatte ein Geschirrtuch in der Hand.

«Mama, das ist Nadia», stellte Romano mich ihr vor, woraufhin er sich zu mir umdrehte und fragte: «Hatte ich deinen Namen richtig gehört?»

Ich nickte, ohne ein Wort herausbringen zu können. Eine gewaltige Last fiel von meinen Schultern.

Es gibt also noch Männer, denen es nicht nur darum geht, eine Frau ins Bett zu bekommen? Doch warum tut er das? Ist er irgendwie weltfremd?

Es erschien mir merkwürdig, dass jemand so selbstlos sein sollte.

«Willkommen in unseren vier Wänden. Schön, dich kennen zu lernen!»

Bevor ich mich's versah, hatte die herzliche Frau mich schon in ihre Arme geschlossen. Sie freute sich aufrichtig, mich zu sehen, und umarmte mich wie jemand Nahestehenden, wie … normalerweise eine Mutter ihre Tochter! Dabei war der Anblick, den ich bot, zweifelsfrei nicht besonders schön. Unwillkürlich brachte ich meine Haare in Ordnung, zog meine Bluse gerade und versuchte zu lächeln, während gleichzeitig Tränen in mir aufstiegen.

Ich schaute mich in dem gemütlichen Raum um, der stilvoll eingerichtet war, wenn auch ein klein wenig unordentlich. Vom ersten Moment an fühlte ich mich hier wohl.

«Das Bad ist dort.» Ramonas Mutter zeigte auf eine Tür. «Und dann setz dich zu uns an den Tisch. Romano kocht Kaffee. Er macht den besten der Welt!»

«Was für einen magst du?», fragte Romano.

«Macchiato, wenn das geht», bat ich, bevor ich im Bad verschwand. Nach wie vor fiel es mir schwer zu glauben, dass das alles wahr sein sollte!

Unsicher nahm ich an dem massiven Holztisch Platz und schaute mir die Familienfotos an der Wand an, während Romano den Kaffee vorbereitete. Ein aromatischer Duft breitete sich im ganzen Zimmer aus. Seine fürsorgliche Mutter, die der Inbegriff einer italienischen *Mamma* war, nahm einen Käsekuchen aus dem Kühlschrank. Ich stürzte mich darauf, als hätte ich seit einer Woche nichts mehr gegessen.

«Bambina …», wiederholte sie immer wieder und strich mir über den Kopf, *«Bambina …»*

Mir war nach Weinen zumute, weil mich seit langem niemand mehr so natürlich berührt hatte, ohne sexuelle Hintergedanken dabei zu haben.

«Soll ich oben das Bett beziehen?» Sie wandte sich an Romano, der zustimmend nickte.

«Das habe ich gebraucht!» Ich genoss ein zweites Stück Kuchen und den köstlichen Kaffee.

Immer wieder machte ich mir bewusst, dass ich nicht nur träumte.

Es war ein außergewöhnlicher Tag, einer von denen, die mein Leben völlig veränderten. Noch am Morgen war ich durch die Drogen und Antonio gebunden gewesen, am Mittag hatte mir ein Arzt Medizin gegeben, und jetzt befand ich mich im Haus von Engeln, die sich um mich kümmerten, ohne dass ich wusste, warum.

Bilde ich mir das nur ein? Ist das eine Halluzination infolge meines Drogenentzugs? Oder wacht vielleicht doch irgendeine gute Kraft über mir?

Obwohl das Verlangen nach Drogen wieder zunahm, fühlte ich mich so wohl, ruhig und sicher wie seit langem nicht mehr. Deshalb trafen mich Romanos Worte sehr, als er mich am Kaffeetisch forschend anschaute und feststellte: «Ich sehe an deinen Augen, dass du auf Heroin bist.»

Ein eiskalter Schauer lief mir über den Rücken. Fast hätte ich mich an meinem Kaffee verschluckt.

So leicht erkennt man, dass ich abhängig bin?! Was jetzt? Wird er mich vor die Tür setzen? Ich ließ den Kopf hängen.

«Ich …» Ich schluckte, wusste jedoch nicht, was ich antworten sollte.

«Ganz ruhig, ich kenne diese Symptome …»

Ich sah ihn fragend an.

«Ich war vierzehn Jahre lang heroinabhängig.»

«Du?!» Ich konnte es kaum fassen.

«Ja … vierzehn lange Jahre. Heroin zählt gemeinhin zu den Drogen, die die destruktivsten und schmerzhaftesten Folgen haben. Es schadet sowohl dem Körper als auch der Psyche.»

«Das hat mir zwar niemand gesagt, aber die Hölle, die ich durchmache, bestätigt das», erwiderte ich langsam. «Ich kann es kaum abwarten, wieder Methadon zu bekommen.»

«Du nimmst Methadon?»

«Heute war ich zum ersten Mal im Krankenhaus. Der Arzt, der es mir gegeben hat, hat mir eindringlich dazu geraten, vor meinem drogenabhängigen Freund zu fliehen. Ich habe nicht lange darüber nachgedacht. So bin ich an diesem Strand gelandet …»

«Wie lange nimmst du schon Drogen?»

«Seit einem Jahr.»

«Ich weiß sehr gut, wie du dich fühlst. Doch diese Krankheit ist heilbar …» Er nahm meine Hand und schaute mich aufmerksam an. «Unter zwei Bedingungen: Du brauchst professionelle medizinische Hilfe und eine längere Psychotherapie. Die physische und psychische Abhängigkeit ist so stark, dass fast niemand in der Lage ist, von allein da wieder herauszukommen.»

«Du redest wie ein Therapeut», spottete ich leicht.

Er lachte. «Als wenn du es gewusst hättest. Ich arbeite als Therapeut in einer Entzugsklinik.»

Hört dieser Tag gar nicht mehr auf, mich zu verwundern?! Gibt es solche Zufälle im Leben?! Unglaublich!

Zahlreiche Gedanken schossen mir durch den Kopf.

«Du bist wirklich Therapeut?»

«Ja, und ich möchte dir helfen. Drogenabhängigkeit ist eine Krankheit, die von niemandem verschuldet ist.» Romano sprach als Spezialist zu mir. «Keiner entscheidet sich dafür, drogensüchtig werden zu wollen. Du weißt bestimmt selbst, dass man am Anfang nichts Böses vermutet. Aber es gibt eben keine ‹sicheren› Drogen. Wer einmal konsumiert, ist in Gefahr, abhängig zu werden, weil sich die psychologischen Mechanismen der Sucht unglaublich schnell entwickeln. Bloß derjenige, der Drogen nimmt, bemerkt das Problem nicht. Er glaubt, es sei seine Entscheidung und er könne jeden Moment wieder damit aufhören.»

Ich nickte nur, denn ich musste bekennen, dass er mit allem, was er sagte, recht hatte, auch wenn es sehr wissenschaftlich klang.

«Genug mit dieser Fachsimpelei, ich bin unmöglich! Es ist eine Berufskrankheit», lachte er. «Erzählst du mir jetzt etwas von dir?» Er schaute mir direkt in die Augen. «Du musst dich nicht beeilen, wir haben genügend Zeit. Aber eins ist mir wichtig: Bitte sag … die Wahrheit.»

«Die Wahrheit?» Ich seufzte. Ja, er wusste nur zu gut, dass Drogensüchtige zahlreiche Versionen ihrer Lebensgeschichte parat hatten …

«Also … ich komme aus Tschechien», begann ich langsam. «Ich bin nach Italien gekommen, weil ich auf der Suche nach einem besseren Leben war, was ich allerdings nicht gefunden habe, wie du siehst. Heute bin ich von meinem Freund abgehauen, der am Anfang wundervoll zu mir war und erst später sein wahres Gesicht gezeigt hat. Er hat mich in die Drogen hineingezogen und zur Prostitution gezwungen, damit ich Geld heranschaffte.

Heute früh ist mir bewusst geworden, dass ich das nicht mehr länger ertrage. Ich bin ins Krankenhaus gegangen und habe Methadon bekommen. Die Wirkung soll angeblich bis morgen anhalten … das weißt du ja selbst.

Wenn mein Freund davon erfahren würde, würde er mich wahrscheinlich umbringen. Deshalb bin ich viele Kilometer gefahren, bis ich am Strand angekommen bin, ohne zu wissen, wie es weitergehen würde. Keine Ahnung, wer mir dich geschickt hat, aber es ist ein Wunder! Ich weiß nicht, was ich machen soll, aber für mich ist klar, dass ich aus diesem Dreck herauswill, in dem ich so tief drinstecke!», erklärte ich entschlossen.

Kapitel 18
«Du schaffst das!»

Diese Nacht war die erste, die ich seit unzähligen Monaten ruhig durchschlief. Es wäre einer der besten Tagesanbrüche meines Lebens gewesen, wenn ich innerlich nicht so aufgewühlt gewesen wäre und meine Kopfschmerzen nicht immer stärker geworden wären, was ein untrügliches Zeichen dafür war, dass mein Körper nach der nächsten Drogendosis verlangte.

Romano ging zur Arbeit, und ich genoss das Frühstück mit seiner reizenden Mutter, die mir voller Freude Geschichten von ihrer großen Familie erzählte.

Die Nachrichten, die Romano aus der Klinik mitbrachte, klangen ausgesprochen optimistisch. Damit sie mir Methadon verabreichen konnten, musste ich allerdings viele Verpflichtungen eingehen und Unmengen an Dokumenten ausfüllen, weil ich keinen Pass hatte. Da Romano sich persönlich für mich einsetzte, gelang es ihm, einen Platz im Krankenhaus für mich zu bekommen. Wir machten uns sofort auf den Weg, weil die Entzugserscheinungen inzwischen unerträglich wurden.

«Romano hat die Hand für dich ins Feuer gelegt. Wir werden dir helfen, aus der Abhängigkeit herauszukommen», sagte der Arzt, als er mich begrüßte. Er war groß, trug ein kariertes Hemd und sah nicht nach einem Mediziner aus.

«Wir tun das für ihn, aber nur unter einer Bedingung: Du unterschreibst, dass du das Krankenhaus nicht ohne seine Erlaubnis verlässt. Er wird dein Betreuer sein, mehr noch, dein Gewissen. Dennoch hängt es in erster Linie von dir ab, ob es dir gelingen wird, mit der Sucht zu brechen. Ich habe gehört, dass du gestern Methadon bekommen hast, du weißt also, wie es wirkt. Heute beginnen wir mit der Substitutionstherapie. Du erhältst die nächste Dosis, und nach dem Gespräch mit dem Psychiater überlegen wir, wie die Heilung weiter verlaufen soll.»

Er schickte mich ins Labor, wo alle nötigen Untersuchungen mit mir durchgeführt wurden. Mir fiel ein Stein vom Herzen, als sich herausstellte, dass ich kein HIV hatte. Vielleicht deshalb, weil ich mich niemals auf Sex ohne Kondome eingelassen hatte. «Vergiss das auf keinen Fall! Du wärst eine Idiotin, wenn du das machen würdest, selbst wenn sie dir dafür mehr Geld anbieten würden!», hatten mich die Mädchen im Nachtclub gewarnt.

Leider fielen die anderen Ergebnisse nicht so gut aus. Ich hatte einige Geschlechtskrankheiten, was umso kritischer war, da meine Abwehrkräfte ungeheuer geschwächt waren, ein typisches Merkmal bei Drogenabhängigen.

Auf mich wartete nun der Entzug: ein schmerzhafter Reinigungsprozess des Organismus. Die Ärzte und Romano unterstützten mich die ganze Zeit.

«Du musst dich darauf einstellen, dass es unheimlich schwer und stressig wird. Möglicherweise wirst du eine extreme innere Unruhe verspüren und unter Schlaflosigkeit leiden», bereiteten sie mich vor. «Die psychologischen Symptome sind Angst, Depression und gewaltiges Verlangen nach Heroin. Auch die körperlichen Anzeichen sind schlimm: starke Muskel-, Rücken-, Bein- und Gelenkschmerzen, außerdem Magen- und Beinkrämpfe, Durchfall, Schüttelfrost, Übelkeit, Erbrechen. Wenn du irgendetwas davon erlebst, ist das normal», erklärte mir der Arzt.

«Wie lange wird es dauern?»

«Bis der Körper entgiftet ist. Das kann einige Tage oder auch Wochen gehen. Normalerweise eine Woche.»

Einer der Patienten, die Romano mir vorstellte, sagte geradeheraus: «Das kann man nur mit Sterben vergleichen. Die Schmerzen sind unerträglich, du kotzt Schaum, hast Magenkrämpfe, zitterst wie Espenlaub, sämtliche Farben kommen dir entsetzlich grell vor und jegliche Geräusche unnatürlich laut und belastend. Dein ganzer Körper juckt, deine Augen und dein Bauch tun weh, wirklich alles. Mit einem Wort – du krepierst. Aber glaub mir, du überstehst es!»

«Hast du es hinter dir?»

«Ja, und ich sage dir, es hat sich gelohnt!»

Fast keines der Symptome ging an mir vorüber. Es war ein unglaublich qualvoller Weg. Ich lag zusammengekrümmt auf dem Bett, litt unter unaussprechlichen Schmerzen, war mit den Nerven am Ende, gleichzeitig jedoch fest entschlossen, alles auszuhalten, um aus diesem erniedrigenden Zustand herauszukommen.

Nach der Entgiftung kam ich zu einer Langzeittherapie in das Zentrum, in dem Romano arbeitete. Hier wurde den Patienten deutlich gesagt, was für ein großes emotionales Leiden die psychische Abstinenz von Heroin über mehrere Wochen verursachte. Es stellte die häufigste Ursache dafür dar, dass jemand erneut zu Drogen griff. Doch das Ergebnis war kostbar: «Der Lohn ist euer Leben», ermutigten uns die Mitarbeiter.

«Du hast es in der Psychiatrie ausgehalten, dann stehst du das hier auch durch!», sagte ich mir in den schwierigsten Momenten, wenn jede Zelle meines Leibes vor Schmerzen heulte.

Ich hatte mich entschieden und ging zu allen empfohlenen Veranstaltungen der Gruppen- und Einzeltherapie. Romano erwies sich als hervorragender Spezialist. Oft leitete er die Gruppentreffen, an denen ich teilnahm. Er kümmerte sich um mich, widmete mir Stunden seiner wertvollen Zeit, um sich mit mir zu unterhalten, selbst wenn ich mitunter starken Stimmungsschwankungen unterlag, reizbar und nicht besonders nett war.

Besonders schlimm waren die Schlafstörungen. Immer wieder wachte ich nachts schweißgebadet auf. Am schwierigsten waren für mich allerdings die ständigen Scham- und Schuldgefühle, die regelmäßig über mich hereinbrachen.

Warum bin ich so dumm und leichtgläubig gewesen? Das ist alles meine eigene Schuld. Wenn ich nicht so naiv gewesen wäre und länger nachgedacht hätte; wenn ich doch nur nicht zugestimmt hätte …

Es gab unzählige dieser «Wenn ich doch nur …», die mich pausenlos niederdrückten. Die Therapie motivierte mich jedoch dazu, trotz meiner enormen Schuldgefühle alles zu versuchen, um mit der traumatischen Vergangenheit abzuschließen und von Neuem zu beginnen.

«Du darfst nicht aufgeben, du schaffst es und kommst da raus!», versicherte Romano mir beständig, wenn mir Bedenken kamen und ich es nicht einmal fertigbrachte, aus dem Bett aufzustehen.

«Ich sehe das in deinen Augen. Du hast eine unwahrscheinliche Kraft und Entschlossenheit. Das ist typisch für Menschen, die wissen, dass nach der Therapie jemand auf sie wartet. Ich frage mich, woher das bei dir kommt.»

Jemand wartete auf mich? Ja, ich wusste, wer. Obwohl mich manchmal Zweifel geplagt hatten, trug ich noch immer die Hoffnung in meinem Herzen, dass irgendwo auf der weiten Welt Papa auf mich wartete, der mich genauso grenzenlos liebte wie ich ihn. Und er war es, für den ich kämpfen und weiterleben wollte.

Der Tag, an dem ich aus dem Therapiezentrum entlassen wurde, war einer der wunderbarsten in meinem Leben. Ich war ein neuer Mensch, psychisch und körperlich wie neu geboren. Es war, als wäre ich in die Welt der Lebenden zurückgekehrt.

Ich war nicht in der Lage, Romanos Unterstützung und Hilfe genug wertzuschätzen. Die ganze Zeit hatte er auf mich aufgepasst und mir in Krisenmomenten Halt gegeben. Er war meine größte Stütze gewesen und ein echter Freund geworden.

Solange er mein Therapeut war, war es nicht erlaubt, näheren privaten Kontakt miteinander zu pflegen. Romano überschritt diese berufliche Grenze auch niemals. Er verhielt sich professionell zurückhaltend und distanziert. Dennoch war aus seiner Art, mit mir zu sprechen oder mich anzuschauen, wenn er meinte, ich würde es nicht bemerken, ebenso wie aus seinen fürsorglichen Gesten spürbar, dass er nicht nur freundschaftliche Sympathie für mich empfand.

Jetzt, da die Therapie abgeschlossen war, stand dem im Grunde nichts mehr im Weg, dass wir uns näher miteinander befreundeten. Das wäre ein wunderschönes *Happy End* gewesen: eine Drogenabhängige, der zufällig ein Therapeut am Strand begegnete und die nach der Heilung seine Frau wurde. Das Problem lag allerdings darin, dass ich ihn zwar liebte … aber nur wie einen Bruder.

Ich versuchte, tiefere Gefühle für ihn zu entwickeln, doch es gelang mir nicht. Ich war mir sicher, dass das, was ich für ihn empfand, Dankbarkeit war und nicht Liebe. Vielleicht wäre es auch zu früh für eine neue Beziehung gewesen? Aus der Verbindung mit Antonio war ich emotional so zerbrochen und verwundet herausgekommen, dass es mir schwer fiel, irgendeinem Mann wieder mein Vertrauen zu schenken. Selbst einem so wundervollen wie Romano. Tief in meinem Inneren fürchtete ich mich vor neuen Verletzungen.

Zum erfolgreichen Therapieabschluss lud er mich in ein Restaurant ein. Ich fühlte mich elend. Auf keinen Fall wollte ich ihm Hoffnungen machen, dass ich mich vielleicht doch irgendwann in ihn verlieben würde! Aber wie sollte ich ihm sagen, dass ich einzig und allein Dankbarkeit und Sympathie für ihn empfand, ohne ihn zu verletzen?

Romano erwies sich jedoch erneut als großherziger Engel. Obwohl ich bemerkte, wie sehr ihn meine Worte schmerzten, trennten wir uns als Freunde. Zwei bewegte, weinende Freunde, die einander nicht beteuern mussten, dass sie den anderen niemals vergessen würden. Wir hatten keinerlei Zweifel daran, dass es so sein würde.

Ich setzte mich auf eine Bank und betrachtete die Stadt, die im Tal lag. Das Therapiezentrum lag auf einer Anhöhe inmitten eines

Kiefernwaldes, einige Kilometer außerhalb des Stadtzentrums, so dass man weder zu Drogen noch zu Menschen leichten Zugang hatte. Viele fürchteten sich vor Abhängigen, und manchmal musste ich ihnen recht geben, denn nicht jedem Süchtigen gelang es, von hier auszubrechen und danach trotzdem ein neues Leben zu beginnen.

Einige hielten es nicht aus und versuchten auf die unterschiedlichste, meist unehrliche Weise, an Geld zu kommen: durch Diebstähle, Betrügereien und Ähnliches, nur um sich Drogen kaufen zu können. Wenn sie erwischt wurden, mussten sie das Zentrum sofort verlassen.

Viele jedoch waren so wie ich zu jedem Opfer bereit, um aus dem Teufelskreis der Sucht herauszukommen. Mir war etwas gelungen, das mir noch vor einem Jahr völlig unmöglich erschien: Ich war clean!

Ich schwor mir, nie wieder in das alte Leben zurückzukehren. Ein neues Kapitel hatte begonnen.

Allerdings war während der Therapie betont worden, dass ich noch einen entscheidenden Schritt tun musste, um mit den ständig quälenden Gefühlen fertigzuwerden, die der Grund für viele meiner Probleme gewesen waren.

«Wenn du das nicht erledigst, wirst du die Last der Vergangenheit immer mit dir herumschleppen», hatte Romano mir klargemacht. «Das wird dich sonst weiterhin die ganze Zeit binden und herunterziehen», wiederholte er.

Doch ich versuchte, es nicht an mich heranzulassen. Ich wusste, dass er recht hatte, aber ich hatte keine Kraft, mich dazu durchzuringen, die Hand auszustrecken und zu vergeben. Nein, ich konnte das nicht! Ich war zu schlimm verletzt worden.

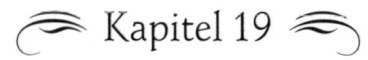

Kapitel 19
Auf dem Laufsteg ins Glück

Nach vielen Monaten der Therapie hatte ich es geschafft, mich aus der Hölle der Drogenabhängigkeit zu befreien. Mir wurde klar, dass ich, wenn ich zu so etwas fähig war, ebenso dazu in der Lage sein würde, mich mit meiner Vergangenheit auseinanderzusetzen, die wie ein Fluch auf mir lastete.

Um es mir nicht noch einmal anders zu überlegen, begann ich mich sofort auf die Suche nach einer Telefonzelle zu machen. Langsam wählte ich die Nummer. Es war, als würde jede einzelne Taste unter meinen Fingern brennen.

Abwechselnd hoffte ich, dass sie an den Apparat gehen würde, und dann wiederum, dass niemand abheben würde.

Ich seufzte, als ich Milans Stimme vernahm. Zu meiner eigenen Verwunderung stellte ich fest, dass ich keinen Augenblick damit gerechnet hatte, dass *er* ans Telefon gehen könnte.

«Hier ist … Nadia.» Es war fast ein Flüstern. Ich spürte, wie sich mir der Magen zusammenzog. Im Bruchteil von Sekunden kehrte die frühere Angst zurück. «Kannst du … mir Mama geben؟»

Am anderen Ende herrschte eine Weile völlige Stille.

«Mama؟! Weißt du überhaupt, was du getan hast؟! Ich bringe dich wahrscheinlich um, wenn ich dich zu Gesicht bekomme!», zischte er.

Ich zweifelte nicht daran, dass er so wie Antonio dazu fähig wäre. Warum mussten mir nur solche Männer begegnen؟

«Ich …»

«Sie ist wegen dir fast verrückt geworden! Sie musste zehnmal ins Krankenhaus und ist in eine Depression gefallen!», brüllte er.

Mama … hat sich Sorgen um mich gemacht؟!

Ich konnte es kaum fassen.

«Ich wollte nicht …», sagte ich leise, den Tränen nahe.

«Wo bist du? Von wo rufst du an? Mama hat dich überall gesucht. Die ganze Zeit, fast zwei Jahre lang, hat sie jeden Abend am Fenster gestanden, nach draußen geschaut und darauf gewartet, dass du wiederkommst. Sie wusste nicht einmal, ob du überhaupt noch lebst!»

Es kostete mich immer mehr Kraft, meine Gefühle unter Kontrolle zu halten, denn sie drohten mich zu überrollen wie ein Fluss bei Hochwasser. Meine Knie wurden weich, und ich konnte kaum atmen. Mama hatte Tag für Tag an demselben Fenster gestanden, an dem ich auf Papas Rückkehr gewartet hatte …

«Sag ihr … sag ihr, dass …», ich schluckte, «… dass es mir gut geht und dass sie sich keine Sorgen um mich machen soll.» Mehr konnte ich nicht mehr sagen, dann legte ich auf.

Sie hat mich vermisst, mich gesucht, auf mich gewartet …?

Es schien mir unglaublich. Unabhängig davon war alles, was Milan gesagt hatte, von enormer Bedeutung für mich.

Sie hasst mich also doch nicht?!

Ich lehnte mich an die Wand der Telefonzelle und ließ den Tränen freien Lauf. Es waren Tränen der Traurigkeit, gleichzeitig des Heimwehs und des Trostes.

Einerseits fühlte ich mich schuldig, andererseits empfand ich Genugtuung bei dem Gedanken, dass sie wenigstens ansatzweise das erlebte, was ich mein ganzes Leben lang durchgemacht hatte: schreckliche Sehnsucht. Es tat mir leid um Mama, ich wollte nicht, dass sie wegen mir litt, konnte es jedoch nicht ändern.

Ich war nicht in der Lage, nach Hause zurückzukehren. Vorerst nicht. Vielleicht später, vielleicht aber auch … niemals. So hatte ich es mir geschworen, als ich am Tag nach meinem achtzehnten Geburtstag von zu Hause weggegangen war: dass ich nie wieder diese Wohnung betreten würde, in der ich so viel Leid, Unrecht und Angst erfahren hatte. Heute schloss ich eine Rückkehr nicht mehr so kategorisch aus wie damals, doch im Moment war die Zeit dafür ganz sicher noch nicht reif.

Nun interessierte mich erst einmal meine unmittelbare Zukunft. Während der Therapie hatten wir etliche Male darüber nachgedacht, wie wir uns nach der Entlassung aus dem Zentrum über Wasser halten konnten, ohne rückfällig zu werden.

«Mädchen, so attraktiv wie du bist, kannst du weit kommen», hatte ich oft gehört. Bisher hatte mein Aussehen mir dabei geholfen, Kunden im Nachtclub oder auf der Straße zu finden. «Du kannst versuchen, Model zu werden», schlugen viele mir vor. «Das ist schließlich Italien, die Heimat der Mode.»

Tatsächlich erblickte ich nach einigen Wochen der Therapie die frühere Nadia im Spiegel, jetzt sogar noch hübscher und reifer. Als ich begann, wieder auf mich zu achten, wurde ich erneut die Frau, nach der sich die Männer auf der Straße umdrehten.

Ich hatte schon immer eine gute Figur gehabt, doch durch den Drogenkonsum war ich noch schlanker geworden und erfüllte dadurch sogar die Anforderungen der Modeagenturen, die ausschließlich sehr dünne beziehungsweise richtiggehend abgemagerte Mädchen einstellten.

Seit mehreren Jahren wurden gerade solche Models besonders lanciert. Inzwischen sprach ich auch fast fließend Italienisch, was mir die Suche nach Arbeit erleichterte. Im Telefonbuch fand ich die Adressen zahlreicher Agenturen. Jede versprach in ihrem Werbeblock Ruhm und Erfolg, was sehr verführerisch klang.

Im Therapiezentrum hatte ich Jenny kennen gelernt, die ein paar Jahre als Model gearbeitet hatte. Sie war ein nettes, aber verschlossenes und ungewöhnlich melancholisches Mädchen. Als sie bemerkte, wie ich anfing, mich für die Modelbranche zu interessieren, warnte sie mich vor dem «Trug der Modewelt», wie sie es nannte.

«Pass auf dich auf», riet sie mir, während sie mir die Augenbrauen zupfte. «Das ist kein Märchenland. Es ist ein Mythos, dass Models wie Prinzessinnen leben. Echten Erfolg haben nur die wenigsten.»

Aufhalten konnte sie mich jedoch nicht. Sie zeigte mir, wie man perfekt Make-up auflegte, wie ich mich bewegen, den Kopf drehen und worauf ich meinen Blick richten sollte. Eine gute Körperhaltung übte ich, indem ich stundenlang mit einem Buch auf dem Kopf herumlief. Kurz nachdem ich das Zentrum verlassen hatte, bewarb ich mich bei allen möglichen Modeagenturen und nahm an diversen Bewerbungsgesprächen sowie Fotosessions teil.

Ich hatte Glück, denn in der dritten oder vierten Agentur wurde ein außergewöhnlich schlankes Model gesucht. Sie nahmen meine Maße und schickten mich zum Fotografen, der einige Bilder in unterschiedlichen Kleidungsstücken von mir machte.

Einer der Mitarbeiter sah sich die Fotos an und versprach, etwas für mich zu finden. Bereits wenige Tage später meldete er sich und bat mich, am nächsten Tag vorbeizukommen. Hocherfreut rief ich Jenny an.

«Ich sage es dir noch einmal: Pass auf dich auf und versprich dir nicht zu großen Erfolg!» Aus ihrer Stimme klang Bitterkeit. «Erlaube ihnen nicht zu viel, sonst nutzen sie dich aus und werfen dich danach wie einen abgenutzten Handschuh weg … so wie sie es mit mir gemacht haben.»

Ich hörte mir ihre beängstigenden Geschichten über die Modewelt an, doch es war die einzige Beschäftigung, von der ich mir schnelle Einkünfte erhoffen konnte, ohne gleichzeitig meinen Körper dafür hergeben zu müssen. Ich träumte von keiner glänzenden internationalen Karriere, ich wollte einfach nur Geld für meinen Lebensunterhalt verdienen. Alles war besser, als wieder auf der Straße zu landen.

Leider sollte sich bald herausstellen, dass Jennys Warnungen nicht unbegründet waren. Die Agentur, die mich anheuerte, führte zwar zunächst eine Auswahl durch, aber eben nicht nur für den Laufsteg. Ein Teil der Mädchen, zu denen auch ich gehörte, sollte nachts in Discotheken und Clubs tanzen.

«Einzig und allein Tanz, mehr braucht ihr nicht zu erwarten!», behielt ich mir vor. Obwohl ich erneut dazu gezwungen war, nur in Unterwäsche aufzutreten, erlaubte mir diese Beschäftigung, mich auf einem relativ guten Niveau zu halten.

Bis schließlich auch ich das große Los zog, als eines der Models wegen Krankheit ausfiel. Es ging das Gerücht um, dass sie Drogen mit Alkohol gemischt und dabei überdosiert habe. Da wir dieselben Körpermaße hatten, wurde ich blitzschnell gerufen. Die für sie vorbereitete Kleidung passte perfekt.

Unter den Zuschauern waren berühmte Persönlichkeiten aus der Modewelt, deren Interesse ich weckte. Nach meinem Auftritt erhielt ich von einer renommierten Modeagentur eine Einladung zu einer Fotosession. Die Bilder wurden außergewöhnlich gut bewertet, und ich bekam wunderschöne Fotos für ein Portfolio sowie einige Einladungen zur Teilnahme an bedeutenden Modevorführungen. Danach öffneten sich mir die Türen zu zahlreichen Laufstegen.

Bald wurde ich mit Angeboten nur so überhäuft. Castings, Auftritte, Fotosessions, Wettbewerbe. Es begann ein Leben in der Welt der Blitzlichter. Jede Modenschau stellte eine Chance dar, neue Kontakte zu knüpfen, die mir Zugang zu den nächsten Agenturen verschafften.

Allmählich begann ich mich unter Leuten aufzuhalten, die in der Modebranche eine Menge zu sagen hatten. Meine Honorare wurden auch immer höher, und ich hatte Grund, stolz auf mich zu sein. Ich tauchte in eine völlig neue Welt ein: massenhaft Geld, gehobene Klasse, prickelnde Vergnügen in Discotheken, Werbeauftritte im Fernsehen, Interviews in Zeitschriften. Fast jede Woche erhielt ich einen Anruf mit einem vielversprechenden und verführerischen Angebot.

Unzählige Menschen beneiden Models um den Glanz und die mehrstelligen Einkünfte, aber die wenigsten sind sich dessen bewusst, dass es zu ihrem Leben dazugehört, unablässig an Empfängen und Feiern teilzunehmen sowie einem wahnsinnigen Tempo und harter Arbeit standzuhalten: über mehrere Stunden im grellen Scheinwerferlicht vor der Kamera posieren, unabhängig von der Temperatur, manchmal in eiskaltem Wasser oder im Schnee.

Dann die ständigen Wettbewerbe, Sessions, Werbeauftritte und Kampagnen. Es ist ein erbarmungsloser Kampf um eine gute Figur und darum, am Ball zu bleiben. Alles bei einem fortwährenden: «Schneller, schneller, ihr bewegt euch wie Kühe!»

Mein Tag begann normalerweise mit dem Besuch beim Visagisten, um mich einer Behandlung zu unterziehen, die eher an Folter erinnerte als daran, Make-up aufzulegen. Danach erkannte ich oft mein eigenes Spiegelbild nicht mehr. Als Nächstes lief ich zum Friseur, der sich rücksichtslos an meinen Haaren ausließ.

Später ging es in Windeseile zur Anprobe, um im Anschluss auf dem Laufsteg zu posieren, woraufhin ich in Sekundenschnelle die Kleidung wechselte und mich auf schwindelerregend hohen Schuhen wieder dem Publikum präsentierte.

Dennoch war das alles um Welten besser als das Leben mit Antonio. Außerdem half mir die rasende Geschwindigkeit dabei, zu vergessen und den Schmerz wie auch die innere Leere zu betäuben. Denn obwohl ich dem Anschein nach alles hatte, war ich nicht wirklich glücklich.

Mir war klar, dass ich mich auf dünnem Eis bewegte. Das Arbeitstempo war mitunter so mörderisch, dass viele Mädchen gigantische Mengen an Zigaretten rauchten, Alkohol tranken oder Drogen nahmen, um es überhaupt auszuhalten.

Ich sah, wie Models sich Joints mit marokkanischem Haschisch drehten oder Gras rauchten. Mir war bewusst, dass ich mich um jeden Preis davon fernhalten musste, denn wenn ich nur ein einziges Mal etwas nehmen würde, könnte mich nichts und niemand mehr retten.

Wie das Feuer mied ich jegliche Saufgelage oder Drogenpartys. Nach der Arbeit kehrte ich unverzüglich nach Hause zurück.

Die Modeagentur hatte mir eine Wohnung zur Verfügung gestellt, besser gesagt: ein Bett in einem Dreierzimmer. Unter den Mädchen bestand in dieser Branche normalerweise eine heimliche Rivalität, die sich zum Teil auch bei uns in unschönen Reibereien widerspiegelte.

Manchmal war der Druck, der auf der Arbeit herrschte, so groß, dass ich mich mit hochprozentigen Getränken «betäubte». Das war immer ein Fehler, weil einerseits die nächste Abhängigkeit drohte und Alkohol außerdem massenhaft Kalorien enthält. Dabei war ich dazu gezwungen, permanent die Waage zu konsultieren. Einem Model war es nicht erlaubt, auch nur ein Gramm zuzunehmen, damit die Kreationen wie angegossen passten. «Keinerlei Drinks, Kohlenhydrate, Fette!», wurde pausenlos wiederholt. «Du hast dich wie ein Schwein gemästet!», musste sich eines der Models anhören, das nur einige hundert Gramm zugenommen hatte.

Meine frühere Drogenabhängigkeit hatte zur Folge, dass ich gertenschlank blieb, deshalb hatte ich es insgesamt nicht so schwer wie andere Mädchen, die sich vor Hunger richtiggehend quälten.

Sie waren bereit, mit Wasser getränkte Wattepads zu schlucken, nur um ihren Magen mit irgendetwas zu füllen und dabei kein Gramm mehr auf die Waage zu bringen. So mühten sie sich tagelang ab, was häufig zu Magersucht oder Bulimie führte.

Zwanghaft wogen sie sich jeden Morgen und kämpften gegen jedes noch so kleine Fettpölsterchen, bis sie teilweise nur noch aus Haut und Knochen bestanden. Sie waren imstande, die schmerzhaftesten Opfer zu bringen, ihren Körper zu malträtieren, nur in der Hoffnung darauf, Karriere zu machen und ein besseres Leben zu erreichen.

Auch ich sehnte mich danach, allerdings hatte ich mich bereits davon überzeugen müssen, wie hoch der Preis dafür war. Ein solcher Lebensstil ruinierte ein Mädchen nicht nur physisch, sondern viel mehr noch psychisch.

Wenn mir Männer im Alter meines Vaters unzweideutige Angebote machten, lehnte ich kategorisch ab. Obwohl es mir großes Vergnügen bereitete, unter dem enthusiastischen Applaus eines herausgeputzten Publikums über den Laufsteg zu schreiten – inmitten eines Blitzlichtgewitters, das Hoffnung darauf machte, eines der Fotos am nächsten Tag in der Zeitung zu entdecken –, war mir klar, dass meine Karriere nicht darauf beruhen würde, dass ich mit einem Modeagenten ins Bett ging.

Dann hätte ich lieber Werbung für irgendwelche Waschmittel oder Brillanten gemacht. Ich war bereit, mir die ausgefallensten Frisuren und Make-ups verpassen zu lassen, aber meinen Körper wollte ich nie wieder für den Wunsch nach Erfolg verkaufen. Selbst wenn mir dadurch die besten Angebote durch die Lappen gingen.

Das Leben im Rampenlicht war einerseits aufregend, andererseits war die Karriere eines Models außerordentlich wechselhaft. Nach Wochen voller Castings und Angebote gab es manchmal längere Abschnitte, in denen ich keinerlei Aufträge bekam. Ich beschloss, mich davon nicht entmutigen zu lassen, sondern stattdessen die Zeit zum Studieren zu nutzen.

Im Therapiezentrum hatte ich meine Leidenschaft für Physiotherapie und Psychologie entdeckt. Ich bewarb mich an einer Universität, nicht ohne gewisse Zweifel, ob ich es schaffen würde, alles in meinem Terminkalender unterzubekommen. Modevorführungen fanden jedoch relativ unregelmäßig statt, deshalb gelang es mir, die Arbeit und das Studium ohne größere Schwierigkeiten miteinander zu vereinbaren.

Nach einer Fotosession, als ich gerade meine Sachen zusammenpackte, hielt mich Riccardo, der Assistent des Fotografen, auf. «Darf ich dich zum Abendessen einladen?», fragte er mit einnehmendem Lächeln.

Solche Angebote bekam ich immer wieder. Auf alle antwortete

ich mit einem entschiedenen «Nein!». Die Erfahrung hatte mich gelehrt, Männer lieber auf Abstand zu halten, deshalb wollte ich auch in diesem Fall ablehnen. Mit Riccardo arbeitete ich allerdings nicht das erste Mal zusammen. Ich wusste, dass er ein anständiger Mensch war, was in diesen Kreisen nicht die Regel war.

«Ich kann dir versichern, dass ich keine Hintergedanken habe! Es geht nur um ein Abendessen.» Mit unschuldiger Miene erhob er seine Hände, womit er mich richtiggehend entwaffnete.

Es gab wenige Fotografen, die einen so guten Ruf in der Modebranche hatten wie er. Riccardo war freundlich, aber vor allem ehrlich. Wir hatten uns schon häufiger über verschiedene Themen länger unterhalten. Ich hatte lediglich einen Arbeitskollegen in ihm gesehen. Sollte er unsere Plaudereien anders verstanden haben?

Ich schaute in seine dunkelbraunen Augen und bemerkte zum ersten Mal, wie schön sie waren. Er sah mich so aufrichtig an, dass mein Widerstand schnell dahinschmolz. Seit einiger Zeit war ich nicht mehr privat ausgegangen, immer nur zu dienstlichen Empfängen …

«Unter der Bedingung, dass es mit dem Abendessen endet und du mich an einen Ort mitnimmst, an dem ich bisher noch nicht war!», erklärte ich.

Sein verträumter Blick und sein hinreißendes Lächeln sorgten dafür, dass ich mir bereits überlegte, was ich anziehen würde, um möglichst bezaubernd auszusehen.

Wir verbrachten einen wunderschönen Abend in einer gemütlichen kleinen Trattoria, unterhielten uns, scherzten und lachten miteinander. Riccardo sagte, dass er mir eine Sondererlaubnis erteile und ich heute mehr essen müsse als einen Salat, so genehmigte ich mir mein Lieblingsgericht: Meeresfrüchte.

Jetzt, da ich frei von Drogen war, spürte ich endlich wieder das Aroma und den Geschmack der verschiedenen Gerichte, ganz besonders der köstlichen sonnengereiften italienischen Obst- und

Gemüsesorten. Das war das Italien, von dem ich damals in Reiseführern gelesen hatte: «Indem wir die romantischen Gassen entlangschlendern und die in lokalen Restaurants zubereiteten Spezialitäten genießen, verschaffen wir uns eine unvergessliche Reise und jede Menge Eindrücke.» Diesen Satz kannte ich auswendig, von einem solchen Land hatte ich geträumt und dorthin war ich aufgebrochen.

Ich hatte natürlich gewusst, dass mir nichts einfach so in den Schoß fallen würde und ich mir meinen Lebensunterhalt verdienen müsste, allerdings hatte ich in meinen dunkelsten Vorstellungen nicht geahnt, auf welche Weise ich es tatsächlich tun würde. Zum Glück, so war meine Überzeugung, hatte ich diesen schlimmsten Abschnitt meines Lebens hinter mir.

Als wir nach Hause liefen, hallte das Klappern meiner hochhackigen Schuhe wie ein Echo in der engen gepflasterten Gasse wider. Auf den unebenen Steinstufen geriet ich ins Wanken, doch Riccardo hielt mich.

«Du gefällst mir …», sagte er leise, ohne meine Hand loszulassen. «Du gefällst mir unglaublich gut», wiederholte er, während er mir tief in die Augen schaute.

Plötzlich wurde mir klar, dass ich mich zu diesem gutaussehenden Italiener hingezogen fühlte und nichts dagegen hatte, wenn es nicht bei diesem einen Abendessen blieb.

Vielleicht ist es an der Zeit, meine Ängste loszulassen und einer neuen Beziehung eine Chance zu geben? Ich könnte die Vergangenheit zurücklassen und aufhören, jedem Mann zu unterstellen, dass er mich nur ausnutzen will.

Erst jetzt bemerkte ich, wie sehr ich mich danach sehnte, mein Leben mit jemandem zu teilen, der mich von ganzem Herzen liebte. Ich protestierte nicht, als er begann, mich lange und leidenschaftlich zu küssen.

Kapitel 20
Zwei Striche auf einem Teststreifen

«Das nächste Mal ziehst du so eins für *mich* an», flüsterte Riccardo mir zu, als ich unter Applaus vom Laufsteg kam, auf dem ich gerade ein Hochzeitskleid präsentiert hatte – eine Ehre, die nur den besten Models zuteilwurde.

War das ein Heiratsantrag, fragte ich mich, während ich für die traditionellen gemeinsamen Abschlussfotos posierte.

Der Designer legte seinen Arm um meine Taille, umarmte mich und sagte mehrmals: «Du warst phänomenal!»

Wenn ich mir nicht sicher gewesen wäre, dass er mehr Gefallen an Männern als an Frauen hatte, hätte ich in seinen Worten mehr als nur ein Kompliment vermutet. In seinem Fall war es jedoch ein aufrichtiges berufliches Lob. Noch fröhlicher stimmte mich Riccardos Angebot, und einige Wochen später zog ich bei ihm ein.

Obwohl wir nicht viel Zeit für uns hatten – wir waren beide sehr mit der Arbeit beschäftigt und ich zusätzlich durch das Studium eingebunden –, waren die gemeinsam verbrachten Momente die wunderbarsten im Laufe eines jeden Tages.

Zum ersten Mal seit vielen Jahren hatte ich eine gemütliche, sichere Oase, einen Zufluchtsort, an dem ich mich geliebt fühlte und selbst lieben konnte. Die Idylle wäre vollständig gewesen, wenn ich meinen Vater in der Nähe gewusst hätte.

Wenn er eines Tages plötzlich auftauchen würde, wäre mein Glück perfekt, dachte ich des Öfteren.

Leider gab es von Papa jedoch keine Spur. Dafür zeigten sich nach einigen Monaten unseres gemeinsamen Lebens völlig überraschend ... zwei Striche auf dem Schwangerschaftstest! Ich war höchst verwundert – und überzeugt, dass das nicht möglich war. Also lief ich in einen Laden und kaufte mir einen zweiten Test. Ich schloss die Augen und wartete mit angehaltenem Atem auf das Ergebnis. Es war kein Irrtum. Wieder erschienen zwei Striche, die bestätigten, dass ich schwanger war.

Wie kann das sein? Ich habe doch die Pille genommen?!

Wie gelähmt saß ich da. Ein und dasselbe Wort für «Baby» ging mir in tschechischer und italienischer Sprache durch den Kopf: *miminko … bambino.* Beide Wörter klangen niedlich und waren voller Warmherzigkeit. Meine Zukunft sah in diesem Moment allerdings ganz und gar nicht bezaubernd aus. Eine Schwangerschaft verkomplizierte, oder besser gesagt: ruinierte, alle Zukunftspläne im Blick auf meinen Model-Beruf.

«Riccardo … ich kann nicht …», begann ich, als er mit einer Flasche Wein neben mir auf dem Sofa Platz nahm und mir ein Glas reichte. Ich schmiegte mich an ihn.

«Ist etwas passiert?»

«Ich weiß nicht, wie ich es sagen soll …» Ich stellte das Glas auf den Tisch.

«Bist du krank?», fragte er besorgt.

«Nein, aber …», die Worte wollten mir nicht über die Lippen kommen.

«Was?», er wurde unruhig. «Hast du Angst, dass du abhängig wirst?»

«Nein, darum geht es nicht.»

«Worum dann?»

«Wir bekommen … ein Kind», stammelte ich.

«Was?!» Er verschluckte sich. «Ein Kind? Wie denn das?»

«Du weißt bestimmt, wie …» Unbeholfen versuchte ich, die Atmosphäre zu entladen.

«Was für ein Kind … warte mal …» Er fuhr sich durch die Haare. «Ich verstehe gerade gar nichts … Du hast doch verhütet!»

«Ich weiß selbst nicht, wie das passiert ist … Vielleicht habe ich an einem Tag vergessen, die Pille zu nehmen, oder es war der Stress. Kein Verhütungsmittel ist hundertprozentig sicher.»

Riccardo begann aufgeregt im Zimmer auf und ab zu gehen.

«Ich verstehe … nur, du kannst jetzt kein Kind bekommen, das zerstört deine Karriere!» Er kniete sich vor mich.

«Ich weiß, mich hat das auch völlig überrascht … doch ich beginne mich langsam an den Gedanken zu gewöhnen.»

«Gewöhnen? Was meinst du damit?!»

«Was soll ich denn machen? Wir müssen das alles irgendwie hinbekommen und uns überlegen, wie es weitergeht.»

«Wir?! Hast du da auch an mich gedacht? Ist dir vielleicht der Gedanke gekommen, dass es sein könnte, dass *ich* … kein Kind will?»

Mit einer so verärgerten Reaktion hatte ich nicht gerechnet.

«Riccardo, bitte … Ich weiß, dass du ein bisschen Zeit brauchst, um das zu akzeptieren.»

«Akzeptieren? Für mich gibt es da nichts zu akzeptieren! Ich will kein Kind! Jetzt noch nicht.»

Ich spürte, wie Tränen in mir aufstiegen.

«Schau mich bitte nicht so an! Ich habe ein Recht, es nicht zu wollen! Vielleicht bin ich noch nicht reif genug dafür …» Seine Aufregung wurde immer größer, und wie ein typischer Italiener lief er wild gestikulierend durchs Zimmer.

«Du kannst es ‹nicht wollen›, aber … ich werde dieses Kind bekommen», erklärte ich entschieden. Riccardos Worte verletzten mich. Schließlich war nicht er es, der die höchsten Kosten trug, seine Karriere opferte und das Kind zur Welt bringen würde!

«Du ruinierst dir dein Leben!», rief er wütend.

Sein Zorn verstärkte meinen inneren Widerstand.

Was für ein Egoismus! So viel habe ich schon durchgemacht, und jetzt will er mich zu so etwas zwingen!

Anstatt mich zu unterstützen, schrie er, gab Anweisungen und wollte über mein Schicksal entscheiden. Ich hätte am liebsten zurückgebrüllt, aber dazu war ich nicht in der Lage. Wir liebten uns doch, und ich hoffte, dass wir unsere Zukunft gemeinsam gestalteten. Sein heftiger Ausbruch traf mich so hart, dass ich zu weinen begann.

«Liebling, es wird wirklich das Vernünftigste sein, wenn … wir mit einem Kind noch warten», versuchte er sich und mich zu beruhigen.

«Das heißt, ich müsste dieses Kind abtreiben lassen? Nein … das werde ich nicht tun.» Ich brachte kaum ein Wort heraus. Ich verstand nicht, wie ein bisher so fürsorglicher Mann plötzlich so herzlos sein konnte.

«Bist du dir sicher?»

Ich nickte bestätigend.

«Es ist deine Entscheidung, aber ich hoffe, dass du dir das noch einmal in Ruhe überlegst. Du hast doch noch Zeit dafür, oder?» Mit letzter Kraft versuchte er, sich zu beherrschen.

«Ich habe es schon durchdacht …», flüsterte ich unter Tränen.

Er drehte mir den Rücken zu und schaute aus dem Fenster.

«Wenn das so ist …», sagte er, ohne sich mir zuzuwenden, «werden wir uns trennen müssen.»

Ich dachte, ich hätte mich verhört.

Trennen?!

Schockiert schaute ich ihn an, sah jedoch nur seinen Rücken.

Ein weiteres Mal in meinem Leben fand ich mich in einer Situation wieder, in der ich weniger als eine Minute brauchte, um eine grundlegende Entscheidung zu treffen.

Ich wischte mir energisch die Tränen aus dem Gesicht, ging ins Schlafzimmer und warf wutentbrannt die nötigsten Sachen in meinen Koffer. Anschließend holte ich meine Kosmetikartikel aus dem Bad.

Beim Zusammenpacken machte ich absichtlich Lärm. Ich hoffte, dass Riccardo versuchen würde, mich aufzuhalten, doch ich täuschte mich. Er stand regungslos vor dem Fenster.

Ich lief aus der Wohnung und ließ die Tür hinter mir ins Schloss fallen.

Dann ziehe ich das Kind allein groß, ich werde es schaffen!, überzeugte ich mich selbst, während ich die Straße entlangging und die Tränen hinunterschluckte.

Gleichzeitig ahnte ich, dass das in meiner Lage nicht einfach werden würde, da ich nicht einmal ein Zuhause hatte. In diesem Moment war mir glücklicherweise noch nicht klar, was für Herausforderungen tatsächlich vor mir lagen.

Ich rief ein befreundetes Model an und fragte sie, ob ich für einige Tage bei ihr unterkommen könne. Als Grund gab ich an, dass ich mich mit Riccardo gestritten hatte, allerdings verschwieg ich, weswegen.

«Kein Problem, du kannst bleiben – so lange, wie du möchtest.»

Nachdem ich bei ihr angekommen war, drückte sie mir den Schlüssel zum zweiten Teil ihres großen Appartements in die Hand.

«Ich bin sowieso selten zu Hause. Nächste Woche fahre ich zu einer Modenschau nach Paris.»

Damit war wenigstens das grundlegendste Problem geklärt.

Das wird sicher vorübergehen, redete ich mir ein. *Wenn Riccardo den ersten Schock überwunden hat, wird er mit einem Strauß Blumen vor der Tür stehen, sich entschuldigen und mich auf Knien anflehen, zu ihm zurückzukommen.*

Bei jedem Klingeln dachte ich, dass er es sei.

Aber wie hatte ich mich getäuscht! Mein Geliebter tauchte nicht auf, rief nicht an, zeigte keinerlei Interesse. Und anstelle von Heiratsträumen hatte ich mit immer stärkeren Schwangerschaftsbeschwerden zu kämpfen.

Wenn ich nicht arbeitete, lag ich im Bett, strich über meinen Bauch, der noch vollkommen flach war, und dachte über meine Entscheidung nach.

Ich hütete mein Geheimnis wie einen Schatz. Ein schwangeres Model? Wenn das herausgekommen wäre, hätte mich niemand mehr angestellt. In diesem Beruf musste man vollkommen schlank sein. Mir war bewusst, dass ich jegliche Einkommensquelle verlieren würde, sobald ich auch nur ein kleines bisschen runder wurde. Das bedeutete, dass mir maximal zwei oder drei Monate zum Arbeiten blieben. Ich wollte die Zeit nutzen und so viel Geld wie möglich zusammenbekommen.

Da ich jedoch immer wieder auf die Toilette rennen und mich übergeben musste, konnten sich einige Mädchen bald die Wahrheit denken. «Nadia, überleg dir das gut», warnten sie mich. «Das bedeutet das Ende, das macht dir alles kaputt. Es lohnt sich nicht, deine Karriere dafür aufzugeben.»

«Und wovon willst du als alleinerziehende Mutter leben, wenn dir das Geld ausgeht? Du hast keine italienische Staatsangehörigkeit und kannst nicht einmal mit Sozialhilfe rechnen», machten sie mir klar.

«Du Arme, ich habe gehört, dass Riccardo das Kind nicht will und auch nicht möchte, dass du bei ihm oder auch nur in seiner Nähe wohnst», sagte eine meiner besonders bösartigen Rivalinnen mit süßlicher Stimme.

Ich hatte weder Kraft noch Lust, irgendetwas darauf zu kontern. Jedes Mal, wenn ich über der WC-Schüssel hing, fühlte ich mich von Ängsten und Zweifeln in die Enge getrieben, dass ich es nicht schaffen würde.

Und wenn die anderen Mädchen recht haben? Ich habe keine Wohnung, kein Geld, niemanden, der mir helfen kann … Vielleicht sollte ich mich doch für eine Abtreibung entscheiden?

«Nadia, hör nicht auf sie», sagte Ivona leise zu mir.

Wir kannten uns bereits aus Tschechien. Dank meiner Vermittlung hatte sie einen Job als Model bekommen.

«Ich … habe das einmal gemacht und bereue es bis heute. Es wird nicht einfach, aber gerade dieses Kind kann dein Leben retten.»

Der Satz ging mir nicht mehr aus dem Kopf. «Dieses Kind kann dein Leben retten …» Ivonas Worte erfüllten mich mit Hoffnung.

Ich brauchte verzweifelt etwas, das meinem Leben Sinn gab, und gerade das hatte ich gefunden! Plötzlich verstand ich, dass dieses Baby mein Leben nicht ruinieren würde, sondern ganz im Gegenteil, es würde mich retten!

Ich war bereit, meine Karriere, meine Arbeit, meine Zukunft, ja, mich selbst dafür zu opfern. Nach dem Gespräch mit Ivona hatte ich keinen Zweifel mehr, dass ich das Richtige tat. Ich spürte, wie eine Welle von außergewöhnlicher Wärme und Zärtlichkeit meinen Körper durchströmte. Nie zuvor hatte ich so etwas erlebt! Ich wollte dieses momentan noch winzige Kind so lieben, wie ich selbst in meinen frühesten Jahren geliebt worden war: stark und bedingungslos.

Ich malte mir aus, was für eine Mutter ich wäre, und nahm mir fest vor, dem Kleinen niemals Leid zuzufügen. Nur zu einem war ich nicht imstande: ihm den Vater zu ersetzen.

Soll es sich etwa sein Leben lang nach ihm sehnen, so wie ich es getan habe?, fragte ich mich voller Bitterkeit darüber, dass Riccardo kein Lebenszeichen von sich gab.

Leider waren selbst die tiefsten Gefühle nicht in der Lage, die Tatsache zu ändern, dass ich keinen Ort zum Bleiben hatte. Alle meine Arbeitsverträge liefen allmählich aus, denn es hatte sich inzwischen herumgesprochen, dass ich ein Kind erwartete. Mir war klar, dass mein Geld nicht mehr lange reichen würde.

Oft wachte ich nachts auf und dachte darüber nach, was ich tun sollte, doch mir kam keine Idee. Das größte Problem war, dass ich keine italienische Staatsbürgerin war. Ich hatte zwar eine Aufenthaltserlaubnis, allerdings galt diese lediglich für die Zeit einer Beschäftigung, also nicht mehr lange. Wenn ich meine Arbeit verlor, lief auch mein Versicherungsschutz aus. Aus eigener Tasche würde ich die medizinische Versorgung während der Schwangerschaft und die Entbindungskosten jedoch nicht bezahlen können.

Obwohl sich in meinem Inneren alles dagegen sträubte, kam ich zu dem Schluss, dass es für das Wohl des Kleinen nur einen

Ausweg gab: zurück nach Tschechien zu fahren, wo mir kostenlose medizinische Behandlung zustand.

Das bedeutete gleichzeitig aber auch die Rückkehr zu Mama und, wovor mir am meisten graute, zu Milan. Wie oft hatte ich mir geschworen, nie wieder ihre Wohnung zu betreten …⸮! Jetzt musste ich sie demütig darum bitten, mich wieder aufzunehmen.

Kapitel 21
Heimwärts

Viele Nächte lang drehte ich mich von einer Seite auf die andere und analysierte mein letztes Telefonat mit Milan. Obwohl seit diesem Gespräch über ein Jahr vergangen war, klangen mir seine Worte noch immer in den Ohren, dass Mama täglich am Fenster stehe und weinend auf meine Rückkehr warte. Dass sie sich solche Sorgen um mich gemacht habe, dass sie in eine Depression gefallen sei …

Ich hatte keine Garantie, dass es tatsächlich so war. Vielleicht hatte er es nur deshalb gesagt, um mir ein schlechtes Gewissen zu machen? Aber wenn es doch die Wahrheit wäre? Unabhängig davon, was in der Vergangenheit geschehen war, war sie schließlich meine Mutter, die einzige Person, die mir von meiner Familie geblieben war.

Ich versuchte, sie zu verstehen und mir irgendwie zu erklären, warum sie aus Liebe zu Milan bereit gewesen war, ihr eigenes Kind zu opfern. Jetzt, da ich selbst Mutter werden sollte, fiel es mir umso schwerer, ihr Verhalten nachzuvollziehen. Warum hatte sie es zugelassen, dass ihrer einzigen Tochter so viel Leid angetan wurde?!

Seit Längerem griff ich immer wieder zum Telefonhörer, um ihn kurz darauf wieder wegzulegen. Als ich endlich begann, ihre Nummer zu wählen, zitterten meine Hände so sehr, dass ich einige Male die falsche Taste drückte.

«Mama … ich bin es», flüsterte ich, als ich ihr «Hallo» vernahm. Zum ersten Mal seit drei Jahren hörte ich ihre Stimme.

«Nadia …», brachte sie hervor. Dann war es lange still.

«Mama, ich wollte …»

«Endlich meldest du dich», sagte sie tadelnd, obwohl auch Erleichterung in ihren Worten mitschwang.

«Mama … Wie geht es dir?»

«Mir …? Du fragst mich, wie es mir geht?!», erwiderte sie spöttisch, doch ich hörte, dass ihre Stimme zitterte.

«Wahrscheinlich sollte ich dich fragen, wo du bist und was du machst? Hast du dein Glück gefunden, wenn es dir zu Hause so schlecht ging?»

«Ich … bin in Italien und …» Ich war versucht, mir eine beruhigende Lüge auszudenken, wobei mir gleichzeitig klar war, dass ich nicht den Mut aufbringen würde, ein zweites Mal anzurufen. «… und ich bin schwanger.»

«Das hätte ich mir denken können!», platzte sie heraus. «Und was beabsichtigst du zu tun?», fragte sie nach einer Weile.

«Ich habe keine Wohnung. Kann … kann ich …», mein Hals schien wie zugeschnürt, «nach Hause … zurückkommen?»

Das Warten auf eine Antwort zog sich erbarmungslos in die Länge.

«Ja … du kannst …», erwiderte sie schließlich. «Du kannst zurückkommen.»

«Danke», sagte ich leise.

Je mehr sich der Zug Brünn näherte, desto intensiver spürte ich das Blut in meinen Adern pulsieren. Die Rückkehr nach Hause war noch schwieriger als die Flucht von dort. Ich kehrte gedemütigt und beschämt zurück, wie ein geprügelter Hund. Doch ich liebte das Kleine unter meinem Herzen so sehr, dass ich bereit war, jede Erniedrigung in Kauf zu nehmen, damit es ihm gut ging.

Langsam trug ich meine zwei großen Koffer und eine Tasche aus dem Waggon auf den Bahnsteig. Mama wartete bereits.

«Na, da ist die verlorene Tochter ja wiedergekommen», waren die ersten Worte, die ich von ihr hörte, als ich mit meinem Gepäck auf sie zukam. Sie taten weh. Aber vielleicht hatte ich das auch verdient?

«Mama, es tut mir leid», sagte ich fast lautlos. Ich blickte nach unten und konnte die Tränen nicht aufhalten.

«Mehr hast du nicht zu sagen⸮! Du weißt gar nicht, wie viel Gesundheit mich das alles gekostet hat! Wie viele Nächte ich wegen dir nicht geschlafen habe! Was für Sorgen ich mir gemacht habe!» Die Vorwürfe hagelten nur so auf mich nieder. Auch sie begann zu weinen.

Wir standen einander gegenüber, unfähig, uns näherzukommen. Mama hatte mir äußerst selten körperliche Zuwendung geschenkt, und ich selbst war in dieser Situation genauso wenig in der Lage dazu.

«Ich weiß ... Es tut mir leid ... Bitte verzeih mir!» Ich machte einen Schritt auf sie zu und umarmte sie ungeschickt. Sie erwiderte meine Umarmung für wenige Sekunden.

«Mama, ich weiß nicht, wie ich dir das alles erklären soll ...»

«Wir werden nicht mehr darüber reden», lenkte sie ein, während sie sich verlegen die Tränen von den Wangen wischte.

«Und ... Milan⸮» Selbst in diesem Moment kam mir das Wort «Papa» nicht über die Lippen.

«Er wartet zu Hause ... Wir haben vereinbart, dass wir nicht mehr über damals reden werden.»

Unser Wiedersehen verlief in der Tat ausgesprochen ruhig. Bis auf die verhaltene Begrüßung sprach er kein Wort mit mir und behandelte mich wie Luft. Doch selbst das war besser als alles, was ich bisher von seiner Seite erfahren hatte.

Im Alltag versuchten wir uns aus dem Weg zu gehen. Wir hielten es offensichtlich beide für die einzige Möglichkeit, es überhaupt miteinander auszuhalten. Die Küche oder das Bad benutzte ich meist erst dann, wenn Mama und Milan das Haus verließen. Wir sprachen nie ehrlich über das, was geschehen war: über den gegenseitigen Groll oder unser Erleben. Die ganze Zeit hing jedoch eine unerträgliche Spannung in der Luft und gestaltete das Miteinander schwieriger, als ich vermutet hatte.

Ich hatte das Gefühl, erneut zu einer psychischen Gefangenen dieses Hauses geworden zu sein. Es gab keine Gitter, niemand überwachte mich, aber als Schwangere hatte ich keine Perspektive, wohin ich hätte gehen können.

Den einzigen Trost fand ich damals in der Meditation. Ich hatte damit begonnen, kurz bevor ich Riccardo in Italien kennen gelernt hatte. Damals ging ich abends gern spazieren, weil das meine Nerven beruhigte. Eines Tages, als ich mich an einen Springbrunnenrand setzte, sah ich eine Gruppe junger Leute, die locker und farbenfroh gekleidet waren. Sie sangen, spielten auf Trommeln und unterhielten sich mit den Passanten. Ich ging näher heran und hörte ihrer interessanten Musik zu.

«Willkommen!» Ein junges, sympathisches Mädchen kam auf mich zu. Sie stellte sich als Tara vor, was, wie sie mir erklärte, «Befreierin» bedeutete. Schon nach kurzem Gespräch meinte sie: «Ich sehe, dass du ein Problem hast.»

«Mmh, ja ...», antwortete ich und war überrascht, dass sie mich so schnell durchschaut hatte.

«Mach dir keine Sorgen, alles wird gut», sagte sie mit ruhiger Stimme. «Du musst nur anfangen, positiv zu denken. Das setzt Energie und größeren Glauben an dich selbst frei. Wer anfängt, positiv zu denken, gestaltet sein Leben. Buddha hat gesagt: ‹Wir sind, was wir denken.› Dank einer optimistischen Einstellung kannst du deinen Körper dazu bringen, sich erfolgreich zu regenerieren und von Leid zu befreien.»

«Ja, das will ich, Befreiung von Leid ...», bestätigte ich spontan.

«Weißt du, die Lehre von Buddha hilft den Menschen, frei zu werden ...»

«Sag mir, wie ich das machen kann», drängte ich sie.

«Das ist ein langer Prozess. Um es zu erreichen, musst du eine

Transformation vollziehen, das heißt, eine radikale Veränderung deines Sinnes.» Während sie sprach, verhielt sie sich außerordentlich anmutig. Ihre Bewegungen waren weich und subtil, und das, was sie sagte, interessierte mich enorm.

Vielleicht ist genau das ein Heilmittel für meine erschütterte Seele?, überlegte ich.

Nach den Erfahrungen, die ich hinter mir hatte, träumte ich davon, dieses innere Gleichgewicht zu erreichen, von dem Tara sprach. Ich verabredete mich für den nächsten Tag mit ihr und ihrer Gruppe.

«Sagt mir, wie kann ich diese Ruhe bekommen?», fragte ich sie, als wir uns wiedersahen.

«Jeder von uns will wie Buddha werden: ‹erleuchtet›. Jeder sollte Buddha werden. Befreiung von Schmerzen müssen wir in unserem Inneren suchen. Das Ziel dieser Suche ist das Nirwana, das ist das Ende aller Wünsche», erläuterte mir ein Junge namens Ohm geduldig, der als Leiter der spirituellen Gruppe auftrat.

«Die beste Art, deinen Sinn zu trainieren, ist die Meditation. Sie lässt dich die Wirklichkeit auf einer völlig neuen Ebene betrachten und macht dich glücklich. Um dieses Ziel zu erreichen, brauchst du ein hohes Maß an Konzentration und Entspannung. Man kann meditieren, indem man Mantras rezitiert, sich auf die Atmung oder irgendein Objekt konzentriert. Lies immer wieder Mantras, also Worte und Verse, die dem Schüler vom Lehrer weitergegeben werden. Wir nennen sie Sadhana-Texte. Du kannst sie rezitieren, singen, flüstern oder in Gedanken wiederholen.»

Für mich, die ich in einer atheistischen Familie aufgewachsen war, zudem in einem Land, in dem so gut wie nie über den Glauben gesprochen wurde, war das etwas vollkommen Neues. Bis dahin war ich äußerst skeptisch an Glaubensfragen herangegangen, egal welcher Art. Das Leben hatte mich Realismus gelehrt. Ich wusste, dass ich nur das hatte, was ich mit harter Arbeit erreichte, und nichts bekam, was ich mir nicht verdient hatte.

In meinem Kopf gab es keinen Platz für Wunder, Gott oder irgendeine Religion. Wenn mir in Italien manchmal Leute begegnet waren, die zu mir gesagt hatten: «Jesus liebt dich», hatte ich angewidert entgegnet: «Wer? Was für ein Jesus? Ich kenne keinen Jesus. Ich bin nicht gläubig und will auch nichts davon wissen!» Mit meiner Reaktion hatte ich mein Gegenüber jedes Mal schnell zum Schweigen gebracht.

Jetzt allerdings interessierten mich die Worte dieser originell gekleideten Leute, die wie bunte Schmetterlinge vor einem grauen Hintergrund wirkten, und ich beschloss auszuprobieren, was sie mir geraten hatten. Mein Ziel war es, endlich das zu finden, was ich erfolglos mein ganzes Leben lang gesucht hatte: inneren Frieden und Glück.

«In erster Linie musst du meditieren. Schließe die Augen, setze dich gerade hin, lege die Hände auf die Oberschenkel und konzentriere dich auf die Atmung. Natürlich wirst du am Anfang nicht imstande sein, deine Gedanken in den Griff zu bekommen, aber das ist völlig normal. Wenn du bemerkst, dass die Gedanken deine Aufmerksamkeit auf sich lenken, versuche, dich auf die Atmung zu konzentrieren. Es braucht Zeit, um sich von der ständigen Flut von Gedanken zu reinigen.

Der Lotussitz ist zum Meditieren am besten geeignet. Nur wenige sind in der Lage, so zu sitzen, deshalb kannst du auch im Halblotussitz auf einem Teppich oder einer Matte meditieren. Verwende ein Kissen, damit sich das Becken einige Zentimeter über dem Boden befindet und die Knie den Boden berühren», leitete Ohm mich an. «Es gibt einige gute Bücher zu diesem Thema.»

Ich deckte mich mit der Lektüre ein, die Ohm mir empfohlen hatte. Aufmerksam studierte ich alle Bücher, nahm die vorgeschlagene Position ein und sang Mantras. Ich begann damit, täglich ein bis zwei Stunden zu meditieren, manchmal sogar länger, indem ich die in wunderschöner kalligrafischer Schrift festgehaltenen Verse rezitierte.

Die erste der Vier Edlen Wahrheiten des Buddhismus war wie eine Zusammenfassung meines Lebens: «Geburt ist Leiden, Altern ist Leiden, Krankheit ist Leiden, Tod ist Leiden; Kummer, Lamentieren, Schmerz und Verzweiflung sind Leiden. Gesellschaft mit dem Ungeliebten ist Leiden, das Gewünschte nicht zu bekommen ist Leiden.»

Ja, mein gesamtes bisheriges Leben hatte aus Leiden bestanden. Jetzt wünschte ich mir von ganzem Herzen eine Veränderung. Ich wusste, dass der Mensch ehrlich, gut und rein in seinen Gedanken und Worten sein sollte, wie auch unabhängig von jeglichem Bösen, das es um ihn herum gibt. So wollte ich werden beziehungsweise mich diesem Ideal wenigstens annähern.

Ich praktizierte viel, um irgendwann diesen Zustand zu erreichen, in dem sich die Gedanken vom Körper lösten, in dem man seine Arme und Beine nicht mehr spürte, doch vor allem, um die Wirklichkeit um mich herum zu vergessen. Bald gelangte ich zu der Erkenntnis, dass diese Methode tatsächlich funktionierte, denn das Meditieren beruhigte mich.

Einerseits motivierte mich der Buddhismus zu positiven Veränderungen und zur Arbeit an mir selbst, andererseits war die Perspektive der Reinkarnation gleichzeitig beängstigend für mich: der Übergang der Seele nach dem Tod in ein anderes Wesen.

Ich bemühte mich sehr, die angestrebte Vollkommenheit zu erreichen, aber wenn ich etwas Falsches tat, musste ich beten, weil ich andernfalls im nächsten Leben als Tier wiedererscheinen würde. Egal, welches Tier ich mir vorstellte, dieser Gedanke versetzte mich in Schrecken. Ich fürchtete mich davor, weil mir bewusst war, dass ich es nicht schaffte, mich zu beherrschen: weder meine Gedanken noch meine Worte oder Taten.

Gemäß den Empfehlungen des Buddhismus hätte ich in jeder Situation positiv reagieren und Ruhe bewahren müssen. Meine alltäglichen Reaktionen auf das Leben waren jedoch alles andere als gut. Wie sollte ich mich auch richtig verhalten, wenn sogar meine eigene Mutter gegen mich war?!

Auch nachdem ich in Brünn angekommen war, meditierte ich täglich. Damit verärgerte ich allerdings Mama, da die von mir melodisch gesungenen, rhythmischen Silben im ganzen Haus zu hören waren. Das machte mir nichts aus, obwohl die unablässigen Wiederholungen derselben Silben durchaus auch negative Folgen hatten. So fiel ich dadurch in Trance, konnte nicht mehr normal atmen und geriet in Panik darüber, dass ich ohnmächtig werden könnte.

Eines Tages, als ich gerade auf dem Gemüsemarkt einkaufen war und mich an meine Kindheit zurückerinnerte, in der ich zusammen mit meinem lieben Opa und meinem kleinen Körbchen hier gewesen war, hörte ich, wie jemand meinen Namen rief. Ich schaute mich um.

Ein junger Mann kam auf mich zugelaufen. «Erkennst du mich nicht?»

Forschend sah ich ihn an.

«Ich bin's, Janek. Es ist schon ein paar Jahre her … aus der Psychiatrie …», versuchte er, meinem Gedächtnis auf die Sprünge zu helfen.

«Janek, du?!», rief ich erstaunt. «Du hast dich verändert! Du siehst großartig aus …» Wie sehr hatte er mir damals geholfen, das Trauma dieses fürchterlichen Ortes zu ertragen!

«Danke. Es ist mir gelungen, aus dem Drogensumpf herauszukommen, und ich habe eine Freundin. Aber wie geht es dir?»

«Mir? Das wäre eine lange Geschichte …»

«Ich habe Zeit. Hier an der Ecke ist mein Tattoo-Studio.» Er zeigte mit der Hand in Richtung eines Hauses. «Wenn du Lust hast, komm vorbei. Ich mache dir ein Tattoo deiner Wahl, natürlich kostenlos!», bot er an.

Das brachte mich auf eine Idee. Nachdem ich Janek ein bisschen von mir erzählt hatte, bat ich ihn, mir eine Lotusblüte auf den Rücken zu tätowieren, die in der Kultur des Fernen Ostens ein Symbol für Reinheit, Göttlichkeit, Geistlichkeit, die Verbindung zweier Welten, Erneuerung, ewiges Leben und Segen ist. Ich hoffte, dass sie mir Glück bringen würde.

Dennoch bewirkten das ständige Meditieren und die tätowierte Blüte nicht wirklich viel in meinem Leben. Trotz aller meiner Bemühungen in den vergangenen drei Jahren hatte sich mein Schicksal nicht wesentlich verändert. Ich war nicht in der Lage, perfekt zu werden und ein inneres Gleichgewicht zu erreichen. Mir wurde klar, dass der Buddhismus mit seinem Streben nach Selbstvervollkommnung nicht der Weg zum Glück war. Nur, wo war er dann zu finden, und existierte er überhaupt?

Kapitel 22
Vater, Mutter, Kind

Einige Wochen nach meiner Ankunft in Tschechien wurde ich eines Nachts von einem stechenden Schmerz wach. Entsetzt bemerkte ich, dass meine Matratze vollkommen nass war. Ich schleppte mich ins Schlafzimmer meiner Eltern.

«Mama …», ich berührte ihren Arm, «wir müssen ins Krankenhaus fahren, meine Fruchtblase ist wahrscheinlich geplatzt.»

In Windeseile machten wir uns auf den Weg und waren nach wenigen Minuten in der Notaufnahme. Während der Schwangerschaft war ich bisher kein einziges Mal beim Gynäkologen gewesen, da ich in Italien nicht versichert war und in Tschechien erst für die folgende Woche einen Termin bekommen hatte.

«Ich habe leider keine guten Nachrichten für Sie», erklärte der Arzt nach der Untersuchung. «Sie haben sehr viel Fruchtwasser verloren, obwohl das erst der dritte Monat ist. Es ist eine Risikoschwangerschaft, wir müssen Sie sofort auf die Station verlegen und Ihnen ein Pessar einsetzen. Das ist eine kleine elastische Silikonscheibe, die in den Gebärmutterhals eingelegt wird. Sie verhindert seine Verkürzung und beugt einer Frühgeburt vor.

Sie brauchen keine Angst zu haben, es ist ein einfacher, fast schmerzfreier Eingriff. Wahrscheinlich müssen Sie allerdings bis zur Geburt hierbleiben und im Bett liegen. Dennoch ist das kein Grund zur Sorge, unsere Station hat einen hohen Standard, und wir werden alles dafür tun, Ihre Schwangerschaft zu erhalten.»

Das war die beste Nachricht, die ich hätte bekommen können! Vermutlich hatte sich noch nie zuvor eine Patientin so aufrichtig über die Notwendigkeit gefreut, im Krankenhaus bleiben zu müssen, wie ich in diesem Moment.

In den folgenden sechs Monaten wurden an mir wohl alle zur

Verfügung stehenden Mittel ausprobiert, um eine vorzeitige Geburt zu verhindern, und ich musste die meiste Zeit flach daliegen.

Nichtsdestotrotz war es eine wunderbare Zeit. Niemand machte mir Vorwürfe oder verlangte irgendetwas von mir, dafür kümmerten sich alle fürsorglich um mich und mein noch ungeborenes Kind. Während andere Patientinnen darüber klagten, dass sie im Bett bleiben mussten, und die Ärzte unablässig darum baten, nach Hause gehen zu dürfen, erholte ich mich, streichelte meinen größer werdenden Bauch, konzentrierte mich auf das Baby und dachte an Papa. Ich stellte mir vor, wie sehr er sich über die Nachricht freuen würde, dass ein Enkelkind unterwegs war, sicher sein erstes. Vielleicht spürte er das sogar unterbewusst irgendwie?

«Ein Junge! Sie haben einen wunderschönen Jungen!», rief die Hebamme am Tag der Geburt. «Wie soll er heißen?», fragte sie, als sie ihn mir behutsam auf den Bauch legte.

Plötzlich erinnerte ich mich an die Geschichte, die Opa mir vor langer Zeit erzählt hatte, wie die Hebamme Papa bei meiner Geburt überrumpelt hatte:

«Es ist ein Töchterchen! Was für einen Namen soll sie bekommen?»

«Das müssen meine Frau und ich erst noch festlegen», erwiderte er überrascht.

«Festlegen? Den Namen müssen Sie sofort angeben!»

Erst in diesem Moment erfuhr mein Vater, dass man dafür nicht wie in Polen zwei Wochen Zeit hatte. In der Tschechoslowakei musste der Name des Kindes unmittelbar nach der Geburt bekannt gegeben werden.

«Ich weiß es noch nicht …», sagte Papa.

Die Hebamme kehrte in den Kreißsaal zurück und erschien kurz darauf wieder bei Papa: «Frauen entscheiden sich schneller. Ihre Frau sagte, dass sie ‹Nadia› heißen soll.»

«Nadia? Ja, gut, ein wundervoller Name ...», stammelte er, vor lauter Freude ganz benommen.

Jetzt erlebte ich selbst dieses Glück und gab meinem Söhnchen den Namen «Matteo». Mir gefiel sein Klang. Erst Jahre später erfuhr ich, was für eine schöne Bedeutung er zudem hatte: «Geschenk Gottes».

Zwei Tage nach der Entbindung, als ich mit meinem bildhübschen Baby im Arm im Bett lag, mich kaum an ihm sattsehen konnte und pausenlos flüsterte: «Du bist wunderbar, einfach fantastisch. Ich liebe dich», tauchte die Hebamme in der Tür auf und sagte mit geheimnisvollem Lächeln: «Sie haben Besuch. Bitte kommen Sie auf den Flur, weil die Besuchszeit vorbei ist.»

«Mama?», fragte ich. Es kam eigentlich niemand anderes in Frage.

«Nein ... Sie werden sich wahrscheinlich wundern.»

Ich legte Matteo in sein Bettchen und erhob mich mühevoll, da ich nach der Geburt noch Schmerzen hatte. Langsam schlurfte ich hinaus auf den Flur. Ich hatte keine Ahnung, wer es sein könnte, und wusste auch nicht, wie ich die eigenartige Miene der Hebamme deuten sollte. Nachdem sich herumgesprochen hatte, dass der Vater meines Kindes Italiener war, war ich sowieso zur Krankenhaussensation geworden. Matteos dunkler Teint rief sowohl beim Personal als auch bei anderen Patientinnen allgemeines Entzücken hervor.

Ich trat auf den Flur und blieb wie angewurzelt stehen. Mit einem großen Blumenstrauß in der Hand stand Riccardo vor mir! Mein Herz begann wie verrückt zu schlagen, und alle Gefühle, die ich in den letzten Monaten verborgen hatte, kehrten plötzlich mit voller Kraft zurück. Ich atmete tief durch, um mir nicht anmerken zu lassen, wie unglaublich mich sein Anblick bewegte.

«Nadia ... endlich habe ich dich gefunden!»

«Woher … wie hast du herausbekommen, wo ich bin?» Ich erkannte meine Stimme selbst kaum.

«Ich habe Ivona die Telefonnummer von deiner Mutter abgebettelt. Und dann habe ich gezählt … neun Monate … Ich habe es ideal getroffen, oder?! Die Hebamme sagte, dass du … dass *wir* einen Sohn bekommen haben.»

Wir standen uns eine lange Weile gegenüber, ohne ein Wort zu sagen. Schließlich überreichte er mir die Blumen.

Andere Patientinnen kamen aus ihren Zimmern, spazierten über den Flur und schielten neugierig zu uns herüber.

«Kannst du mir verzeihen? Ich weiß, ich habe mich wie ein Feigling benommen, und ich kann dich nur um Vergebung bitten. Aber ich liebe dich! Ich habe viel nachgedacht, und ich werde alles tun, um es wiedergutzumachen!»

Hatte ich das Recht, Nein zu sagen? Konnte ich meinen Sohn demselben Schicksal ausliefern, wie meine Mutter es bei mir getan hatte? Nein, ich wollte nicht, dass Matteo ohne seinen Vater aufwuchs. Außerdem war die Beziehung mit Riccardo der einzige Weg, um von zu Hause wegzukommen. Wahrscheinlich hätte ich zu jedem Mann Ja gesagt, der mir ein Dach über dem Kopf angeboten hätte.

Riccardo war der Vater meines Kindes, den ich nach wie vor liebte, trotz allem, was er mir angetan hatte. Tief in meinem Inneren schwelten zwar gewisse Zweifel, ob ich ihm wirklich noch einmal voll vertrauen konnte, doch ich versuchte, das Schlechte, das zwischen uns vorgefallen war, zu vergessen. Ich freute mich, dass mein Kind eine normale und vollständige Familie haben würde, die mir selbst gefehlt hatte.

Die nächsten Wochen verbrachte ich mit dem kleinen Matteo bei Mama. Riccardo war derweil in seine Heimatstadt Catania in Sizilien zurückgekehrt, um alle erforderlichen Formalitäten für unsere Einwanderung abzuwickeln.

Das Hauptproblem bestand darin, wie wir nach Italien gelangen sollten. Es gab für mich keine Möglichkeit, auf legalem Weg dahin zu kommen, weil ich nie meinen Pass von Antonio wiederbekommen hatte.

Riccardo beriet sich lange mit seinen Angehörigen. Er stammte von zwei prominenten sizilianischen Familien ab: Der eine Opa war ein angesehener Architekt, der das städtische Stadion entworfen hatte, der andere war Formel-1-Fahrer gewesen. Beide kannten viele einflussreiche Leute.

Nach einigen Monaten kam Riccardo zurück nach Tschechien, und wir versuchten, auf dem einfachsten Weg nach Italien zu gelangen: mit dem Zug über die tschechisch-österreichische Grenze, die gleichzeitig die EU-Grenze darstellte.

In Brünn verabschiedete uns Mama unter Tränen. Zu meiner großen Verwunderung hatte sie Matteo sehr lieb gewonnen, und es fiel ihr schwer, sich von ihm zu trennen. Auch mir gegenüber war sie netter geworden. Sie bezahlte sogar unsere Fahrkarten nach Italien.

Wir nahmen im Waggon Platz, aber vor lauter Aufregung war ich nicht imstande, auch nur eine Weile ruhig sitzen zu bleiben. Glücklicherweise war Matteo in den Armen seines Vaters eingeschlafen.

Als die uniformierten Grenzbeamten zu uns kamen, schlug mein Herz bis zum Hals. Riccardo war EU-Bürger, deshalb verlief bei ihm die Passkontrolle schnell und unproblematisch. Da Tschechien jedoch nicht zur EU gehörte, überprüften sie meine Dokumente peinlich genau.

Ich hatte mir einen neuen Pass ausstellen lassen, doch als einer der Beamten meinen Namen in sein Gerät eingab, wurde mir mulmig zumute. Einen Augenblick später zeigte er seinem Kollegen den Bildschirm und nickte mit dem Kopf in meine Richtung. Mir war klar, dass mein Name durch den Gefängnisaufenthalt wegen

Prostitution und Drogenkonsum auf einer «schwarzen Liste» gelandet sein musste.

«Es tut mir leid, aber Sie dürfen in kein EU-Land einreisen. Ihr Name ist in unserem Informationssystem registriert. Sie müssen aus dem Zug aussteigen. Da Sie zum ersten Mal versuchen, die Grenze zu überqueren, erhalten Sie lediglich eine Verwarnung. Sollte sich das wiederholen, werden Sie inhaftiert. Sie sind mit einem Kind unterwegs, deshalb kann Ihnen versuchter Personenschmuggel vorgeworfen werden.» Mit ernster Miene gab mir der Beamte den Pass zurück.

«Fahren Sie weiter, oder steigen Sie ebenfalls aus?», wandte er sich an Riccardo, da er sah, dass wir gemeinsam unterwegs waren.

«Ich steige natürlich aus, das ist mein Kind!», erwiderte Riccardo entschieden.

Ehrlich gesagt waren wir nicht verwundert, wir hatten mit Problemen gerechnet.

Wir informierten unsere Familien und nahmen uns ein Hotelzimmer. Riccardo verbrachte die nächsten Tage mit unzähligen Telefonaten, um die Einzelheiten unserer Rückkehr abzusprechen. Dabei ging es um die logistische Klärung, auf welche Art und Weise er uns über Umwege nach Italien befördern könnte. Wir mussten einen Flug in ein Nicht-EU-Land finden, das am Mittelmeer lag, anschließend nach Malta fliegen und von dort aus wie Flüchtlinge aus Afrika im Schutz der Nacht mit dem Boot nach Italien übersetzen.

Der erste Teil des Plans gelang ohne Zwischenfälle. Im Flugzeug nach Malta wurden wir jedoch darauf hingewiesen, unsere Pässe vor der Landung bereitzuhalten. «Es gab Probleme auf dem Flugplatz, deshalb wird nach der Landung eine detaillierte Kontrolle durchgeführt», hörten wir die Ansage.

In diesem Moment wusste ich, dass wir in Schwierigkeiten waren. Was jetzt? Drohte mir die Festnahme? Die Abschiebung? Malta gehörte zwar nicht zur EU, doch die Beamten hatten mich gewarnt, dass ich auch in den Nachbarländern auf einer «schwarzen Liste» registriert sein könnte.

«Nadia, du musst ruhig bleiben, vielleicht klappt es», redete Riccardo auf mich ein. «Zeige auf keinen Fall irgendeine Nervosität!»

Leicht gesagt! Er wird ja auch nicht festgenommen!, dachte ich.

Obwohl ich mich aufs Äußerste zu beherrschen versuchte, zitterten meine Hände stark. Wir nahmen die Tragetasche des Kinderwagens, in der der neun Monate alte Matteo schlief, und liefen Richtung Ausgang. Die Stewardessen verabschiedeten uns mit freundlichem Lächeln an der Treppe, die aus dem Flugzeug führte.

Riccardo und ich hielten die Tragetasche gemeinsam fest, doch vor lauter innerer Anspannung verhielt ich mich so ungeschickt, dass unser kleiner Sohn … aus der Tragetasche herausfiel und die Treppe hinabstürzte!

Brüllend fiel er mit dem Gesichtchen auf den Asphalt. Wir standen einige Sekunden wie erstarrt da, woraufhin wir schreiend die Treppen hinabliefen. Uns hinterher liefen die erschrockenen Stewardessen und etliche Passagiere.

«Das Kind! Oh mein Gott, das Kind ist heruntergefallen! Hilfe! Krankenwagen!», riefen sie.

Mit schrecklicher Angst lief ich zu Matteo und nahm ihn auf den Arm. Er schrie und blutete, doch er atmete.

«Lebt er?», hörten wir von allen Seiten. Die Passagiere bildeten einen Kreis um uns.

«Ja, er lebt, aber ich weiß nicht, ob er sich etwas gebrochen hat …»

«Der Notarzt ist schon unterwegs!», rief eine Stewardess.

Kurz darauf war bereits die Sirene des Krankenwagens zu hören. Die Sanitäter sprangen heraus, nahmen Matteo und baten uns, einzusteigen und mit ihnen zu fahren.

Nach ausführlichen ärztlichen Untersuchungen stellte sich heraus, dass Matteo lediglich Schürfwunden hatte, so dass wir bereits nach zwei Tagen das Krankenhaus verlassen durften. Und mir ... wurde erst jetzt bewusst, dass ich mich ohne irgendeine Passkontrolle auf Malta befand!

Die folgenden zwei Monate verbrachten wir auf der sonnigen Insel. Es war wie ein wunderschöner, romantischer Urlaub für uns. Unsere Liebe blühte wieder auf. Ich wollte schon immer am Meer leben, denn ich liebte es, zu schwimmen und zu surfen, was ich jetzt zur Genüge tun konnte.

Im Unterbewusstsein spürte ich dennoch die ganze Zeit eine gewisse Unruhe, wenn Riccardo mithilfe seiner Familie unsere Überfahrt nach Italien plante, die bis ins kleinste Detail vorbereitet werden musste.

Im Schutz der Dunkelheit, pünktlich um Mitternacht, wartete ein Motorboot am Ufer auf uns. Wir drückten uns tief in die Sitze, schnallten uns an und fuhren mit rasender Geschwindigkeit los. Wir glitten geradezu über die Wasseroberfläche. Zum Glück schlief Matteo trotz des Lärms in meinen Armen, nachdem ich ihm etwas Beruhigungssirup gegeben hatte.

Ich hatte immer gern Sport getrieben und mochte das Gefühl von Adrenalin im Blut, doch diese Fahrt war ganz und gar kein faszinierendes Wasserabenteuer.

Als wir uns Sizilien näherten, verlangsamte der Kapitän das Tempo, da wir am Ufer jemanden winken sahen.

«Das ist wahrscheinlich mein Vater!», rief Riccardo. «Es ist nur ... eigenartig, dass er so mit den Händen herumfuchtelt.»

Ich beugte mich nach vorn, um besser sehen zu können. Mein zukünftiger Schwiegervater sollte eigentlich unmittelbar bei dem Zoll-Gebäude hinter dem Grenzübergang auf uns warten. Dort arbeiteten seine Bekannten, die uns ohne Kontrolle durchlassen sollten.

«Ja, stimmt, so als würde er uns Zeichen geben, dass wir nicht an Land gehen sollen ...», bestätigte ich nervös.

«Aber was jetzt ... Sollen wir umkehren?», überlegte Riccardo laut.

«Vielleicht versuchst du erst einmal allein an Land zu gehen. Dann kannst du mir Bescheid geben, was los ist.» Ich versuchte, ruhig zu bleiben, obwohl mein Herz heftig schlug. Meine Gedanken überschlugen sich.

Wenn das Ganze schiefgeht, werde ich zu mindestens drei Jahren Gefängnis verurteilt, vielleicht sogar noch länger. Sie nehmen mir mein Kind weg, und ich kann Matteo für einige Jahre nicht mehr sehen!

«Nein, das würde verdächtig aussehen … wir gehen zusammen.» Riccardo war entschlossen. «Nur musst du Ruhe bewahren …», wiederholte er.

Er nahm mir Matteo ab und stieg als Erster aus dem Boot. Ich folgte ihm und nahm das Gepäck entgegen, das der Kapitän uns reichte. Riccardo gab mir Matteo zurück, nahm unsere beiden Koffer und ging voraus. Meine Aufregung war enorm, und ich hatte das Gefühl, mich mit jedem Schritt einem Abgrund zu nähern.

«Wenn ich nur aus diesem Zollhaus wieder herauskomme, werde ich frei sein!», redete ich mir selbst gut zu.

Wir betraten das kleine Gebäude, das aus einem einzigen Raum zu bestehen schien, in dem auf beiden Seiten zwei lange Tische standen. Hinter einem von ihnen saßen zwei müde Wachmänner. Außen ihnen war niemand dort.

«Ihre Namen und Dokumente bitte», wandten sie sich zuerst an Riccardo. Uns wurde klar, dass das nicht die Bekannten seines Vaters sein konnten. Irgendetwas war anders gelaufen als geplant …

Riccardo versuchte sie fröhlich zu stimmen: «Wie schön, wieder zu Hause zu sein und seine Muttersprache zu hören!»

«Alles in Ordnung, herzlich willkommen.» Der jüngere Wächter lächelte.

«Jetzt bitte Ihren Pass.» Der grauhaarige Beamte streckte seine Hand in meine Richtung aus. «Name und Vorname?», fragte er.

Ich antwortete und betete in Gedanken: «Möge er mich nicht kontrollieren!»

Aber der jüngere Beamte schaute mich prüfend an und sagte leise zu seinem Kollegen: «Sie gefällt mir nicht, ich prüfe sie!»

Er begann, meinen Namen in den Computer einzugeben. Ich schluckte und zählte: sechs, sieben, acht Buchstaben … Jedes Klicken der Tastatur klang in meinen Ohren wie ein Hammerschlag.

In diesem Moment begann Matteo zu weinen.

«Lass sie, siehst du nicht, dass sie ein Kind hat und sich kaum noch auf den Beinen halten kann? Was soll sie denn für eine Verbrecherin sein?» Der ältere Wachmann lächelte mich an, während er den Pass zuklappte und mir zurückgab. Meine Hände zitterten so stark, dass ich Angst hatte, meinen weinenden Sohn nicht mehr halten zu können. Riccardo warf mir die ganze Zeit Blicke zu, die sagten: «Benimm dich normal! Benimm dich normal!»

«Ist gut … gehen Sie», bestätigte der jüngere Beamte.

«Ich darf wirklich gehen?!», hätte ich am liebsten laut ausgerufen. Beim Rausgehen versuchte ich angestrengt, langsam zu laufen. Ich wusste, dass mich nur wenige Meter von der Freiheit trennten.

Sobald wir das Gebäude verlassen hatten, ließ ich meiner Erleichterung freien Lauf.

«Hör auf zu rennen!», rief Riccardo, der mit den beiden Koffern kaum hinterherkam.

Hinter der nächsten Ecke erwartete uns sein Vater. «Die Zollbeamten haben völlig überraschend den Dienst gewechselt!», erklärte er aufgeregt, während er in Windeseile unser Gepäck im Auto verstaute.

Vor lauter Stress halbtot und unwahrscheinlich müde fielen wir in die Sitze und fuhren los.

Ich war frei!

Kapitel 23
Telefonkonferenz im Kreißsaal

Wir zogen bei Riccardos Vater und dessen zweiter Frau ein, einer außerordentlich wohlwollenden und sympathischen Dame. Sie lebten auf dem Dorf, einige Kilometer von der Stadt Catania entfernt.

Die nächsten zwei Monate waren die Erfüllung meines Traums von einer vollständigen Familie, der seit meiner Kindheit in mir geschlummert hatte.

Für Matteo waren die dörflichen Bedingungen ideal, doch für Riccardo war die dort herrschende Monotonie unerträglich. Er stellte bald fest, dass er mehr vom Leben brauchte, und beschloss, in Catania Regie zu studieren. Leider wollte er ohne uns in die Stadt umziehen, weil er mit einem kleinen Kind nicht zum Lernen kommen würde. Ich bestand allerdings darauf, dass wir zusammenbleiben mussten, und so zogen wir bei Riccardos leiblicher Mutter ein.

Sie wohnte in Catania, einer der schönsten Hafenstädte, die ich kenne. Sie ist die zweitgrößte Stadt Siziliens. Am Fuße des Vulkans Ätna gelegen, begeistert Catania mit seinem milden und warmen Klima, den bezaubernden Aussichten, den wunderschönen Stränden und reizenden Barockstraßen sowohl die Touristen als auch die Einwohner.

Nach wie vor ist jedoch auch die Geschichte von einem verheerenden Ausbruch des Ätna, der vor mehreren hundert Jahren stattgefunden hat, in der Stadt lebendig, und man lebt in Catania immer mit der Furcht vor kleineren und größeren Erdbeben und Vulkanausbrüchen.

Auch ich lebte wie auf einem Vulkan, der von Zeit zu Zeit ausbrach. Wie sich herausstellte, war nicht nur Riccardos Vater, sondern auch seine Mutter alkoholabhängig. Während sein Vater trotzdem normal arbeiten ging und eine neue Familie gegründet hatte, betrank sich seine Mutter regelmäßig bis zur Besinnungslosigkeit.

Riccardo war in sein Studium vertieft und selten zu Hause, doch ich blieb mit unserem kleinen Kind und meiner zukünftigen Schwiegermutter allein. Sie hatte jede Menge Geld für Alkohol, da sie aus einer reichen Familie stammte und finanziell von ihrem Vater unterstützt wurde, der Rennfahrer gewesen war. Dadurch war sie so gut wie nie nüchtern. Im Rausch verrichtete sie ihre Notdurft im Bett.

Um es in der Wohnung überhaupt irgendwie auszuhalten, wechselte ich täglich ihre Bettwäsche und wusch sie.

Nachts ließ sie irgendwelche Männer bei sich schlafen, mit denen sie sich vergnügte, oder ließ sich von mir Essen kochen.

Wenn sie beim Versuch, volltrunken aufzustehen, aus dem Bett fiel, half ich ihr auf, führte sie ins Bad, wusch sie oder rief den Krankenwagen, wenn sie sich verletzt hatte, was häufig der Fall war.

Nach drei Monaten war ich am Ende meiner Kräfte. Als Riccardo nach einigen Wochen endlich zu Hause auftauchte, überhäufte ich ihn mit Vorwürfen. Er entschuldigte sich, brachte mir in den folgenden Tagen Blumen mit und kochte das Abendessen. Ich vergab ihm, was wir mit einer gemeinsam verbrachten Nacht besiegelten, woraufhin er erneut zum Studium und zur Arbeit fahren musste. Er hatte einen lukrativen Job in der Modewerbung bekommen, der ihn vollkommen in Beschlag nahm.

«Mama, was soll ich bloß machen? Ich halte das nicht länger aus!», beschwerte ich mich am Telefon. Unverhofft war gerade sie zu meiner einzigen Vertrauten geworden.

«Du musst in erster Linie heiraten, denn Matteo braucht einen Vater. Und fordere ein, dass ihr zusammenlebt, ansonsten entziehst du ihm das Sorgerecht!»

Riccardo war alles andere als begeistert von dem Gedanken zu heiraten, aber es gelang mir, ihn zumindest zur standesamtlichen Trauung zu überreden.

Die Frau seines Vaters fand für uns eine Wohnung in Catania, und wir zogen zu dritt darin ein.

Bereits wenige Tage später begann ich mich plötzlich sehr unwohl zu fühlen. Ich ging zum Arzt, und die Untersuchung ergab, dass wir ein zweites Kind erwarteten.

Ähnlich wie in der ersten Schwangerschaft fühlte ich mich auch dieses Mal miserabel, während Riccardo die ganze Zeit außer Haus war. Ich musste mich allein um Matteo kümmern, deshalb flog ich nach Tschechien zu Mama. Jetzt, mit einem neuen Nachnamen und Pass, hatte ich als EU-Bürgerin keine Schwierigkeiten mehr beim Grenzübertritt.

Leider wiederholten sich die Komplikationen, die ich bei meiner ersten Schwangerschaft gehabt hatte, so dass ich erneut ins Krankenhaus musste. Es kümmerte sich derselbe Gynäkologe wie damals um mich und setzte mir wieder ein Pessar ein. Dieses Mal musste ich jedoch nicht auf der Station bleiben, sondern konnte nach einigen Wochen nach Sizilien zurückfliegen.

Dennoch beschloss ich, das Kind in Tschechien zu entbinden, da ich von verschiedenen Bekannten, die keine besonders positiven Erfahrungen in den hiesigen Krankenhäusern gemacht hatten, gewarnt worden war: «Bring dein Kind niemals in Italien zur Welt!»

Mir selbst kamen die Kreißsäle hier sehr viel weniger steril vor als die tschechischen, manche wirkten geradezu abschreckend. Zudem waren viele Ausländer der Ansicht, dass die Fähigkeiten der italienischen Ärzte nicht mit denen ihrer Kollegen aus anderen Ländern zu vergleichen waren.

Riccardo war allerdings vollkommen dagegen, dass ich am Ende der Schwangerschaft noch einmal fliegen würde. Ich konnte seinen Widerstand nicht verstehen, und wir stritten uns mehrfach deswegen.

«Liebling, ich will hier nicht entbinden. Ich habe Angst, dass ich mir irgendeine Infektion einfange», erklärte ich.

«Du kannst nicht so weit reisen!», erwiderte er. «Alle italienischen Frauen bringen ihre Kinder hier zu Welt, ohne dass ihnen etwas dabei passiert.»

«Ja, das tun sie, aber am liebsten in privaten Kliniken, wenn sie sich das leisten können. In letzter Zeit wird so viel von tragischen Ärztefehlern gesprochen. Ich habe einfach ein schlechtes Gefühl.»

«Das ist nur deine verrückte Fantasie! Wie stellst du dir das denn vor? Ich kann jetzt nicht freinehmen, was willst du also mit Matteo machen? Ihn mitnehmen? Und was, wenn du das Baby im Flugzeug bekommst?» Er zählte die schlimmsten Argumente auf, um mich von meinem Vorhaben abzubringen.

Die Gründe, die Riccardo vorbrachte, waren zwar gerechtfertigt, dennoch hatte ich keinen Frieden bei dem Gedanken, das Kind in Italien zur Welt zu bringen. Im Gegenteil überkam mich eine nahezu lähmende Angst. Mein sechster Sinn sagte mir, dass bei der Geburt etwas Schlimmes geschehen würde und Komplikationen auftreten würden.

Ich versuchte, mich selbst zu beruhigen und nicht panisch zu reagieren, doch intuitiv spürte ich, dass, wenn ich nicht überleben oder krank werden sollte, mein Mann dem nicht gewachsen wäre. Unsere Ehe war keineswegs ideal: Immer wieder gab es heftige Auseinandersetzungen, und unterbewusst nährte ich die ganze Zeit meinen dauernden Groll Riccardo gegenüber, weil er mich bei der ersten Schwangerschaft verlassen hatte. Ich hatte keine Garantie dafür, dass unsere Beziehung im Falle eines negativen Vorkommnisses bestehen bleiben würde. Wenn er mich noch einmal enttäuschen würde, wäre das ganz gewiss das Ende. Ich könnte ihm nicht mehr vertrauen.

Kann in meinem Leben denn gar nichts normal verlaufen⸮! Egal, was passiert, immer ist es in irgendeiner Weise absurd! Warum erleben nicht auch andere solche Dinge⸮!, fragte ich mich, während ich mich auf der Fahrt ins Krankenhaus vor Schmerzen wand.

Durch das größte Fest Catanias, den Gedenktag der heiligen Agatha, waren die Straßen nahezu unpassierbar.

«Riccardo, unternimm irgendetwas, sonst bekomme ich das Baby im Auto!», flehte ich. «Ich habe dir gesagt, dass ich es in Tschechien auf die Welt bringen will, dort verehrt niemand irgendwelche Heiligen! Was ist das bloß für ein Unsinn: Drei Tage lang rund um die Uhr mit einer Holzfigur durch die Stadt zu laufen, die so schwer ist, dass sie von fünfhundert Personen getragen werden muss!», stöhnte ich, als die nächste Wehe kam und Tausende in Weiß gekleidete Menschen neben uns in der Prozession liefen.

«Wir müssen aussteigen und zu Fuß gehen.»

«Was⸮!»

«Wir müssen laufen, es geht nicht anders, wir können nicht weiterfahren. Du siehst doch selbst, was hier los ist. Es würde nicht einmal ein Krankenwagen durchkommen!»

In der Nähe befand sich die Universitätsklinik, zu der Riccardo mich praktisch hinschleppte. Der Kreißsaal dieses Krankenhauses war bei den Frauen nicht besonders beliebt, weil bei den Entbindungen normalerweise einige Studierende zu Lernzwecken dabei waren. So war es auch dieses Mal. Um mein Bett standen … vierzehn Medizinstudenten.

Warum laufen sie nicht draußen bei der Prozession mit⸮!, ärgerte ich mich in Gedanken.

«Werden die alle zuschauen, wie ich mein Kind bekomme⸮!», fragte ich ungläubig.

«Ja, das ist eine Uniklinik», antwortete der Oberarzt bestimmt.

«Aber das möchte ich nicht!» Unter starken Wehen versuchte ich zu protestieren.

«Es gibt keine andere Möglichkeit», entgegnete der Arzt und begann mich zu untersuchen.

«Was haben Sie denn hier?», rief er erstaunt.

«Was meinen Sie? Wo?» Halb betäubt von den Schmerzen verstand ich nicht, wonach er fragte.

«Na, hier drinnen.»

«Das ist ein Pessar, das werden Sie doch wissen!»

«Aber ... wie soll ich das herausbekommen?»

«Sie fragen *mich,* wie?!» Die nächste Wehe nahm mir fast den Atem. «*Sie* sind schließlich der Arzt!»

«Ich habe so etwas noch nie gesehen!»

«Sie müssen es herausnehmen, denn ich halte es vor Schmerzen kaum noch aus!»

«Wo wurde Ihnen das eingesetzt?»

«In Brünn, in Tschechien», stöhnte ich.

«Dann müssen Sie dort anrufen und nachfragen, wie ich das herausnehmen soll.»

«Das ist nicht Ihr Ernst!»

«Doch. Haben Sie die Telefonnummer von dem Krankenhaus?»

«In meiner Handtasche ist ein Notizheft», presste ich hervor.

Der Arzt wählte die Nummer, und zwischen den nächsten Wehen bat ich schwer atmend «meinen» Gynäkologen ans Telefon, der mir erklärte, wie das Pessar herausgenommen werden musste. Ich übersetzte es ins Italienische und leitete den Arzt an, was er tun sollte. – Und bei all dem sahen vierzehn Studenten zu! Dieses Mal konnten sie tatsächlich etwas lernen ...

«Siehst du, deine Panik war vollkommen unnötig. Du bist vor Angst fast gestorben, dabei verlief alles großartig», stellte Riccardo voller Freude fest, als ich endlich unser zweites Söhnchen in den Armen hielt. Er sah wie ein zwei Monate altes Baby aus, denn er wog ganze fünf Kilogramm!

«Großartig, einfach großartig», murmelte ich.

Für unseren zweiten Sohn suchte ich den Namen «Michele» aus. Ich hatte einmal eine wunderschöne Engelsskulptur mit diesem Namen gesehen, die mir vom ersten Moment an gefallen hatte. Obwohl ich nicht an den Himmel oder Engel glaubte, mochte ich den Gedanken an einen Schutzengel, der auf mich achtgab, sehr.

Offensichtlich wacht einer über mir, wenn ich nach all diesen traumatischen Erlebnissen immer noch am Leben bin, dachte ich des Öfteren.

Kapitel 24
Wie viel kann ein Mensch ertragen?

Wegen der Kinder zogen wir wieder zu den Schwiegereltern aufs Land. Es erfüllte mich mit unaussprechlichem Glück, wenn ich meine drei geliebten Männer aneinandergekuschelt in unserem großen Bett sah.

Wenn nur Papa noch …, überlegte ich oft.

Immer mit der Ruhe, man kann nicht alles auf einmal haben, sagte ich mir dann selbst. *Freu dich einfach an dem, was du hast, und deinen Vater wirst du auf alle Fälle irgendwann finden, selbst am Ende der Welt,* beruhigte ich mich.

Fünf Monate später, als die morgendliche Übelkeit ankündigte, dass sich unsere Familie unerwartet noch einmal vergrößern würde, war ich zwar sehr überrascht, machte mir jedoch keine Sorgen. Obwohl die Jungen noch relativ klein waren und ich jede Menge zu tun hatte, da Riccardo aus beruflichen Gründen so gut wie nie zu Hause war, quoll mein Herz vor Liebe fast über. Damit konnte ich nicht nur meinen Mann und unsere zwei Söhne beschenken, sondern auch noch weitere Kinder.

Vielleicht wird es dieses Mal ein Mädchen? Mit braunen Augen. Eines, das mir ähnlich sieht. Ich könnte ihr Kleidchen mit Rüschen anziehen und ihr Zöpfe flechten, träumte ich vor mich hin. *Aber selbst wenn es ein dritter Junge wird, werde ich ihn ganz genauso lieben.*

Riccardos Begeisterung war entschieden geringer, deshalb hatte ich Tränen in den Augen, als ich ins Sprechzimmer des Arztes kam, der mich bei der zweiten Schwangerschaft begleitet hatte.

«Gibt es ein Problem?», fragte er fürsorglich.

«Ich bin wieder schwanger …», antwortete ich seufzend. «Es müsste der zweite Monat sein.»

«Oho, das ging tatsächlich ziemlich schnell.» Er lächelte. «Aber selbstverständlich gratuliere ich Ihnen!» Er beglückwünschte mich mit der typisch italienischen Überschwänglichkeit.

«Danke … leider kann sich mein Mann nicht darüber freuen. Für ihn ist es zu früh», sagte ich und suchte Unterstützung in seinem Blick.

«Zweifellos ist der Altersabstand zu Ihrem zweiten Kind sehr klein, doch ich bin hier, um Ihnen zu helfen. Machen Sie sich bitte keine Sorgen, es wird alles gutgehen», versicherte er mir, während er mir eine Überweisung zum Bluttest ausstellte. Beim Abschied lächelte er breit. Seine Worte hatten eine beruhigende Wirkung auf mich.

Nach zwei Tagen erhielt ich einen Anruf aus dem Labor. Die Stimme der Krankenschwester klang besorgt, als sie mich bat, unverzüglich zum Arzt zu kommen.

«Das kann natürlich ein Irrtum sein, deshalb müssen wir den Test wiederholen.» Auf dem Gesicht meines Gynäkologen war nicht einmal der Schatten eines Lächelns zu sehen. «Die Untersuchung hat ergeben, dass in Ihrem Blut Hepatitis-C-Antikörper vorhanden sind.»

«Hepatitis-C-Antikörper?» Ich hatte keine Ahnung, was das bedeutete.

«Ist das … ist das etwas Ernsthaftes? Es ist kein HIV?»

«Nein, Sie haben kein HIV, trotzdem ist die Gefahr nicht zu unterschätzen. Das Hepatitis-C-Virus wurde erst vor wenigen Jahren identifiziert. Vorher wussten wir nur, dass es existiert und dass es eine Entzündung der Leber verursacht. Die Folgen können Leberzirrhose oder sogar Leberkrebs sein …» Der Arzt schaute mich ernst an.

«Krebs?!»

In diesem Moment verstand ich, was es bedeutete, wie aus heiterem Himmel von einem Blitz getroffen zu werden. Alles um mich herum begann sich zu drehen, und ich musste mich am Stuhl festhalten, um nicht das Gleichgewicht zu verlieren.

«Das heißt, ich ... habe Krebs und werde sterben¿»

«Nein, das positive Ergebnis ist noch nicht mit einer Erkrankung gleichzusetzen. Es kann davon zeugen, dass Sie zwar infiziert wurden, doch Ihr Körper hat das Virus bekämpft, und Sie sind jetzt nur Überträgerin. Erst durch zusätzliche Blutuntersuchungen wird sich herausstellen, ob tatsächlich eine Erkrankung vorliegt. Außerdem können wir anhand dessen den Genotyp des Virus bestimmen. Es gibt sechs grundlegende Genotypen, und es ist wichtig, herauszufinden, um welchen es sich handelt, weil sich manche leichter heilen lassen als andere.»

Wo kann ich mir diesen Virus eingefangen haben¿ Wie lange habe ich ihn schon¿ Und wie wird er übertragen¿

Unzählige Fragen schossen mir durch den Kopf, und ich stellte sie dem Arzt.

«Wir sind nicht imstande, das eindeutig zu bestimmen. Zu einer Infektion kommt es hauptsächlich durch den Kontakt mit dem Blut eines Infizierten. Auch bei medizinischen Eingriffen kann das Virus übertragen werden: bei Blutabnahmen oder -transfusionen, bei Operationen, ebenso bei Tätowierungen oder durch intravenös konsumierte Drogen.»

Drogen¿ Ja, das war am naheliegendsten ... Bestimmt hatte Antonio mich angesteckt. Oder vielleicht ein anderer Mann, als ich auf der Straße gearbeitet hatte ...¿

«Und ... wird das Virus auch durch Sex übertragen¿»

«Die Krankheit ist noch in der Untersuchungsphase, deshalb kann ich Ihnen keine eindeutige Antwort geben. Sie wird zumindest nicht zu den Erkrankungen gezählt, die durch Geschlechtsverkehr übertragen werden», erklärte er mir geduldig.

Sex kommt demzufolge nicht in Frage, also waren es mit Sicherheit schmutzige Spritzen bei den Drogen ... Obwohl ich ein neues Leben begonnen habe, hat mich jetzt die furchtbare Vergangenheit eingeholt. Wie soll ich das Riccardo beibringen¿ Ich hoffe, dass ich ihn nicht angesteckt habe … Und die Jungen? Oh Gott, was, wenn ich sogar sie infiziert habe? Das würde ich mir niemals verzeihen!

«Was ist mit den Kindern … sind sie …?»

«Eine gewisse Wahrscheinlichkeit, dass sie während der Schwangerschaft oder bei der Entbindung angesteckt wurden, kann nicht ausgeschlossen werden. Aber bei einem Kind ist es in der Regel so, dass der Organismus das Virus allein bekämpft. Deshalb werden wir Ihnen zuerst noch einmal Blut abnehmen, dann können wir in wenigen Tagen Näheres über den Genotyp des Virus sagen und den ungefähren Infektionszeitpunkt bestimmen, und erst danach werden wir auch Ihre Kinder untersuchen. In Abhängigkeit davon entscheiden wir, welche Therapie die richtige sein wird. Seien Sie zuversichtlich!»

Zuversichtlich sein? Wie soll das denn gehen, wenn ich damit rechnen muss, Krebs zu haben?

In den folgenden Tagen haderte ich mit der Realität.

Vielleicht waren die Ergebnisse ein Irrtum?! Ein schreckliches Versehen, für das sie sich bald bei mir entschuldigen werden?

Als ich einige Tage später erneut im Sprechzimmer Platz nahm, wartete ich nervös auf die Worte des Arztes, die über mein weiteres Leben entscheiden würden.

«Es tut mir leid, doch das Virus, das Sie haben, ist ein Genotyp, der aus Afrika kommt. Er bewirkt, dass sich die Krankheit ungewöhnlich schnell ausbreitet.» Seine Miene war noch ernster als beim letzten Mal.

«Ein Genotyp aus Afrika? Na schönen Dank!», versuchte ich mich zu einem Witz durchzuringen, obwohl mir in Wirklichkeit nach Heulen zumute war.

«Das hat gute und schlechte Seiten. Das Virus entwickelt sich seit ungefähr sechs Monaten, deshalb ist es unwahrscheinlich, dass Sie Ihre Kinder damit angesteckt haben, aber das werden wir noch untersuchen. Die schlechte Nachricht ist, dass wir sofort mit der Therapie beginnen müssen. Die Leber ist ein außergewöhnlich wichtiges Organ, und die Ergebnisse machen deutlich, dass uns nicht viel Zeit bleibt. Den Rest erklärt Ihnen der Onkologe. Sie sind schwanger, deshalb habe ich direkt einen Gesprächstermin für Sie vereinbart.» Die Stimme des Arztes drang wie aus einer anderen Welt zu mir durch.

Erst seit sechs Monaten? Da habe ich längst keine Drogen mehr genommen, hatte keinen Sex mehr mit fremden Männern, keine Operation …

«Herr Doktor, vor sechs Monaten habe ich Michele zur Welt gebracht!»

«Es ist tatsächlich nicht ausgeschlossen, dass es bei der Entbindung passiert ist … Sie haben ihn in der Uniklinik zur Welt gebracht, richtig?»

«Ja, es war ausgerechnet am Gedenktag der heiligen Agatha, und wir konnten nicht hierher kommen», sagte ich ärgerlich, während mir die grotesken Ereignisse jenes Tages wieder lebhaft vor Augen standen.

«Ja, stimmt, ich erinnere mich … Das tut mir außerordentlich leid!»

Wie ein Echo kehrten alle negativen Vorahnungen hinsichtlich der italienischen Kreißsäle zurück. Die ganze Zeit hatten mich Ängste verfolgt, dass etwas Schlimmes geschehen würde, und ich hatte versucht, Riccardo davon zu überzeugen, dass ich unser Kind in Tschechien zur Welt bringen möchte.

Ich spürte eine ungeheure Wut in mir aufsteigen. Warum hatte er nicht auf mich gehört? Wie konnte er meine Bitte ignorieren? Er hatte mir einfach verboten zu fahren, und jetzt …

«Wir werden alles in unserer Macht Stehende tun, um Sie zu heilen», versicherte mir der ältere Onkologe. In seinen Augen waren sowohl große Erfahrung als auch Müdigkeit zu erkennen.

«Bitte sagen Sie mir die Wahrheit. Wie stehen meine Chancen?», fragte ich ihn geradeheraus.

«Das lässt sich schwer sagen.»

«Herr Doktor, ich habe zwei kleine Kinder, die mich brauchen.» Nur mit Mühe konnte ich die Tränen zurückhalten. «Es geht um ihre Zukunft, deshalb reden Sie bitte nicht um den heißen Brei herum. Ich bin zwar noch jung, aber ich habe schon viel durchgemacht, ich werde auch das aushalten. Wie hoch ist meine Überlebenschance? Fünfzig Prozent?» Ich schaute ihn abwartend an.

«Fünfzig Prozent wären es, wenn Sie gute Abwehrkräfte hätten. Leider ist das bei Ihnen nicht der Fall.»

«Wie viel also? Bitte seien Sie ehrlich!»

«Vielleicht … dreißig Prozent», antwortete er und atmete tief durch.

«Dreißig? Das heißt … ich sterbe.» Ich wollte das Ganze nüchtern betrachten, doch ich merkte, dass ich gleich in Tränen ausbrechen würde.

«Nein, auf keinen Fall! So dürfen Sie nicht denken, auch wenn Ihr Zustand kritisch ist.»

«Es ist mir lieber, mich auf das Schlimmste vorzubereiten. Wie viel Zeit bleibt mir noch?», presste ich hervor. «Ich muss jemanden für die Betreuung der Kinder organisieren. Deshalb sagen Sie mir bitte, wie viel Zeit ich noch habe.»

«Das ist in jedem Fall anders.»

«Wie viel?!» Ich drängte ihn zu einer Antwort.

«Aus medizinischer Sicht wären es wahrscheinlich acht bis neun Monate. Bei einer traditionellen Heilbehandlung sicher mehr. Aber das sind natürlich nur unsere Kalkulationen, denn es kann immer noch ein Wunder passieren.»

Acht bis neun Monate?! Weniger als ein Jahr?!

Schnell zählte ich, dass Matteo gerade einmal zweieinhalb Jahre alt sein würde und Michele fünfzehn Monate.

Ich hatte das Gefühl, den Boden unter den Füßen zu verlieren.

«Bei meinem Glück würde ich mit keinem Wunder rechnen …»,
sagte ich mit tränenerstickter Stimme.

«Ich möchte Ihnen etwas vorschlagen. Wenn Sie zustimmen,
können wir unkonventionell vorgehen und es mit einer völlig
neuen Medizin versuchen. Sie ist erst in der Testphase, man kann
sie als Therapie des dritten Jahrtausends bezeichnen. Es ist eine
Art Chemotherapie, unglaublich teuer, deren Nebenwirkungen
noch nicht bis ins Letzte bekannt sind, deshalb müssen Sie sich
gut überlegen, ob Sie sich darauf einlassen wollen.»

«Ich wäre also ein Versuchskaninchen?»

«So würde ich das nicht nennen, aber es geht in diese Richtung.
Sie sind allerdings die Jüngste, die sich dieser Therapie unterziehen würde, und die Chancen stehen gut, dass die Medizin an-
schlägt.»

Ich war bereit, allem zuzustimmen, was auch nur den Hauch
einer Hoffnung vermittelte, was die Heilungschancen um einige
Prozent erhöhen und mein Leben um ein paar Jahre verlängern
würde.

«Ich weiß, das ist eine schwierige Entscheidung, aber wenn Sie
diese Therapie nicht in Anspruch nehmen, riskieren wir Ihr Leben.»

«Ich stimme zu», erwiderte ich, ohne zu zögern.

«Das bedeutet jedoch auch, dass wir Ihre Schwangerschaft leider nicht aufrechterhalten können …» Es fiel ihm sichtlich schwer,
das zu sagen. «Unser Gesetz erlaubt es einer Frau nicht, ihr Kind
zu behalten, wenn sie sich einer Chemotherapie unterziehen
muss. Die gigantische Medikamentendosis würde zu einer Behin-
derung führen, und das Kind würde zweifellos schwer krank zur
Welt kommen.»

«Wir werden zwei Medikamentenarten in Form von Spritzen einsetzen», informierte mich der Arzt beim nächsten Termin. «Interferon: Das ist ein natürliches Protein, das vom Körper zur Bekämp-

fung der Viren gebildet wird, sowie Ribavirin: ein Hemmstoff, der die Vermehrung des Virus verhindert. Untersuchungen zeigen, dass bei einer solchen verknüpften Therapie die besten Ergebnisse erzielt werden. Wir werden die Heilbehandlung überwachen und jede Woche eine Leberbiopsie machen. Das ist die wichtigste diagnostische Untersuchung bei einer Hepatitis-C-Infektion.»

«Wie lange werde ich die Spritzen bekommen?»

«Das hängt vom Genotyp des Virus ab. Beim afrikanischen Genotyp gehen wir von einem Jahr aus.»

«Und die Nebenwirkungen?»

«Wir kennen nicht alle, aber die häufigsten werden in dieser Broschüre beschrieben.» Er reichte mir ein Heft mit einer langen Auflistung. Nachdem ich es gelesen hatte, kamen mir Zweifel, ob irgendjemand in der Lage wäre, diese Therapie durchzuhalten.

Wenn nicht die Krankheit mich bezwingt, dann richtet mich diese Medizin mit Sicherheit zugrunde, dachte ich.

In der Broschüre hieß es: «Grippeerscheinungen, Kopfschmerzen, Schwindelgefühle, chronische Müdigkeit, Schüttelfrost, Fieber, Muskel- und Gelenkschmerzen, Übelkeit, Erbrechen, Appetitlosigkeit, Gewichtsverlust, Gereiztheit, Gemütsschwankungen, Angstzustände, Unruhe oder Schlafstörungen, Depressionen, am stärksten um den neunten Monat herum bei einjähriger Therapiedauer. Es kann außerdem zu Konzentrations- und Gedächtnisproblemen kommen, teilweise auch zu Haarausfall.»

Zweifelsfrei war nur der Tod noch schlimmer.

«Sind Sie mit leerem Magen gekommen?», fragte der Arzt, als er die erste Leberbiopsie vorbereitete.

Ich nickte und schluckte nervös.

«Bitte haben Sie keine Angst, das dauert keine fünfzehn Minuten, und schon bald sind Sie wieder zu Hause. Die Untersuchung ist schmerzfrei, denn während ich die Biopsie-Nadel einführe, werde ich langsam eine Betäubung verabreichen», beruhigte er

mich. «Ich gebe Ihnen die Spritze in Höhe des zehnten Rippen-
zwischenraums und entnehme Gewebe. Bitte legen Sie sich auf
die Seite und halten Sie für einen Augenblick die Luft an.»

Gehorsam folgte ich den Anweisungen, damit der Arzt die Kanüle einführen konnte. Es dauerte nicht lange, bis er die Gewebe-
probe entnommen hatte.

«Schon erledigt», sagte er. Doch in diesem Moment kam das
Blut wie eine Fontäne aus dem kleinen Loch geschossen. Das traf
den Arzt völlig unvorbereitet, und es gelang ihm nicht, die Blutung
zu stillen.

«Schwester, Mull! Schnell! Möglicherweise habe ich ein Blutge-
fäß verletzt!», rief er, während er mit den Händen den nicht enden
wollenden Blutfluss zu stoppen versuchte. «Schnell, sonst verblu-
tet sie!»

Mir war plötzlich nur noch nach Schlafen zumute, und es
wurde schrecklich kalt. Ich schloss die Augen.

«Nicht einschlafen!», schrie der Arzt. «Jetzt bloß nicht einschlafen!!!»

Warum nicht? Dann ist es zu Ende …, dachte ich. *Vielleicht wird mir*
dann wieder wärmer … und Papa wird da sein … wenn er nicht mehr
lebt, treffe ich ihn bestimmt …

Ich erwachte in einem Krankenhausbett mit einem Verband an
der Stelle, an der die Kanüle eingeführt worden war.

«Herr Doktor … was ist passiert?», fragte ich den Arzt, der sich
fürsorglich über mein Bett beugte. Meine Stimme war so schwach,
dass ich sie selbst kaum erkannte.

«Es sind gewisse Komplikationen aufgetreten … Sie hatten einen Blutsturz.»

«Werde ich lange hierbleiben müssen?»

«Das müssen wir abwarten, wahrscheinlich sieben bis zehn
Tage.»

«Passiert so etwas denn oft?»

«Wirklich sehr selten, gerade einmal in zwei Prozent der Fälle.»

Hätte es mich wundern sollen, dass es gerade mir widerfahren war? Ich erinnerte mich an die Bilder, die mir durch den Kopf gegangen waren, bevor ich das Bewusstsein verloren hatte. Mir fiel auf: In schwierigen Momenten, wenn ich den Eindruck hatte, dass mein Leben zu Ende ging, dachte ich stets an Papa und daran, dass er mir helfen und mich retten würde, wenn er da wäre.

Aber auch in glücklichen Zeiten, wenn ich Filme anschaute oder Bücher über mutige Ritter las, die sich für Leidende einsetzten, stellte ich mir vor, dass es mein Vater und ich wären. Er war für mich immer ein Held geblieben.

Ich wünschte mir von Herzen, ihm von meinem Leben zu erzählen, von all dem, was ich durchgemacht hatte. Nur zu gern hätte ich ihm gesagt, wie sehr ich ihn liebte und dass ich nicht eine Sekunde lang böse auf ihn gewesen war oder ihm die Schuld dafür gegeben hatte, dass er mich verlassen hatte. Tief in meiner Seele habe ich Mama nie geglaubt, dass er gestorben sein sollte.

Das Verhältnis zwischen Riccardo und mir verschlechterte sich in der nächsten Zeit zusehends. Meine Krankheit und unser Alltag mit zwei kleinen Kindern zerstörten unsere Liebe. Ich war fast die ganze Zeit allein, unausgeschlafen und müde, Riccardo dagegen permanent ungehalten wegen der nachts weinenden Jungs. Auch tagsüber kam er mit seiner Rolle als Vater nicht zurecht und unterstützte mich kaum.

Er flüchtete sich lieber in die Arbeit. Sie war interessanter für ihn: die Welt der hübschen Models und nächtlichen Partys, ohne dazu gezwungen zu sein, hunderte Male dieselben Märchen vorzulesen, mit einem großen Kinderwagen spazieren zu gehen, Gemüsesuppen zu kochen und schmutzige Windeln zu wechseln. Er kam abends zunehmend später nach Hause, besser gesagt: immer früher am Morgen.

Nach der vernichtenden Diagnose des Arztes war die Situation kaum noch zu ertragen. Unsere Gespräche erinnerten an Vulkanausbrüche mit abwechselnden Auswürfen kochend heißer Lava.

«Das ist deine Schuld!», warf ich ihm vor. «Du hast mich dazu gezwungen, in Italien zu entbinden, obwohl ich gespürt habe, dass das schlimm enden würde!»

«Ich wollte nicht, dass du wieder Probleme an der Grenze bekommst! Das Theater damals hat mir gereicht», erwiderte er ärgerlich.

«Du hast wohl vergessen, dass ich jetzt legal hier bin!», entgegnete ich.

«Man kann nie wissen, ob es nicht trotzdem Probleme gibt!»

«Dafür war allerdings klar, wie die italienischen Krankenhäuser aussehen! Ich hatte es im Gefühl, die ganze Zeit hatte ich es im Gefühl! So oft habe ich dich gebeten, nach Tschechien fliegen zu dürfen!» Ich wurde lauter.

«Ja, aber jetzt lässt du dich in Italien behandeln, und das stört dich nicht?!», fragte er ironisch.

«Wenn du mich nicht gezwungen hättest, hierzubleiben, müsste ich mich überhaupt nicht behandeln lassen!», antwortete ich wütend.

«Das hätte überall passieren können! In deinem ach so wunderbaren Tschechien werden die Leute auch krank, bekommen Hepatitis C und Leberkrebs!»

«Zumindest nicht so oft! Dort infiziert niemand die Frauen bei der Entbindung!»

«Na klar, in Italien ist alles schlecht und dreckig!» Er wurde zornig.

«Nicht alles, aber die Kreißsäle sind eine Katastrophe! Ich habe es dir vorher schon gesagt, doch du hast ja nicht auf mich gehört!»

«Wie oft willst du mir das noch vorhalten? Ändert das irgendetwas?»

«Nein, aber ich will, dass du verstehst, dass du mir jetzt helfen und dich mehr um die Kinder kümmern musst! Fühle dich ein bisschen verantwortlicher für das, was passiert ist!»

«Ja, das ist alles meine Schuld! Alles! Es reicht! Ich habe genug davon, mir deine ständigen Predigten anzuhören!» Mit lautem Knall fiel die Tür hinter ihm ins Schloss.

Solche Auseinandersetzungen gehörten bald zu unserem Alltag. Riccardo hielt sich immer häufiger von zu Hause fern, und wenn er da war, telefonierte er unablässig mit irgendjemandem. Allmählich wurde die Befürchtung in mir größer, dass er eine andere Frau kennen gelernt hatte. Eine hübsche, junge Italienerin ohne Kinder, in deren Armen er sich ausweinen konnte.

«Fühlst du dich eigentlich überhaupt nicht verantwortlich dafür, auch ein bisschen zu Hause zu sein und Zeit mit den Kindern zu verbringen? Du bist fast nie da!», warf ich ihm vor.

«Ich beschäftige mich mit ihnen, wenn du bei den Untersuchungen bist», entgegnete er gereizt.

«In einem Monat beginnt die Therapie. Dann werde ich dem Tode nahe sein! Sie wollen literweise Gift in mich hineinschütten, und nach jeder Dosis werde ich fix und fertig sein! Das heißt, wenn ich es überhaupt überlebe … Ich bin ja ihr Versuchskaninchen, aber du …» Ich schaffte es kaum, Luft zu holen, während meine Worte auf ihn niederhagelten.

«Nadia, ich habe die Nase voll! Hör endlich auf, mir vorzuwerfen, dass das alles meine Schuld sei! Dass du wegen mir nicht in Tschechien entbinden konntest, dass du es gewusst und mir vorher gesagt hättest! Ich habe das schon tausendmal von dir gehört!» Seine Worte verwandelten sich in ein Brüllen.

Tatsächlich hatte ich ihm in den letzten Wochen regelmäßig voller Bitterkeit erklärt, dass ich keine Leberprobleme bekommen hätte, wenn er mir erlaubt hätte, nach Tschechien zu fliegen. Es war mein Weg, die Spannung irgendwie abzureagieren, die meine Kräfte so vollkommen überstieg. Ich war 23 Jahre alt und sterbenskrank. Mir blieben möglicherweise nur noch einige

Monate … Ich befand mich am Rande eines Nervenzusammenbruchs.

Trotz allem kam Riccardo nach jedem Streit irgendwann zurück nach Hause, und wir versöhnten uns. Also machte ich mir weiterhin vor, dass es nur eine der schwierigeren Phasen in unserem Leben sei. Eine Krise, die wir am Ende siegreich überwinden würden. Ich bemühte mich, eine gute Ehefrau zu sein, dennoch kam es fast täglich zu heftigen Wortgefechten zwischen uns: wegen der Betreuung der Kinder, seiner ständigen Abwesenheit oder irgendwelchen Kleinigkeiten.

Im Grunde bot so gut wie alles einen Anlass zum Streiten. Ich war von den unangenehmen Untersuchungen erschöpft, die mich auf die Therapie vorbereiten sollten, und Riccardo hatte meine ständigen Vorwürfe satt. So entfernten wir uns immer weiter voneinander.

Ich erinnerte mich an ein Sprichwort aus dem Lateinunterricht – vielleicht deshalb, weil es mir besonders vertraut war: «Abyssus abyssum invocat», «eine Tiefe ruft eine andere Tiefe herbei». Es bedeutet: «Ein Irrtum zieht meist einen weiteren nach sich.» Ich dachte erneut daran, als ich nach einer der ersten Chemotherapie-Behandlungen nach Hause kam. Ich war so müde und geschwächt, dass ich mich nur noch hinlegen und ausruhen wollte.

Im Flur standen Riccardos gepackte Koffer.

«Fährst du schon wieder irgendwohin?», fragte ich, während ich mich kaum noch auf den Beinen halten konnte.

«Nein … ich ziehe aus.»

«Du … ziehst aus?!», presste ich hervor. Ich konnte nicht glauben, dass mein Mann mich in einem der schwersten Momente meines Lebens verlassen wollte!

«Ja! Ich habe genug von den ewigen Streitereien und den ständigen Vorwürfen. Ich wollte ganz sicher nicht, dass du krank wirst, ich wünsche dir das Beste, aber ich halte das nicht länger aus!»

«Du lässt mich allein … jetzt … in diesem Zustand⸘! Ich könnte jeden Moment sterben …» Ich wusste nicht, ob ich weinen oder lachen sollte. «Und wann hast du vor, zurückzukommen⸘ Wenn ich wieder gesund bin⸘»

«Ich habe es gar nicht vor …» Er schaute zu Boden. «Ich reiche die Scheidung ein.»

«Die Scheidung⸘» Es verschlug mir den Atem. Hätte er mir in diesem Augenblick etwas Schlimmeres mitteilen können⸘ «Die Scheidung⸘», wiederholte ich, ohne fassen zu können, was ich gerade gehört hatte. «Hast du eine andere⸘»

«Vielleicht ja … ciao.» Er nahm seine Koffer und verließ das Haus.

Weinend fiel ich aufs Bett. Es waren Tränen der Verzweiflung, der Wut und der Hilflosigkeit.

«Wie viel kann ein Mensch ertragen⸘! Wie viel⸘!», schluchzte ich.

Matteo, der wach geworden war, stand wie versteinert in seinem Bettchen, und Michele fing in seiner Wiege laut zu weinen an. Ich hatte das Gefühl, dass meine Welt erneut in tausend Stücke zerfiel.

Eine andere Frau … Vermutlich war das der Hauptgrund für Riccardos Auszug. Ich konnte es noch immer nicht glauben, dass mein Mann … eine meiner Kolleginnen, ein anderes Model, mit seiner Liebe beschenkte, während ich um mein Leben kämpfte.

Er tauchte nach dem Auszug jeden Tag kurz zu Hause auf, um irgendwelche persönlichen Dinge mitzunehmen und sich sozusagen nach meiner Gesundheit zu erkundigen. Am schmerzhaftesten war es jedoch, wenn er manchmal … zusammen mit ihr erschien.

Nur die Anwesenheit meiner Söhne, denen ich solche traumatischen Erfahrungen, wie ich sie in meiner Kindheit gemacht hatte, ersparen wollte, hielt mich davon ab, Riccardo eine Szene zu machen. Er brachte den Jungen zwar meistens Süßigkeiten und Spielzeug mit, aber wenn es darum ging, übers Wochenende bei ihnen zu bleiben, während ich zur Behandlung ging, war er zu keinen großen Opfern bereit. Wenn er Freitagnachmittag die Kinder abholte, tat er das nur ungern, und ich musste ihn oft daran erinnern, pünktlich zu sein.

Letztendlich kam mir völlig unerwartet seine neue Freundin Sandra zur Hilfe, nachdem ich mich dazu durchgerungen hatte, sie um ihre Unterstützung zu bitten. Sie war einmal eine gute Freundin von mir gewesen, und ich versicherte ihr, dass das Ganze keinen Versuch meinerseits darstellte, Riccardo bei mir zu halten. Ich erklärte ihr, dass ich mich nach den Spritzen miserabel fühlte und nicht in der Lage war, mich um die Kinder zu kümmern, doch dass ich nicht wusste, was ich mit ihnen machen sollte.

Sie versprach – vielleicht aus einem schlechten Gewissen heraus oder weil sie ein gutes Herz hatte –, darauf zu achten, dass Riccardo sich nicht vor seinen Pflichten als Vater drückte. Von diesem Tag an konnte ich die Jungen beruhigt ihrer Fürsorge anvertrauen.

Ab der dritten oder vierten Spritze erlebte ich, was es bedeutete, «sich die Seele aus dem Leib zu kotzen». Ich erbrach im wahrsten Sinne des Wortes alles, was in mir war, und jedes weitere Mal war noch schlimmer. Freitags nach der Arbeit meldete ich mich im Krankenhaus, um die nächste Dosis verabreicht zu bekommen. Sie sollte das Virus vernichten, doch ich hatte das Gefühl, dass sie meinen gesamten Organismus vollständig außer Gefecht setzte.

Nachdem ich mich nach Hause geschleppt hatte, fiel ich aufs Bett und stand das ganze Wochenende über nicht mehr auf. Ich war nicht in der Lage, zur Toilette zu gehen, meine Kraft reichte nicht einmal dafür, den Kopf aus dem Bett zu heben, wenn ich mich übergeben musste, und ich zitterte am ganzen Leib vor Kälte. So lag ich zwei, drei Tage in buchstäblich allen Ausscheidungen, die die Medikamente aus meinem Körper herausbrachten. Gedemütigt, einsam und stinkend. Mir war, als würde ich sterben.

Erst montagmorgens war ich wieder imstande aufzustehen, um auf wankenden Beinen die übel riechende Bettwäsche in die Waschmaschine zu stecken, das Erbrochene vom Fußboden zu scheuern, ihn zu desinfizieren und die Wohnung zu lüften. Dann holte ich die Kinder bei Riccardo ab, brachte sie in die Krippe und den Kindergarten und ging für einige Stunden zu meiner neuen Arbeit in einer Telefonzentrale. Für die folgenden fünf Tage war ich wieder ein Mensch.

Jeden Freitag wiederholte sich diese kräftezehrende Prozedur: Riccardo holte die Kinder aus den Einrichtungen ab, und ich legte bereits frühmorgens ein großes Wachstuch unter mein Bettlaken, bevor ich unmittelbar nach der Arbeit ins Krankenhaus ging, um mir die nächste Medikamentendosis abzuholen.

Es gab Tage, an denen ich dachte, diese fürchterlichen Qualen nicht mehr aushalten zu können: entsetzlichen Muskelschmerzen ausgesetzt zu sein, zu keinem einzigen Schritt fähig zu sein, in den eigenen Ausscheidungen zu liegen und wie ein Tier zu stinken.

Mein einziger Wunsch war es, für immer einzuschlafen und nie wieder zu erwachen. Von Woche zu Woche ging es mir schlechter. Ich hatte kaum noch Kraft, mich um die Kinder zu kümmern, und wurde ihnen gegenüber mitunter sehr ungehalten.

Jeden Abend hoffte ich, dass sie so schnell wie möglich einschliefen, damit ich mich selbst hinlegen und ausruhen konnte. Ab und zu machte ich nachts Fotos von ihnen, um festzuhalten, wie süß sie waren, denn sobald ein neuer Tag anbrach und die beiden meine Fürsorge benötigten, hatte ich so gut wie keine Energie und ärgerte mich ständig über sie.

So, wie ich es in der Informationsbroschüre gelesen hatte, war ich während der gesamten Therapiezeit von widersprüchlichen Gefühlen hin- und hergerissen: Manchmal war ich überzeugt davon, diesen schrecklichen Kampf zu gewinnen, dann wiederum überfiel mich eine solche Verzweiflung, dass ich mir sicher war, nicht die geringste Chance zu haben. Ich fiel von einem Extrem ins andere, von Hoffnung in Hoffnungslosigkeit, von Optimismus in Resignation, wie in einem Mühlrad.

Am niederschmetterndsten war jedoch die Einsamkeit, die Tatsache, dass es niemanden gab, den ich anrufen oder der mir ein Glas Wasser geben konnte. In solchen Momenten wiederholte ich unablässig, dass mein Leben keinen Sinn hatte und niemand mich brauchte.

Unzählige Male versank ich in tiefem Selbstmitleid und wünschte, niemals das Licht der Welt erblickt zu haben. Wenn ich wenigstens Papa von all dem hätte erzählen können … wenn er nur bei mir gewesen wäre …

⌒ Kapitel 25 ⌒
«Brauchst du vielleicht Hilfe?»

Das Weihnachtsfest rückte immer näher, Zimt- und Mandarinen-
duft lagen in der Luft, und alles ertrank förmlich in strahlendem,
festlichem Schmuck. Ich ging meine Lieblingsstraße am Ätna entlang, die mit Lavastücken gepflastert war und vom alten Hafen
über den Hauptplatz von Catania führte. Der untere Straßen-
abschnitt war für den Verkehr gesperrt. Hier befanden sich stil-
volle Geschäfte und historische Gebäude. Im stimmungsvollen
Lichtermeer waren unzählige Menschen auf den Beinen, um Geschenke für ihre Lieben zu besorgen.

Währenddessen beschäftigte mich eine einzige Frage: Würde
ich das Weihnachtsfest noch erleben, oder würden es meine
Jungen schon ohne mich verbringen müssen? Es quälte mich,
nicht zu wissen, wer sich gegebenenfalls um sie kümmern würde. Ihr Vater steckte in einer neuen Beziehung und war bis über
beide Ohren verliebt. Wäre er in der Lage, sie zu sich zu nehmen? Würde Sandra sie wie ihre eigenen Kinder lieben können?

Der Arzt bemerkte meine miserable Verfassung und bat mich
um ein Gespräch.

«Sie wissen, dass der Erfolg der Therapie in hohem Maße von
einer positiven Einstellung abhängt. Mir ist bewusst, wie entsetzlich die Nebenwirkungen des Medikaments sind und wie schlecht
Sie es vertragen, dennoch bin ich überzeugt, dass wir auf einem
guten Weg sind. Bitte machen Sie sich um nichts Sorgen und verbringen Sie schöne Feiertage. Planen Sie, wegzufahren?»

«Ja, zu meiner Mutter nach Tschechien.»

«Das ist großartig. Ich weiß nicht, wie tschechische Mütter
sind, aber italienische zeichnen sich durch eine außergewöhnliche
Überfürsorglichkeit aus. Sie behandeln uns die ganze Zeit wie
kleine Kinder. Meine ist bereits vierundachtzig Jahre alt, ich bin

über sechzig, trotzdem bin ich nach wie vor ihr *bambino*», lachte er. «So eine Pflege ist jetzt genau das, was Sie brauchen. Bitte denken Sie nur daran, Ihre Diät einzuhalten und sich viel auszuruhen. Lassen Sie sich ruhig von Ihrer Mutter verwöhnen.»

Meine Mutter und mich verwöhnen?! Ich hätte am liebsten bitter losgelacht. Sie war die Letzte, die mir bei dem Stichwort «Überfürsorglichkeit» in den Sinn gekommen wäre …

Ich war jedoch völlig geschwächt und brauchte Hilfe bei der Versorgung der Kinder, deshalb machte ich mich auf den Weg zu ihr. Unabhängig davon wollte ich Matteo und Michele nicht demselben Schicksal aussetzen, wie ich es erlebt hatte.

Das schlechte Verhältnis zwischen Mama und mir ist mein Problem, nicht das meiner Jungen, sagte ich mir.

Ich war der Auffassung, dass die beiden trotz allem, was mir zu Hause widerfahren war, Kontakt zu Oma und Opa haben sollten.

Noch vor gar nicht langer Zeit waren mir noch die Gedanken durch den Kopf gegangen, dass ich Mama und Milan so abgrundtief hasste, dass ich nicht einmal an ihrer Beerdigung teilnehmen würde. Doch nachdem ich krank geworden war, schwor ich mir selbst, es besser zu machen als sie. Ich würde sie meinen Söhnen nicht vorenthalten, solange sie gute Großeltern wären und meine Jungs sich auf die Besuche bei ihnen freuen und keine Angst vor ihnen haben würden.

Es versetzte mich tatsächlich immer wieder in Staunen, wenn ich sah, wie liebevoll, fürsorglich und herzlich Mama und Milan zu den beiden waren, so vollkommen anders, als sie sich mir gegenüber verhalten hatten.

Die nächsten sechs Monate hindurch bemerkte ich nicht, wie die Jahreszeiten wechselten. Ich hatte keine Ahnung von dem, was um mich herum los war. Mein Leben bestand aus einem einzigen Kreislauf: von Montag bis Freitag Kindererziehung, Haushalt, kochen, putzen und zur Arbeit gehen, dann von Freitag bis Sonntag Spritzen und im Sterben liegen. Dazu kamen die schmerzhaften Scheidungsverhandlungen mit Riccardo. *Finito* das Ende eines wunderschönen Traumes von einem Paar, das lange und glücklich zusammenleben würde.

Nach allem, was ich damals in der Psychiatrie durchgemacht hatte, war ich der Meinung gewesen, dass nichts in der Lage wäre, mich zugrunde zu richten. Nach diesen sechs Monaten fiel ich allerdings in eine schwere Krise, die ernster und tiefer war als alle bisherigen.

«Ich habe genug!», erklärte ich dem Arzt entschieden. «Das ist kein Leben mehr, sondern eine Qual! Die ganze Zeit übergebe ich mich, ich will nur noch schlafen, bin furchtbar schwach, das Wochenende über zittere ich vor Kälte und bin nicht einmal in der Lage, aus dem Bett aufzustehen, um mein Erbrochenes aufzuwischen. Ich habe das Gefühl, mich mit einem Bein bereits im Jenseits zu befinden, und manchmal wünschte ich, es wäre tatsächlich so. Ich hasse die Spritzen, und mir graut es vor jedem nächsten Einstich. Ich wiege nur noch sechsundvierzig Kilo und sehe wie ein Zombie aus, nicht viel besser als damals, während ich Heroin genommen habe. Ich werde nie wieder hier auftauchen!» Meine Worte kamen wie aus einem Maschinengewehr geschossen.

«Nadia …»

Nach den bisherigen Therapiemonaten behandelte mich der Arzt beinahe wie eine Tochter und sprach mich mit meinem Vornamen an.

«Ich verstehe, dass die Nebenwirkungen sehr belastend sind, aber Sie sind doch …»

«Nein, bitte versuchen Sie nicht, mich zu überzeugen. Ich habe mich entschieden und will lieber schnell sterben, als auf Raten zu krepieren.»

«Sie wollen aufgeben⁈! Sie haben so tapfer gekämpft! Depressive Phasen kommen im Laufe der Therapie vor, das ist nichts Außergewöhnliches. Ich gebe Ihnen eine Überweisung zu einer psychologischen Beratung.»

«Ich möchte keine Überweisung! Sie haben selbst gesagt, dass mir nur noch einige Monate bleiben und ich nur sehr wenig Zeit habe, doch durch die fürchterlichen Nebenwirkungen habe ich überhaupt keine Kraft mehr für meine Kinder. Ich will diese letzten Monate in Ruhe verbringen und mich ihnen widmen können.»

«Nadia, Sie dürfen nicht kapitulieren! Nicht jetzt, wo wir auf einem guten Weg sind! Überlegen Sie nur, wie viel das alles bereits gekostet hat: jede Spritze über fünfhundert Euro! Solche psychischen Krisen sind normal.» Der Arzt ließ nicht locker. «Denken Sie bitte noch einmal in Ruhe darüber nach.»

«Das habe ich schon getan … An jedem dieser abscheulichen Wochenenden, wenn ich restlos alles erbrochen habe, was in mir war!»

«Nadia, wenn Sie sterben wollen, wird Ihnen nichts helfen …», entgegnete er traurig.

«Es ist mir lieber, normal zu sterben, als diese Tortur auszuhalten!»

«Das bedeutet also: Wenn Ihre Leber faserig wird, was mit Sicherheit passieren wird, weil sie sich selbst zerstört, bleibt als letzte Möglichkeit eine Transplantation. Wollen Sie das?»

«Ja, das ist viel besser.»

«Mmh … da bin ich mir nicht so sicher … Wenn die Interferon-Therapie erfolgreich ist, wären Sie gesund, aber so müssten Sie großes Glück haben, überhaupt einen Spender zu finden. Doch auch nach der Transplantation sieht es nicht rosig aus: Bis zum Lebensende müssen Sie immunsuppressive Medikamente einnehmen, die das Immunsystem schwächen, damit das Transplantat nicht abgestoßen wird. Sie werden niemals wieder ein normales Leben führen und Sport treiben können. Wäre Ihnen das wirklich lieber?»

«Ja, ganz sicher!», erwiderte ich entschlossen, als ich an meinen wöchentlichen Todeskampf dachte.

«Dann mache ich Ihnen für nächste Woche einen Termin beim

Psychologen. Das ist unerlässlich, weil Sie auf die Transplantation psychisch vorbereitet werden müssen.»

«Auf Wiedersehen!» Ich stand auf und schloss die Tür lauter hinter mir, als es sich gehörte.

Einige Wochen später kam mich überraschend Ivona besuchen. Ich hatte sie seit langem nicht mehr gesehen. Als begehrtes Model war sie viel unterwegs, doch wir hielten Kontakt zueinander. Normalerweise rief sie mich an und fragte nach meiner Gesundheit. Immer wieder war sie in den schwierigsten Momenten meines Lebens aufgetaucht. Ihre Worte zu Beginn der ersten Schwangerschaft hatten mir geholfen, meine Zweifel abzuschütteln und das Richtige zu tun. Sie klangen mir noch in den Ohren: «Dieses Kind kann dein Leben retten», und so war es wirklich gewesen. Auch jetzt stand sie plötzlich vor der Tür und fragte gleich zu Beginn nach meinem Befinden.

«Wie es mir geht? Endlich normal! Mir tut nichts weh, weil ich dieses Teufelszeug nicht mehr nehme», erklärte ich, während ich uns einen Kaffee kochte.

Kaffee war eines der wenigen Dinge, die nicht verboten waren. Ich wunderte mich selbst, dass überhaupt irgendetwas erlaubt war. Alle anderen Genussmittel, insbesondere Alkohol, waren strengstens untersagt. Ähnlich wie gebratene Gerichte und fast alle Gewürze. Mein Speiseplan unterschied sich kaum noch von dem meiner Kinder: leichte Breie ohne Fett und Gewürze. Alles war fade und geschmacklos, aber zumindest musste ich nicht extra für mich kochen.

«Was nimmst du nicht mehr?» Ivona wusste nicht, wovon ich redete.

«Die Spritzen, diese verflu... Chemie!» Energisch stellte ich die Kaffeetassen auf den Tisch und setzte mich neben sie.

«Wie ... du nimmst sie nicht mehr? Konntest du die Therapie früher abschließen? Bist du gesund? Das ist ja großartig!»

«Nein … Ich habe aufgehört, weil ich nicht mehr kann! Das Interferon hat mich so geschwächt, dass ich nicht einmal imstande war, aus dem Bett aufzustehen. Dadurch habe ich die halbe Woche in meinen eigenen Exkrementen gelegen! Keiner konnte mir irgendeine Garantie geben, und wenn die Therapie nicht erfolgreich gewesen wäre, hätte ich nur noch einige Monate zu leben gehabt.

Ich habe das Ganze deshalb abgebrochen und stehe jetzt auf der Warteliste für eine Lebertransplantation. Doch selbst wenn ich die nicht mehr erleben sollte, will ich wenigstens die restliche Zeit mit meinen Jungs verbringen, damit sie sich später überhaupt noch an mich erinnern können!» Die Worte sprudelten nur so aus mir heraus.

Ivona schaute mich lange und aufmerksam an, ohne ein Wort zu sagen.

«Nadia, ich weiß, dass es schwer ist, aber du musst trotzdem kämpfen! Gerade für die beiden!» Sie nahm meine Hand und schaute mir in die Augen.

«Nein, ich kann nicht mehr!» Ich zog meine Hand zurück. «Ich habe genug von diesen unablässigen Schmerzen, dem ständigen Erbrechen und davon, bis auf die Knochen durchgefroren zu sein.» Ich bemühte mich nicht, meinen Frust zu verbergen.

«Stimmungsschwankungen» – wie nett sie das in der Infobroschüre formuliert haben! Sie hätten lieber schreiben sollen: «Sie werden sich jämmerlich fühlen und qualvoll verrecken!», dachte ich bitter.

«Es ist eine absolute Folter, und ich habe keine Kraft mehr dafür! Wirklich …» Wütend wischte ich mir die Tränen aus dem Gesicht.

Ich erwartete, dass Ivona mich mitfühlend in den Arm nehmen würde.

«Ich erkenne dich nicht wieder! Du sagst, dass du nicht mehr kannst?» In Ivonas Worten war keinerlei Verständnis zu spüren. «Das ist nicht wahr, du schaffst das! Du hast schon Schlimmeres überstanden! Es gibt Medizin für dich, und wie die Ärzte gesagt haben, liegen die Chancen bei dreißig Prozent, dass du geheilt wirst. Das lässt du einfach außer Acht und bemitleidest dich lieber selbst, als ob sich alles nur um dich drehen würde!»

«Du verstehst das überhaupt nicht!», erwiderte ich verärgert. Anstatt mir Mitgefühl entgegenzubringen, putzte sie mich herunter?

«Ja, du hast recht, ich verstehe das nicht! Ich verstehe deine dumme Entscheidung nicht. Kinder mit Leukämie haben manchmal nur ein Prozent Überlebenschance und nehmen trotzdem genauso scheußliche Medikamente wie du, ohne aufzugeben. Und was ist mit dir? Du weist leichtfertig die Möglichkeit zurück, geheilt zu werden. Denk doch mal an deine Söhne!»

«Du hast leicht reden! Du hast ja auch keinen blassen Schimmer, wie das ist!»

«Vielleicht nicht, aber ich rate dir: Reiß dich zusammen, denn die echte Nadia, die, die ich kenne, würde sich nicht in Selbstmitleid baden!» Ivona stand auf, nahm ihre Tasche und ging.

Die *echte* Nadia? Ich hatte tatsächlich noch nie so reagiert, noch nie endgültig aufgegeben. Es waren furchtbare Dinge in meinem Leben passiert, ich hatte mich jedoch als Erwachsene nie zurückgezogen oder die Flinte ins Korn geworfen, wie schwierig es auch gewesen sein mochte. Immer hatte ich bis zum Schluss gekämpft und dann gesiegt! Beispielsweise gegen die Drogen.

Warum sollte ich mich also jetzt ergeben? Ein halbes Jahr hatte ich bereits durchgehalten, warum nicht noch das andere halbe? Hatte ich wirklich keine Kraft, das alles für meine Kinder zu ertragen?

Am nächsten Tag rief ich den Arzt an.

«Herr Doktor, ich werde die Therapie fortsetzen …», verkündete ich. In meiner Stimme war nicht der leiseste Zweifel zu hören.

«Kluge Entscheidung! Ich wusste, dass Sie nicht aufgeben würden! Wir werden den Kampf gewinnen! Nur … nach so einer langen Pause müssen wir die Therapie von vorn beginnen.»

«Noch einmal ein ganzes Jahr?»

«Leider ja.»

Ich überlegte nur einen Augenblick.

«Gut, wir fangen noch einmal an.» Ich war fest entschlossen.

«Nadia? Hier ist Paolo.» Am anderen Ende des Telefons meldete sich Riccardos älterer Cousin. «Ich bin nach Catania umgezogen und würde euch gern einmal besuchen kommen.»

«Paolo, aber … Riccardo und ich sind nicht mehr zusammen. Hast du das noch nicht gehört?»

«Nein …», antwortete Paolo erstaunt. «Dann ist es ja ähnlich wie bei mir. Dorotea hat mich vor kurzem verlassen, und ich bin jetzt allein mit Antonia.»

«Das tut mir leid. Du kannst natürlich gern vorbeikommen, ich würde mich freuen, allerdings musst du wissen, dass ich nicht in der besten Verfassung bin.»

«Wegen der Scheidung?»

«Ja, ein bisschen auch deswegen, aber ich mache gerade eine Interferon-Therapie, also eine Art Chemotherapie, die mich vollkommen auslaugt.»

«Chemotherapie? Hast du … Krebs?»

«Noch nicht, aber meine Leber ist entzündet, und wenn sie nicht geheilt wird, droht Leberkrebs. Diese Therapie ist ein Experiment. Sie soll mir helfen, doch nach jeder Spritze habe ich das Gefühl, zu sterben. Sie vergleichen das mit einer Grippe, nur zehntausendmal stärker. Deshalb halten viele die Therapie nicht durch, ich hätte auch fast aufgegeben.» Es tat gut, mit jemandem darüber zu reden.

«Und wer ist dann immer bei dir?»

Seine Frage überraschte mich.

«Bei mir …? Niemand. Riccardo nimmt die Kinder übers Wochenende, wenn ich die Spritzen bekomme, weil ich dann nicht in der Lage bin, mich um sie zu kümmern. Ich hole sie Montagfrüh wieder ab.»

«Brauchst du vielleicht Hilfe?»

«Ich komme schon irgendwie zurecht», versuchte ich ihn zu überzeugen, obwohl es unglaublich schön war, zu spüren, dass sich jemand um mich sorgte.

«Sag mir, wo du wohnst, und ich komme morgen vorbei.»

«Aber …»

«Keine Widerrede! Gib mir einfach deine Adresse», verlangte er entschieden.

Eine wunderbare Wärme erfüllte mein Herz: Jemand interessierte sich für mich und meine Gesundheit! Ich hatte Paolo einige Male in Riccardos Elternhaus getroffen, zuletzt beim Geburtstag meines Schwiegervaters. Er war Riccardo ein bisschen ähnlich: gutaussehend, ein dunkler Sizilianer, allerdings zehn Jahre älter.

Als er am folgenden Samstag das erste Mal an der Tür klingelte, hatte ich keine Kraft, mich aus dem Bett zu erheben. Er klingelte jedoch so beharrlich, dass ich mich nach einer Weile doch zur Tür schleppte.

«Komm lieber nicht rein!», warnte ich ihn.

Er schenkte meinen Worten keinerlei Beachtung, nahm mich auf die Arme, trug mich ins Bad und wusch mich wie ein Kind.

«Nein, mach das nicht, bitte …», widerstand ich schwach aus einem Gefühl der Erniedrigung heraus. Gleichzeitig empfand ich eine große Sicherheit bei ihm.

Seit diesem Tag besuchte Paolo mich jedes Wochenende und half mir bei allem. Er war eine Antwort auf meine Bitten Richtung Himmel, wenigstens einen lieben Menschen an meiner Seite zu haben. Er wusch mich, deckte mich zu, wenn mir kalt war, und kochte für mich. Er war Hygienebeauftragter für Restaurants, kochte vorzüglich und wusste, was ich essen durfte.

Paolo wohnte in der Nähe und brachte manchmal seine neunjährige Tochter Antonia mit, ein Mädchen voller Mitgefühl. Wenn sie sah, dass ich vor Kälte zitterte, schaltete sie den Fön ein und richtete ihn auf meinen Körper. Paolo massierte mich und wärmte mich auf, bis ich einschlief. Bald hatte er einen eigenen Schlüssel zu meiner Wohnung.

Es gab nicht einen einzigen Tag, an dem es ihm schwergefallen wäre, zu mir zu kommen und zu helfen. Mir wurde nach kurzer Zeit klar, dass er sich in mich verliebt hatte, doch obwohl ich ihn sehr mochte, konnte ich seine Gefühle nicht erwidern. Ich sprach ehrlich mit ihm darüber, doch auch danach hörte er nicht auf, sich um mich zu kümmern.

Es war Dienstag, der 11. September 2001. An diesem Tag ging es mir besonders schlecht. Matteo und Michele spielten gerade auf dem Fußboden, und ich lag trotz wunderschönem Wetter in mehrere Decken eingewickelt auf dem Sofa, als meine Mutter anrief.

«In New York ist das World Trade Center eingestürzt, du musst unbedingt den Fernseher einschalten», sagte sie.

Ich schaute fassungslos auf die Bilder, die auf allen Kanälen gezeigt wurden. Mir graute bei dem Gedanken, dass Papa in diesem Gebäude gewesen sein könnte. Ich verstand nur zu gut, wie es den Leuten gehen musste, die ihre Angehörigen verloren hatten.

«Ich weiß, was ihr durchmacht und wie schwer das ist ...», flüsterte ich vor dem Bildschirm, während mir die Tränen übers Gesicht liefen.

Der Tod schien mir vertrauter als das Leben. Draußen blühten wunderschöne Blumen, die Flora auf Sizilien war geradezu atemberaubend, doch ich saß da und wiederholte innerlich: *Papa, ich sterbe ... Ich wollte dir nur sagen, dass ich dich die ganze Zeit geliebt habe.*

Einige Tage später hörte ich, dass unter den Ruinen des World Trade Centers mithilfe von Wärmebildkameras noch immer nach Menschen gesucht wurde, obwohl die Chancen gegen Null gingen, sie lebend zu bergen.

In diesem Moment dachte ich, dass ich auch meinen Vater auf ähnliche Weise finden könnte. Wenn man nach Toten suchen konnte, dann wie viel mehr nach Lebenden! Nach wie vor war ich überzeugt davon, dass Papa lebte.

Ich nahm Kontakt zu Angela auf, einer früheren Schulfreundin aus Tschechien, die inzwischen Anwältin war und beim Brünner Gericht arbeitete. Ich bat sie, meine Original-Geburtsurkunde zu suchen.

«Sie muss irgendwo sein», erklärte ich ihr, obwohl auf allen Dokumenten Milan als mein Vater aufgeführt war.

Nach einigen Wochen hatte Angela tatsächlich meine echte Geburtsurkunde gefunden. Sie scannte sie ein und schickte sie mir zu. Als ich dieses Dokument andächtig in die Hand nahm, begann ich zu weinen. Zum ersten Mal in meinem Leben sah ich, wie ich wirklich mit Nachnamen hieß! Wie mein Vater hieß und meine polnischen Großeltern. Ich hatte den Eindruck, Papa selbst an der Hand zu halten. Ich nahm mir vor, nun auf der Suche nach ihm jeden Stein umzudrehen.

«Nadia, heute ist das letzte Mal!» Der Oberarzt persönlich hatte sich die Mühe gemacht, mir das Ende der Therapie anzukündigen, während die letzte Dosis der grauenvollen Chemie in meinen Körper floss. Nach fast zwei Jahren kannten mich alle auf der Station.

Außerdem war ich eine der wenigen, die die Behandlung bis zum Ende durchgehalten hatten.

Ich hatte die Krankenschwestern nie nach den Patienten gefragt, die beim Spritzen neben mir gelegen hatten, mir aber in den folgenden Wochen nicht mehr begegnet waren: ausgemergelte Frauen mit Tüchern um den Kopf und abgemagerte Männer mit fahler Haut.

Ich hatte Angst zu erfahren, dass sie den Kampf verloren hatten, denn ich musste mir unbedingt selbst einen Funken Hoffnung bewahren.

«Und wann werde ich sicher wissen, dass ich geheilt bin?»

«In einigen Wochen werden wir Sie untersuchen. Die Ergebnisse sollten eine glaubwürdige Auskunft geben. Ich bin überzeugt davon, dass wir den Sieg davongetragen haben, aber hundertprozentige Sicherheit werden wir erst in einem Jahr haben. Dann können wir anstoßen und feiern!»

Die Krankenschwestern, mit denen ich mich angefreundet hatte, umarmten mich zum Abschied.

«Jetzt ist endlich genug mit den Spritzen, sonst fängst du uns noch an zu strahlen», scherzte Ursula, die so wie ich noch keine dreißig Jahre alt war. Mit ihrem Humor munterte sie die Patienten auf. «Wir sagen nicht ‹Auf Wiedersehen›, denn wir wollen nicht, dass du hier noch einmal auftauchst!»

«Erhol dich nach all dem und lass es dir gutgehen, das ist jetzt das Wichtigste. Ich habe gehört, dass du nach Tschechien fahren willst. Bei Mama ist es doch am besten!», fügte die ältere Schwester Gianna hinzu. Sie hatte mir während der Therapie immer wieder Mut gemacht und manchmal Plätzchen für mich gebacken, die speziell auf meine Diät abgestimmt waren.

«Nicht bei jeder Mutter ...», hätte ich gern erwidert.

Ich umarmte Gianna und dankte ihr für alles, im Vertrauen darauf, dass wir uns niemals wieder auf dieser Station sehen würden.

Kapitel 26
Lukas

Es war ein kalter Winternachmittag, zwei Wochen vor Weihnachten. Ich spielte mit Matteo und Michele in Mamas und Milans Wohnung. Mama hatte mir versprochen, mir mit den beiden zu helfen, deshalb waren wir für einige Monate nach Tschechien umgezogen. So konnte ich sowohl nach der aggressiven Therapie als auch nach dem schwierigen Scheidungsprozess langsam wieder zu Kräften kommen.

Das Resultat meines bisherigen Lebens sah wenig beeindruckend aus: Ich war eine geschwächte alleinerziehende Mutter von zwei Kindern, deren Ehe gescheitert war und die sich gerade so über Wasser hielt.

Marta, eine frühere Schulfreundin, mit der ich mich immer dann traf, wenn ich in Brünn war, kam mich besuchen. Sie schlug vor, in ein Café zu gehen, doch ich lehnte ab, um bei den Jungen bleiben zu können. Wir setzten uns zu ihnen auf den Fußboden und bauten Türme aus Bauklötzen. Ich trug meinen alten Jogginganzug, in dem ich mich wohlfühlte und der für zu Hause am praktischsten war.

«Nadia, so kann das nicht weitergehen! Seit anderthalb Jahren konzentrierst du dich nur noch auf die Kinder und die Therapie, du lebst wie eine Nonne, gehst nicht mehr aus und weinst ständig. Du musst endlich etwas für dich tun, dich irgendwie entspannen, in die Realität zurückkehren! Du bist doch erst fünfundzwanzig!»

«Marta, ich habe keine Kraft für irgendetwas ... Lass mich bloß in Ruhe», protestierte ich.

«Nein, das werde ich nicht tun!» Marta war unnachgiebig. «Lass uns einen Kaffee trinken gehen oder ... ja, ich habe eine noch bessere Idee.» Sie nahm meine Hände und sah mich aufmerksam an. «Wir gehen in die Disco! Du hüpfst ein bisschen herum und wirst dich sofort besser fühlen, wenn die Endorphine freigesetzt werden.»

«In die Disco‽ Bist du verrückt geworden‽! So wie ich aussehe!», wehrte ich ab. Diese Idee erschien mir vollkommen absurd.

«Mmh, vielleicht nicht gerade umwerfend», sie musterte mich. «Du hast nicht mehr viele Haare, aber dafür eine großartige Figur. Wenn wir dich ein bisschen zurechtmachen, wirst du atemberaubend aussehen. Morgen gehen wir aus, wenn du die Jungs ins Bett gebracht hast. Ich habe alles schon mit deiner Mutter besprochen, sie bleibt bei ihnen.»

Ich musste zugeben, dass es damit keine Probleme gab, weil sich Mama und auch Milan wirklich gern mit Matteo und Michele beschäftigten.

«Was ihr so hinter meinem Rücken ausheckt …», stellte ich empört fest, obwohl ich tief im Innern nichts dagegen hatte, mal hinauszukommen, ohne dabei einen Kinderwagen zu schieben.

Ich war mir nicht sicher, ob ich überhaupt zugestimmt hatte, in irgendein Lokal zu gehen, doch Marta legte sich voll ins Zeug. Sie suchte Kleidung für mich aus, und nachdem sie mich frisiert und mir Make-up aufgelegt hatte, erkannte ich mich selbst nicht wieder.

Ich schaute ungläubig in den Spiegel, aus dem mich eine attraktive junge Frau ansah, die einfach so spazieren gehen und die Freiheit genießen konnte, ohne nach Hause rennen zu müssen, um sich bloß nicht schon auf der Straße zu übergeben. Nach den Erfahrungen im Zusammenhang mit meiner Krankheit hatte ich gelernt, die scheinbar ganz normalen Dinge zu schätzen.

«Wohin gehen wir‽» Ich war so in Gedanken versunken gewesen, dass ich Marta nicht zugehört hatte.

«In die Disco.»

«Wohin‽! Auf keinen Fall! Wir wollten doch nur etwas trinken gehen.» Ich freute mich darüber, dass die Zeiten vorbei waren, in denen der kleinste Schluck Alkohol untersagt war, obwohl ich natürlich nicht vorhatte, viel zu trinken. «Ich gehe in keine Disco!», entgegnete ich entschlossen.

«Es wird dir guttun, zu tanzen.» Lächelnd zog sie mich am Arm.

«Oh nein, ich werde ganz gewiss mit niemandem tanzen! Männer sind momentan das Letzte, was mich interessiert. Nach allem, was ich mit meinem Ex erlebt habe, habe ich erst einmal genug! Diese Spezies existiert für mich zurzeit nicht!»

Ich war nicht mehr die offene und kokette Nadia von früher. Seit der Scheidung von Riccardo hatte ich jeden Mann abgelehnt. Paolo war eine Ausnahme, aber ihn behandelte ich auch eher wie einen Vater.

«Nein! Nein, danke. Ich bin nicht interessiert. Verstanden?!», wiederholte ich.

«Du musst mit niemandem tanzen, wir hüpfen einfach übers Parkett und relaxen ein bisschen.»

«Ich habe keine Lust», grummelte ich.

«Ach, komm schon, heute trifft sich unsere frühere Clique, und alle freuen sich darauf, dich mal wieder zu sehen.»

Das alles ist also ein abgekartetes Spiel!

Ich wollte mich davor drücken, doch Marta zog mich aus dem Haus, und nach einigen Minuten versank ich in den Umarmungen von Leuten, die ich näher oder entfernter aus der Schulzeit kannte.

«Nadia, wie geht es dir?», fragte einer, an dessen Namen ich mich nicht erinnern konnte.

«Danke, gut», täuschte ich vor. Das konnte ich schon immer gut.

«Ich habe gehört, dass du Model bist?», rief Zuzana.

«Stimmt … das war ich.»

«Das wundert mich nicht, bei deiner Figur!» Zuzana versuchte, die laute Musik zu übertönen. «Beneidenswert!»

«Dafür gibt es keinen Grund», hätte ich gern geantwortet. «Das ist das Geschenk eines elenden afrikanischen Virus. Das wünsche ich niemandem.»

Wir staunten, wie wir uns in den vergangenen Jahren verändert hatten. Ich wunderte mich selbst, wie wohl ich mich in diesem Durcheinander fühlte. Schließlich ging ich auf die Tanzfläche.

«Du tanzt ja fantastisch!», rief einer der Männer, was ich nur mit einem Lächeln beantwortete. Denn im Tanzen hatte ich ja tatsächlich Übung.

Nach meiner Krankheit war ich allerdings noch geschwächt und ging nach dem ersten Lied an den Tisch zurück.

«Bist du auch auf unsere Schule gegangen?», fragte ich einen gutaussehenden Jungen, der sich zu uns gesetzt hatte. Ich konnte mich nicht erinnern, ihn vorher schon einmal gesehen zu haben.

«Nein, ich studiere mit Adam. Ich bin Lukas», stellte er sich vor. Sein Lächeln ließ meine Knie weich werden wie bei einer Jugendlichen. Dabei hatte ich mir doch geschworen, Männern aus dem Weg zu gehen!

Adam war der drei Jahre jüngere Bruder meiner damaligen Klassenkameradin Jarka.

Das heißt also, wenn er mit Adam studiert, dann bin ich im Vergleich zu ihm eine alte Schachtel!, wurde mir mit Schrecken bewusst.

«Möchtest du etwas trinken?», fragte er. «Kommst du mit an die Bar?»

«Ja, gern. Vielleicht … ein Bier?»

Ich wusste selbst nicht, warum ich zustimmte. Noch vor einer Stunde hatte ich erklärt, dass ich von Männern die Nase voll hatte. Und jetzt war es, als hätte jemand an meiner Stelle den Mund geöffnet und eingewilligt.

Ja? Wieso denn Ja? Du bist wirklich durchgeknallt!, dachte ich bei mir. *Du hast gerade erst eine schwere Krankheit überwunden und eine Scheidung hinter dir und sagst zum erstbesten Typen Ja?! Hast du den Verstand verloren?!*

«Erzählst du mir etwas von dir?», bat er, nachdem er das Bierglas vor mir abgestellt hatte.

Ich erschrak. Was sollte ich sagen? Die Wahrheit? Hatte ich jemals fremden Menschen die Wahrheit über mich preisgegeben? Ich hatte mir immer Geschichten ausgedacht, insbesondere über meine Familie.

Ein Teil der Clique wusste zwar, dass Milan nicht mein richtiger Vater war, allerdings war sich so gut wie niemand darüber im Klaren, was in unserem Haus tatsächlich vor sich gegangen war, weil ich mich geschämt hatte, davon zu sprechen. Genauso wenig wollte ich diesem gutaussehenden Jungen die Wahrheit über mein Leben offenbaren. Was hätte ich ihm auch erzählen sollen?

Ich heiße Nadia, war drogenabhängig, bin geschieden und alleinerziehende Mutter von zwei Kindern, und als «Bonus» habe ich vom Leben ein teuflisches Virus bekommen, wegen dem ich eine Chemotherapie durchlaufen musste, bei der momentan noch nicht einmal klar ist, ob sie überhaupt wirksam war oder ob ich nicht doch in ein paar Monaten sterbe. Ach so, außerdem bin ich drei Jahre älter als du. Aber ... du gefällst mir außerordentlich gut.

Jeder Mann würde auf der Stelle die Flucht ergreifen, wenn er so etwas hören würde. Auf keinen Fall würde ich ihm die Wahrheit sagen! Ich warf einen kurzen Blick in den Spiegel, der über der Bar hing, richtete leicht meine Frisur und schaute Lukas verführerisch an. Darin war ich Spezialistin. Ich wollte ihn beeindrucken, obwohl ich ihn nicht kannte.

«Ich habe gehört, dass du in Italien gelebt hast. Ein wunderschönes Land. Hast du dort gearbeitet?»

«Ja, ich war ... Model und habe Tanz unterrichtet.» Ich verschwieg, dass ich das in Discotheken an der Stange getan hatte. «Zuletzt war ich in einer Telefonzentrale beschäftigt. Das war vielleicht langweiliger, dafür aber ohne Druck, und man konnte davon leben. – Und du, was machst du?» Ich wollte etwas von ihm erfahren und gleichzeitig die Aufmerksamkeit von mir ablenken.

In diesem Moment kam Marta mit zwei Freundinnen zu uns. Sie sagte etwas zu mir, doch ich hatte einzig und allein Augen für Lukas ...

Was er wohl von mir denkt? Ob er gemerkt hat, dass ich älter bin als er? Vielleicht gefalle ich ihm ja trotzdem …, überlegte ich. *Ach, das hat doch keinen Sinn! Ich bin wahrscheinlich total verrückt geworden!,* versuchte ich, realistisch an die Sache heranzugehen.

«Oh, ich muss gehen», sagte ich nach einem Blick auf die Uhr. «Ich habe mich mit meiner Mutter verabredet, und sie mag es nicht, wenn ich mich verspäte.» Ich versuchte mich vor diesem anziehenden Mann zu schützen, oder besser gesagt: mich vor mir selbst.

«Ich hoffe, dass wir uns wiedersehen. Oder darf ich dich vielleicht nach Hause bringen?» Er stand vom Barhocker auf.

Ob er durfte? Nichts lieber als das!

«Wenn du Lust hast …», antwortete ich und bemühte mich zu verbergen, wie sehr mich sein Vorschlag freute.

Wir liefen nebeneinander, plauderten über verschiedene Dinge, und ich genoss es, ihn zu bezaubern. Mir war bewusst, dass ich in vier Wochen nach Italien zurückkehren und Lukas wahrscheinlich nie wiedersehen würde. Warum sollte ich diesen Monat nicht ein bisschen mit ihm flirten können? Ich schaute ihn verträumt an und lächelte süß.

Nadia, du bist völlig übergeschnappt!, sagte ich zu mir selbst.

Aber es ging mir gut damit. Es war schön, erneut zu spüren, dass ich lebte und jemandem gefiel. Besonders einem so attraktiven Mann.

Bei allem, was ich ihm erzählte, bemühte ich mich, allgemein zu bleiben und nichts Wichtiges über mich preiszugeben. Das, was ich hätte offenbaren müssen, sagte man schließlich keinem Mann beim ersten Treffen, schon gar nicht, wenn er einem gefiel und man ihn gewinnen wollte.

Das war es, worauf ich immer mehr aus war. Ich sehnte mich danach, wieder Aufmerksamkeit zu bekommen. Allerdings war es nicht nur das, was mich bei ihm anzog. Lukas war anders als die Männer, denen ich bisher begegnet war. Freundlich, charmant, er

regeltem Leben, bescheiden, vernünftig und elegant. Keine Trink-Eskapaden, null Drogen, nicht ein einziges vulgäres Wort kam über seine Lippen. Er hatte eine eigene Wohnung und ein Auto. Dazu ein gutes Zuhause und Eltern, die ihn liebten.

Und ich¿! Wer gibt mir das Recht, ihn zu verführen und an mich zu binden¿!, fragte ich mich niedergeschlagen.

Trotz großer innerer Widerstände war ich jedoch nicht in der Lage, mich der Faszination dieses Mannes zu entziehen. Unsere Bekanntschaft vertiefte sich mehr und mehr. Ich war hin- und hergerissen, redete mir ein, dass mein Verhalten unaufrichtig war, doch gleichzeitig zog mich eine unsichtbare Kraft zu Lukas, und seine sanften Abschiedsküsse nahmen mir den Atem ... und den Verstand.

Diese Beziehung hat keinerlei Zukunft! Was kannst du ihm schon bieten¿ Einen Körper, der von hunderten Männern ausgenutzt und auf jede erdenkliche Weise erniedrigt wurde, der durch Drogen und literweise Chemikalien heruntergewirtschaftet ist¿

Nach außen hin strahlte ich Sicherheit und Mut aus, aber tief in meinem Inneren war ich ein verlorenes, verzweifeltes Mädchen, dessen Selbstwertgefühl völlig zerstört war.

Dennoch war ich von Lukas so fasziniert, dass ich nicht imstande war, bei gesundem Menschenverstand zu bleiben und Distanz zu wahren. Ich verliebte mich hoffnungslos in diesen Mann.

Vier Wochen lang dachte ich an nichts anderes als an ihn, ich träumte von ihm und sehnte mich immer stärker nach seiner Nähe. Verzweifelt verlangte ich nach seiner Liebe und Gegenwart. Einige Male waren wir allein in seiner Wohnung, aber er hatte kein einziges Mal versucht, mich ins Bett zu bekommen. Ich konnte das kaum glauben. Bisher hatten alle Männer vor allem das gewollt.

Vielleicht ist er wirklich schwul und trifft sich nur mit mir, damit niemand etwas merkt¿ Oder ist es tatsächlich so, dass er der einzige normale Punkt in meinem unnormalen Leben ist¿, überlegte ich während meiner schlaflosen Nächte, wenn ich an ihn dachte und ihn meinen Märchenprinzen nannte, obwohl unsere Verbindung doch keinerlei Überlebenschance hatte.

Ich brachte nicht den Mut auf, ihm von meiner Scheidung, den Kindern, der Drogensucht, der Krankheit, nicht einmal von meinem Alter zu erzählen, und schon gar nicht davon, dass ich wieder nach Italien fahren und nicht mehr zurückkommen würde. Wie lange sollte ich ihm noch etwas vormachen?

Schließlich, geplagt von Gewissensbissen, beschloss ich, dass ich ihm bei unserem letzten Treffen alles sagen würde. Ich würde wegfahren, das wäre die beste Gelegenheit für ihn, die Wahrheit zu erfahren und mich zu vergessen. Als er mich jedoch an sich zog, seine Hände in meinen Haaren vergrub und mich zum ersten Mal so leidenschaftlich küsste, dass mir der Atem stockte, nahm ich doch wieder Abstand von meinem Plan.

«Ich weiß nicht, wie ich die zwei Wochen ohne dich aushalten soll», flüsterte er.

Ich war nicht in der Lage, ihm in die Augen zu schauen und die Wahrheit zu sagen.

Kapitel 27
Die Bestie ist bezwungen

Ich kehrte mit den Kindern nach Italien zurück, in mein früheres Leben, das zwar monoton war, dafür aber stabil und einigermaßen geordnet. Meine Tage waren mit der Betreuung meiner Söhne, mit Hausarbeit und dem Job in der Telefonzentrale ausgefüllt, so dass keine Zeit zum Nachdenken blieb.

Wenn jedoch die Nacht anbrach, konnte ich lange nicht einschlafen, weil mich die Sehnsucht nach Lukas fast auffraß. Sie war so groß, dass ich mir zum Teil auf die Zunge beißen musste, um nicht laut loszuweinen. Ich drehte mich von einer Seite auf die andere und wünschte mir, er würde neben mir liegen und mich in seinen Armen halten. «Lukas, mein Lukas», flüsterte ich, um die Kinder nicht zu wecken.

Meine leidenschaftlichen Gefühle für ihn führten dazu, dass ich am liebsten aus der Wohnung gelaufen wäre und den nächsten Flug nach Tschechien genommen hätte. Doch ich wusste, dass ich einen solchen Mann wie Lukas nicht verdient hatte und seine Welt nicht einfach durcheinanderbringen durfte.

Werde ich bis an mein Lebensende dazu verdammt sein, mich nach den Männern zu sehnen, die ich liebe? Tage- und nächtelang darauf zu warten, dass sie vor der Tür stehen?

Aber wie hätten sie mich finden sollen, wenn sie nicht einmal meinen wirklichen Nachnamen und meine Adresse kannten?!

Als ich Brünn verließ, hatte ich Lukas tatsächlich nicht verraten, wo ich wohnte. Stattdessen hatte ich ihn damit getröstet, dass ich bald wieder da sein würde.

Ich kehrte jedoch nicht zurück, während er täglich bei mir anrief und fragte, warum sich mein Aufenthalt in die Länge zog. Eine Lüge zwang mich zur nächsten. Ich dachte mir die unterschiedlichsten Gründe aus, um nicht die Wahrheit bekennen zu müssen.

Wie lange willst du ihm noch etwas vorspielen?, warf ich mir selbst vor. *Es ist unverantwortlich, ihn so zu betrügen! Sicher geht er davon aus, dass du genauso ehrlich und anständig bist wie er.*

Mein Gewissen meldete sich immer stärker. Gleichzeitig war ich überzeugt davon, dass es unser letztes Gespräch wäre, wenn ich ihm alles erzählen würde.

Er wird den Kontakt abbrechen ... Ich weiß nicht, wie ich das überleben soll, wenn mich die Sehnsucht nach ihm schon jetzt fast in den Wahnsinn treibt. Am besten, er vergisst mich so schnell wie möglich. Er würde sowieso irgendwann feststellen, dass ich seiner nicht wert bin. Es hat keinen Sinn, das Ganze noch weiter voranzutreiben; das würde die Trennung nur noch schmerzhafter machen!

Doch irgendwann traf ich dann doch endlich eine Entscheidung.

«Mein geliebter Lukas ... ich muss dir etwas bekennen ...», sagte ich leise in den Telefonhörer. Ich spürte, wie mir die Tränen in die Augen stiegen. «Du weißt eigentlich gar nichts über mich. Ich bin ... drei Jahre älter als du, aber das ist eine Kleinigkeit im Vergleich zum Rest ...» Ich holte tief Luft. «Ich habe eine schockierende Vergangenheit, zwei Kinder, bin seit kurzem geschieden und schwer krank. Meine Leber wurde von einem Virus infiziert, vielleicht sterbe ich bald, deshalb wird es besser sein, wenn ich aus deinem Leben verschwinde ...», presste ich hervor.

Ich war mir sicher, dass unsere Beziehung damit beendet sein würde. Er würde höflich antworten: «Danke, dass du mir das gesagt hast. Es stimmt, wir passen nicht zusammen. Mit solchen Frauen verabrede ich mich normalerweise nicht und gehe erst recht keine Verbindung ein.» Dann würde er auflegen.

Am anderen Ende blieb es jedoch erst einmal still, wahrscheinlich nur für einige Sekunden, doch mir kam es wie eine Ewigkeit vor.

«Nadia, ich habe mir immer Kinder gewünscht, und ich liebe dich. Die Krankheit meistern wir gemeinsam», sagte er bestimmt.

Konnte ich glauben, was ich da hörte?!

Nein, das war nicht möglich. Solche Menschen wie «mein» Lukas existierten auf dieser Welt nicht! Jemanden, der so gut war, verdiente ich nicht.

Als er das nächste Mal anrief, versuchte ich ihn zu überreden, sich eine andere Freundin zu suchen, eine begabte, junge und hübsche Studentin ohne negative Vergangenheit.

«Du verdienst eine wunderbare und unschuldige Frau!»

Lukas jedoch lehnte diesen Gedanken rigoros ab und versicherte mir, dass er am nächsten Tag wieder anrufen würde. Schließlich sagte er, dass er einen Flug nach Palermo gebucht habe, weil ich ihm erzählt hatte, dass ich dort wohnte.

«Das war's», flüsterte ich lautlos am Ende des Telefonats, während mir die Tränen übers Gesicht liefen. Ich wusste, dass ich keinen weiteren Anruf von ihm entgegennehmen würde. So wäre es besser für ihn, dessen war ich mir gewiss, auch wenn gleichzeitig mein Herz vor Verzweiflung zu zerspringen drohte.

Ich änderte meine Handynummer, damit er mich nicht ausfindig machen konnte, löschte seine Daten und entfernte alles, was mich mit ihm verband. Nur die Gedanken an ihn ließen sich nicht aus meinem Kopf vertreiben. In den Nächten weinte ich in mein Kopfkissen.

Ich hatte die zwei liebsten Männer verloren, die es in meinem Leben gegeben hatte: Papa und Lukas. Die Sehnsucht nach ihnen führte dazu, dass ich morgens kaum noch die Motivation hatte aufzustehen. Einzig und allein die Anwesenheit meiner Söhne hielt mich über Wasser. Ich lebte nur noch für sie.

Die Jungen wuchsen, und ich brauchte immer mehr Geld, doch in der Telefonzentrale verdiente ich nicht viel. Ich schaute mich also nach einer zusätzlichen Beschäftigung um.

Paolo brachte in Erfahrung, dass in der Stadt ein amerikanisches Lokal namens «Crazy Bull» eine Service-Kraft für seinen Pub suchte. Durch meine Krankheit war ich sehr schlank, außerdem bewegte ich mich wie ein Model, deshalb bekam ich den Job sofort.

Jedes Wochenende brachte ich Matteo und Michele zu Riccardo, woraufhin ich mich selbst in *Lara Croft* verwandelte. Ich trug eine enge weiße Bluse mit Rüschen und tiefem Ausschnitt, einen kurzen grünen Rock mit farbigem Gürtel sowie hohe hellbraune Stiefel. Dazu band ich mir einen Ledergürtel um, der mit Halterungen für einige Schnapsgläser sowie zwei Pistolentaschen versehen war, in die ich Tequila-Flaschen steckte. Meinen Kopf zierte ein mexikanischer Strohhut. So lief ich mit tänzelnden Schritten zwischen den Männern hindurch und goss ihnen Alkohol in die Gläser, die sie aus meinem Gürtel nahmen.

Nach kurzer Zeit war ich so bekannt, dass zahlreiche Männer über fünfzig Kilometer Weg auf sich nahmen, um sich das sexy Model aus Tschechien anzusehen, das als Tequila-Girl arbeitete. Sie gaben mir üppige Trinkgelder, wodurch meine finanziellen Sorgen bald ein Ende hatten und ich sogar ein Häuschen mit Garten mieten konnte.

Fast jeder dieser Männer im Pub wollte mich haben, aber mein Körper stand nicht mehr zum Verkauf. Während meiner Krankheit war Paolo der Einzige, dem ich ihn gab, weil ich keinen anderen Weg sah, mich bei ihm zu bedanken.

Noch vor meiner Abfahrt nach Tschechien und bevor ich Lukas kennen lernte, als die Therapie schon fast abgeschlossen war, wurde ich von Paolo schwanger. Ich sagte ihm nichts davon, weil ich die Schwangerschaft sowieso abbrechen musste, da nach wie vor Unmengen an Gift in meinem Organismus waren. Von diesem Zeitpunkt an bat ich Paolo, mich nicht länger besuchen zu kommen.

«Unsere Beziehung hat keinen Sinn», argumentierte ich. «Du bist unglaublich gut zu mir, hilfst mir bei allem, doch für mich bist du nur wie ein Vater.»

«Ich will nicht dein Vater sein! Ich möchte …»

«Aber ich kann dich nicht anders lieben! Ich mag dich sehr und schätze dich außerordentlich. Du warst ein Engel in meinem Leben, und ich werde niemals vergessen, was du für mich getan hast. Ich empfinde tiefe Dankbarkeit für dich, mehr allerdings nicht. Du verdienst ein Mädchen, das dich wirklich liebt. Du wirst sie zur glücklichsten Frau der Welt machen.»

«Lass mich wenigstens dein Freund bleiben …», bat er mit Tränen in den Augen. «Ich werde dich niemals vergessen, und wenn du jemals Hilfe brauchst, ruf mich an! Ich lasse dich nicht im Stich!», versicherte er mir. Paolo kam tatsächlich von Zeit zu Zeit vorbei, um zu schauen, wie es mir ging.

Der einzige Mann, der im «Crazy Bull» arbeitete, war der Barkeeper Bruno. Er war so schüchtern und voller Komplexe, dass er kaum den Mut hatte, mich anzuschauen. Wir unterhielten uns viel, denn so wie ich war er geschieden. Seine Frau hatte ihn verlassen und war mit ihrem gemeinsamen Kind nach Chicago umgezogen. Ich konnte mir nur zu gut vorstellen, wie es ihm gehen musste.

«Hast du Kontakt zu deiner Tochter?», fragte ich.

«Nein, sie hat mich sicher schon vergessen … Meine Ex-Frau hat wieder geheiratet, und meine Tochter hat einen neuen Vater, deshalb ist es wahrscheinlich besser, wenn sie sich nicht mehr an mich erinnert.»

«Nein, das stimmt nicht!», überzeugte ich ihn eifrig und erzählte ihm von meiner eigenen Familie. Ich machte ihm klar, was eine Tochter für ihren Vater empfinden konnte. «Selbst wenn sie noch ganz klein war, hat sie dich hundertprozentig nicht vergessen und vermisst dich sehr!»

Bruno war fast zwei Meter groß und fuhr mit rasender Geschwindigkeit eine Harley-Davidson. Obwohl er unglaublich gut aussah, war er so hilflos, dass er mütterliche Gefühle in mir weckte, und ich begann mich um ihn zu kümmern wie um ein Kind. Auch wenn ich ihn nicht liebte, setzte mir das Alleinsein doch zu.

Ich wollte und konnte nicht ohne einen Mann an meiner Seite leben.

Bruno schenkte mir Wärme und Nähe, wonach ich mich so sehr sehnte. Ich bedankte mich auf die einzige mir bekannte Art und Weise bei ihm: mit meinem Körper. Bruno war so sanft und fürsorglich, dass ich mir seinen Namen auf den Oberarm tätowieren ließ. Das bereute ich allerdings schnell, denn die kurzen Ärmel der Bluse verdeckten das Tattoo nicht.

«Hey Püppchen, was hast du denn dort auf dem Arm¿», fragten die Männer, wenn sie ein Schnapsglas aus meinem Gürtel zogen. Ich reagierte lediglich mit einem koketten Lächeln darauf, doch Bruno wurde immer eifersüchtiger. Schon nach kurzer Zeit fragte er mich nicht mehr nur, wen ich alles angeschaut hatte, sondern sogar, an wen ich dachte.

«Bruno, das ist krank! Darum geht es schließlich bei meiner Arbeit!», versuchte ich ihn zu überzeugen. Nach drei Monaten war mir klar geworden, dass er krankhaft eifersüchtig war.

Gut, dass wir nicht zusammen wohnten. Er kam nur an den Abenden vorbei, wenn Matteo und Michele nicht da waren. Als ich nach fünf Monaten von ihm schwanger wurde, wollte ich dieses Kind auf keinen Fall, weil ich wusste, dass eine gemeinsame Zukunft mit Bruno undenkbar war. Kurz darauf beendete ich die Beziehung zu ihm, was ich beinahe mit dem Leben bezahlt hätte.

In der folgenden Nacht tauchte er plötzlich unter meinem Fenster auf. «Wenn du nicht mit mir zusammen sein willst, dann wirst du es auch mit niemand anderem tun!», brüllte er und forderte, dass ich ihm die Tür öffnete.

«Ich lasse dich nicht herein, es ist Nacht, und die Jungen schlafen!», antwortete ich.

Aber er wollte keine Ruhe geben.

«Verschwinde!», rief ich durch das gekippte Fenster.

Plötzlich stieg mir ein eigenartiger Geruch in die Nase.

Was ist das …¿ Benzin¿!

Im Laternenschein sah ich ihn mit einem Kanister.

Er will uns umbringen!

Ich erschrak zu Tode, weil ich wusste, dass er tatsächlich dazu in der Lage wäre.

«Mach die Tür auf, das ist deine letzte Chance!», schrie er und begann, das Benzin um das Haus herum zu verteilen.

Oh Gott, was jetzt …¿

Der Einzige, der mir in den Sinn kam, war Paolo. Mit zitternden Händen wählte ich seine Nummer. Während ich darauf wartete, dass er ans Telefon ging, versuchte ich, Bruno aufzuhalten. Matteo und Michele waren aufgewacht und fingen an zu weinen.

«Paolo, ich flehe dich an, komm so schnell wie möglich zu mir!», schrie ich in den Hörer. Zugleich überlegte ich panisch, wie ich fliehen konnte, falls Paolo nicht rechtzeitig da wäre. Wir hatten keine Chance, denn Bruno kippte das Benzin um das gesamte Haus herum aus.

Zum Glück schaffte er es nicht mehr, es anzuzünden, weil Paolo in der Zwischenzeit auftauchte und ruhig mit ihm zu reden begann. Schließlich gelang es ihm, Bruno von unserem Haus wegzuziehen. Am nächsten Tag beendete ich meinen Job im «Crazy Bull» und zog mit Paolos Hilfe in eine andere Wohnung um, damit Bruno mich nicht wieder bedrohen konnte.

Sechs Monate später holte ich die Ergebnisse meiner Blutuntersuchung im Labor ab. Mit klopfendem Herzen ging ich damit zum Arzt. Als er den Umschlag öffnete, hielt ich den Atem an.

«Alles ist im Normbereich! Sie sind vollkommen gesund! Wir haben die Bestie bezwungen!»

Vor Freude warf ich mich ihm um den Hals. Zum ersten Mal seit sehr langer Zeit war ich glücklich.

Auf dem Heimweg hätte ich am liebsten jeden umarmt, der mir begegnete. Ich ging in mein Lieblingscafé und bestellte eine große Portion Tiramisù – eine Leckerei, die in den vergangenen Monaten strengstens verboten gewesen war. Während ich diese Köstlichkeit zusammen mit einem Kaffee genoss, beobachtete ich die vorbeigehenden Leute und ließ die letzten Monate Revue passieren.

Ich musste zugeben, dass meine Krankheit trotz der unmenschlichen Schmerzen gleichzeitig eine außergewöhnliche Erfahrung für mich gewesen war. Zum ersten Mal hatte ich mir über den Sinn des Lebens Gedanken gemacht. Das hatte ich nie zuvor getan. Nie hatte ich versucht, die Wahrheit zu ergründen. Ich wollte so viel wie möglich aus dem Leben herausholen, Geld haben, viel Geld, und mich gut amüsieren. Als ich krank wurde, verlor das alles an Bedeutung. Ich lag hilflos und unter Qualen im Bett und fragte mich, was für einen Sinn meine Existenz überhaupt hatte.

Alles, was mir bis dahin begegnet war, mein ganzes Leben, war vollkommen ziellos gewesen: Ich wurde in eine Familie hineingeboren, die unter dramatischen Umständen auseinanderfiel, und ich erfuhr unaussprechliches Leid durch meine Mutter, die mich eigentlich hätte schützen und lieben sollen. Wegen ihr landete ich in der Psychiatrie und war einen Monat lang in einem dunklen Isolierzimmer ohne Fenster eingesperrt.

Später widerfuhren mir durch die Drogenabhängigkeit und Straßenprostitution noch schlimmere Erniedrigungen und Entwürdigungen. Bis ich schließlich krank wurde und mich dem Tode nahe fühlte. Einerseits schien das Virus meine Leber zu zerfressen, andererseits verließ mich mein Mann, und ich musste Angst haben, zwei kleine Kinder zu Waisen zu machen.

Was für ein Sinn hat so ein Dasein?!, überlegte ich. *Wozu lebe ich überhaupt? Ist mein Leben Zufall, oder hat es eine tiefere Bedeutung? Wenn ja, welche, und wo soll ich sie suchen?*

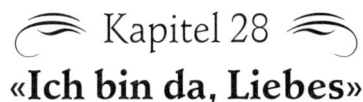

Kapitel 28
«Ich bin da, Liebes»

Seit dem Kennenlernen von Lukas war fast ein Jahr vergangen. Ich hatte Nachtschicht in der Telefonzentrale, wo ich wieder zu arbeiten begonnen hatte. Matteo und Michele waren deshalb gerade bei Riccardo. Wie dramatisch unsere Trennung auch verlaufen sein mochte, so hatten wir uns zum Wohl der Kinder doch miteinander ausgesöhnt und waren seitdem freundschaftlich verbunden.

Riccardo und Sandra waren ein verliebtes, fröhliches Pärchen, und die Jungen verbrachten gern Zeit mit ihnen, wenn ich Nachtdienst hatte.

Während ich den Kunden ihre Fragen beantwortete, packte ich in Gedanken schon die Koffer für unsere baldige Fahrt nach Tschechien, was natürlich die Erinnerung an Lukas wieder aufleben ließ.

Es war bereits weit nach Mitternacht, als das Telefon erneut klingelte. «Können Sie mir sagen …»

Wonach hat diese Frau mich gerade gefragt¿, überlegte ich verwirrt.

«Entschuldigen Sie, könnten Sie Ihr Anliegen wiederholen¿ Ich habe gerade an jemanden gedacht und war nicht bei der Sache, das tut mir leid.»

«An jemanden, den Sie lieben¿», fragte die Frau mit angenehmer, warmer Stimme.

«Den ich liebe¿»

Liebe ich ihn¿ – Ja … ich liebe ihn …

In diesem Moment wollte ich alles in einen Scherz umkehren und sagen, dass ich mich nach zwei gutaussehenden Männern sehnte, von denen der eine drei und der andere fünf Jahre alt war. Doch ich wusste selbst nicht, wie es kam, dass ich dieser vollkommen fremden Frau von Lukas zu erzählen begann. Die Wörter strömten nur so aus mir heraus.

Ich war mir sicher, dass ich ihr niemals begegnen würde und sie nicht erfahren würde, wie ich aussah und wie mein Name war, deshalb war ich offen zu ihr, während sie ruhig zuhörte. Ich sagte, dass viele Männer Teil meines Lebens gewesen waren, die mich allerdings nur ausgenutzt hatten, und dass ich davon ausgegangen war, nie wieder Verlangen nach der Nähe irgendeines Mannes zu haben. Ich musste jedoch feststellen, dass ich mich verzweifelt nach einem ganz bestimmten Mann sehnte: Lukas, den ich vor einem Jahr kennen gelernt und den ich nur einige Male getroffen hatte.

Ich erzählte ihr, dass ich versucht hatte, ihn zu vergessen, wie ich seine Telefonnummer und seine Adresse gelöscht und alles dafür getan hatte, dass er mich nicht ausfindig machen konnte, nur um sein Leben nicht durcheinanderzubringen. Ich wollte, dass er sich eine andere Freundin suchte, die eine bessere Vergangenheit hatte als ich. Dennoch war es mir das ganze Jahr über nicht gelungen, ihn aus meinem Gedächtnis zu verbannen …

Während ich der Fremden von all dem erzählte, liefen mir die Tränen über die Wangen. Ich hatte keine Ahnung, wie lange mein Bericht dauerte. Als wir uns verabschiedeten, war es früh am Morgen, und an dem Arbeitsplatz nebenan war längst niemand mehr.

Ich erwachte am selben Tag gegen Mittag, nachdem ich den Nachtschlaf nachgeholt hatte. Ein kurzer Blick aufs Handy sagte mir, dass eine SMS angekommen war. Nummer unbekannt. Ich las die Nachricht: «Ich bin heute Nacht aufgewacht, weil ich von Dir geträumt habe. Ich habe Dich nicht vergessen und denke immer an Dich! Wie geht es Dir? Lukas.»

Ich musste diese Zeilen mehrmals lesen und konnte es nicht glauben.

Lukas? Mein Lukas? Kann das sein?

Der Mann, den ich so unvorstellbar vermisste, obwohl ein ganzes Jahr vergangen war? Den ich trotz all meiner Bemühungen einfach nicht vergessen konnte‽! Offensichtlich war ihm das ebenso wenig gelungen.

Zahlreiche Fragen kamen mir in den Sinn: Woher hatte er meine Nummer‽ Ich hatte sie doch gewechselt … Und warum hatte er gerade heute geschrieben‽ Kannte ihn vielleicht die Frau, mit der ich in der Nacht gesprochen hatte‽ Nein, das konnte nicht sein.

Ich hatte ihr zwar meine private Nummer gegeben, weil das Gespräch mit ihr sehr angenehm und hilfreich für mich gewesen war, aber ich konnte mir nicht vorstellen, dass es irgendeinen Zusammenhang in dieser Sache geben sollte.

Ich schloss die Augen und hatte sein Bild vor Augen. «Lukas», flüsterte ich immer wieder. Ich wäre am liebsten vor Freude in die Luft gesprungen. Er dachte an mich! Es fiel mir schwer, das wirklich zu glauben, doch ich machte mir klar, dass er sich andernfalls nicht gemeldet hätte.

Den ganzen Tag überlegte ich, was ich tun sollte. Zurückschreiben‽ Die Untersuchungen hatten ergeben, dass ich gesund war, also hatten wir vielleicht eine Chance … Ich konnte und wollte nicht ohne ihn leben! Ich war in Antonio und Riccardo verliebt gewesen, aber noch nie zuvor hatte ich jemanden so geliebt wie Lukas. Nach niemandem hatte ich jemals ein so verzweifeltes Verlangen gehabt wie nach ihm!

Am Abend wartete ich nicht länger: «Ich fahre in zwei Wochen über Weihnachten nach Tschechien», schrieb ich mit klopfendem Herzen.

Ich schickte die SMS ab und war gespannt auf seine Antwort.

«Ich werde auf Dich warten und nicht mehr zulassen, dass Du wieder gehst!», las ich – und wäre vor Glück beinahe geplatzt.

Ich nutzte alle meine Tricks, um zur Begrüßung auf dem Flughafen so hübsch wie möglich auszusehen: mit einem schwarzen Kleid, das meine Figur betonte, einem schicken Mantel und elegantem

Make-up. Während der ganzen Reise achtete ich darauf, dass die Kinder meine Bemühungen nicht zunichtemachten.

«Und das sind meine beiden kleinen Männer: Michele und Matteo», stellte ich ihm meine Söhne vor.

«Hallo, Jungs!» Er hielt ihnen seine geöffnete Hand zum Einschlagen hin und flüsterte mir ins Ohr: «Ich bin mir sicher, dass du bald ‹unsere Jungs› sagen wirst.»

Wir umarmten uns fest, und ich konnte die Tränen nicht zurückhalten.

Ich hoffe, man sieht den dreijährigen Altersunterschied zwischen uns nicht, schoss es mir durch den Kopf. *Beruhige dich! Wenn es ihn stören würde, hätte er nicht ein ganzes Jahr auf dich gewartet!*

«Was meint ihr, bleiben wir in Tschechien?», fragte ich Matteo und Michele wenige Wochen später. Ich war mir so gut wie sicher, wie ihre Antwort ausfallen würde, denn ich sah, wie sehr sie Lukas ins Herz geschlossen hatten.

«Wir bleiben!», riefen sie gleichzeitig.

Riccardo stimmte unserem Umzug nach Tschechien problemlos zu, obwohl mir bewusst war, dass ihm die Jungen fehlen würden. Gerade in den letzten Monaten war eine engere Verbindung zwischen ihnen gewachsen.

«Aber die Ferien werdet ihr in Italien verbringen!», behielt er sich vor.

Ich hatte nichts dagegen, denn für mich war dieses Land eines der schönsten auf der Welt, und außerdem hatte ich einen Teil von mir selbst dort zurückgelassen.

Wir zogen zu Lukas in die Wohnung und hatten zwei kleine Zimmer. Es war zwar nicht viel Platz, doch das störte niemanden. Es zählte einzig und allein, dass wir zusammen waren.

Wenn nur Papa noch hier wäre ..., dachte ich manchmal. Die Sehnsucht nach ihm war die einzige dunkle Wolke an meinem sonnigen Himmel.

Während eines Besuches bei Mama nutzte ich die Zeit, als sie mit ihren Enkeln beschäftigt war, und öffnete den Wandschrank in meinem damaligen Zimmer. Ich stieg auf einen Stuhl, stellte mich auf die Zehenspitzen und ertastete in der hintersten Ecke das Kästchen mit den Schätzen aus meiner Kindheit. Es war so gut versteckt, dass Mama es in den letzten Jahren selbst beim gründlichsten Putzen nicht gefunden hatte.

Als ich nach meinem achtzehnten Geburtstag nach Italien durchgebrannt war, hatte ich vergessen, die kleine Box mitzunehmen. Jetzt freute ich mich darüber, denn wahrscheinlich hätte sie die ganzen späteren Abenteuer nicht überstanden.

Ich öffnete den Deckel und entdeckte sofort mein Lieblingsfoto: das, auf dem ich auf Papas Schoß saß; das Bild, das sich so fest in mein Gedächtnis eingebrannt hatte. Die Tränen stiegen mir in die Augen. Es hatte keinen Tag in meinem Leben gegeben, an dem ich mir nicht gewünscht hätte, dass er mich wieder auf seinen Schoß nahm.

Ist es denn möglich, dass er mich wenigstens noch ein einziges Mal in den Arm nimmt?

Die ganze Zeit hatte ich gespürt, dass er lebte, auch wenn Mama jahrelang versucht hatte, mich vom Gegenteil zu überzeugen. Sie hatte es auch anderen eingeredet, deshalb wollten alle, dass ich mir diesen Gedanken aus dem Kopf schlug. Immer wieder betonten sie, wie naiv ich sei, wenn ich glaubte, er wäre noch am Leben. Trotz aller Zweifel, die an mir gezerrt hatten, hatte ich daran festgehalten. Tief in mir drin wusste ich, dass Mama mir nicht die Wahrheit sagte.

Viele Male hatte ich Lukas die Geschichte meiner Kindheit erzählt, weil sie mich selbst so beschäftigte. Insbesondere während längerer Fahrten war ich in der Lage, pausenlos von Papa zu reden. Ich beschrieb Lukas, unter was für dramatischen Umständen ich ihn verloren hatte, wie viel er mir bedeutete, wie oft ich von ihm träumte und wie sehr ich mir wünschte, ihn zu finden.

Ich stellte mir vor, wie es wäre, ihn auf dem Flughafen oder auf irgendeinem Bahnhof wiederzusehen, wie er mit offenen Armen auf mich zugelaufen kommen und mich auffangen würde, so wie ich das von früher kannte. Und natürlich würde ich aus voller Kehle «Papi!» rufen, so dass sich alle zu uns umdrehen würden. Wir würden tatsächlich ein außergewöhnliches Bild abgeben: er, ein attraktiver schwarzhaariger Mann mit ersten grauen Strähnchen, und ich, seine blonde Tochter. Ich bewunderte Lukas, dass er meine endlosen Erzählungen geduldig ertrug.

An diesem Sonntagabend, als wir von Mama zurückkehrten, erwähnte ich Papa erneut.

«Was er jetzt wohl macht?», überlegte ich. «Bestimmt spielt er immer noch in einer Band, denn ohne Musik könnte er gar nicht leben. Ich habe zwar nicht gehört, dass er berühmt geworden wäre, aber wahrscheinlich tritt er in irgendwelchen Bars oder Clubs in Manhattan auf. Vielleicht ist er auch ein Hippie? Das würde zu ihm passen: lange Haare und Dreadlocks.»

Ich ließ meiner Fantasie freien Lauf.

«Ich sehe ihn vor mir, wie wenn er real wäre», sagte ich zu Lukas. «Ein schlanker Mann mit kurzem Bart, der auf einem Baumstumpf sitzt und auf der Gitarre improvisiert. Um ihn herum eine Gruppe von Anhängerinnen, darunter ein Mädchen, vielleicht seine neue Frau oder seine Tochter. Alle haben langes Haar mit einer Sonnenblume darin, sie tragen Röcke und Holzperlenketten um den Hals, so als wären sie dem Musical ‹Hair› entsprungen.»

Lukas wunderte sich sehr darüber, warum Papa nie nach mir gesucht hatte, doch ich war mir sicher, dass Mama nach der Trennung alles unternommen hatte, um ein Wiedersehen zwischen uns unmöglich zu machen.

Ich wünschte mir nichts sehnlicher, als ihn zu treffen. Aber wo sollte ich ihn in dem großen Amerika suchen? Bisher hatte ich keinerlei Spur von ihm ausfindig machen können, obwohl ich alles in meiner Macht Stehende getan und sogar Privatdetektive angeheuert hatte. Auch sie hatten nichts in Erfahrung gebracht.

Insbesondere in letzter Zeit sprach ich viel von Papa. Vielleicht hing das damit zusammen, dass ich sentimental und feinfühlig geworden war, weil unter meinem Herzen wieder ein kleines Krümelchen heranwuchs. Wie sich beim Ultraschall herausgestellt hatte, erwartete ich den nächsten Jungen, für den wir bereits einen Namen ausgesucht hatten: Henri.

Irgendwann hielt Lukas meine Erzählungen nicht mehr aus.

«Nadia, wir leben im 21. Jahrhundert, und es muss definitiv möglich sein, Informationen über deinen Vater im Internet zu finden. Schließlich war er in Polen ein bekannter Musiker. Es muss einen Anhaltspunkt geben. Man kann heutzutage nicht einfach spurlos verschwinden!»

Ich setzte die Kinder in die Badewanne und begann das Abendessen vorzubereiten, was mir der inzwischen große Bauch etwas erschwerte. Bis zur Geburt blieb nur noch ein Monat.

Lukas ging an den Computer.

«Wie schreibt sich der Nachname deines Vaters?», rief er nach einigen Minuten.

«Liebling, als ich ihn das letzte Mal gesehen habe, war ich fünf, und für mich hieß er ‹Papi›. Ich kenne seinen Vor- und Zunamen nur aus der Geburtsurkunde, die Angela gefunden hat.» Ich buchstabierte ihm seinen Namen.

«Er ist ganz sicher in die USA ausgewandert, denn ich habe einmal ein entsprechendes gerichtliches Schreiben bei Mama gesehen. Von ihr selbst habe ich nie etwas erfahren. Sie behauptet, seit damals keinen Kontakt zu ihm zu haben. Die einzige Information, die ich von den Detektiven bekommen habe, war, dass er Polen 1982 verlassen hat, weil damals Kriegszustand herrschte und alle Künstler, die gegen das Regime rebellierten, des Landes verwiesen wurden.»

Lukas war ein begabter Informatiker und bewegte sich problemlos in der virtuellen Welt. Ich spürte einen eigenartigen Druck in der Magengegend.

Stehen wir etwa kurz vor der Aufklärung des Geheimnisses? Sollten wir Papa nach fünfundzwanzig Jahren des Wartens und Sehnens durch einige Mausklicks plötzlich ausfindig machen können?

«Hast du etwas?»

«Unter seinem Bandnamen gibt es nur CDs und Archivinformationen. Er hat auch mit anderen Gruppen gespielt und auf einigen Festivals in Polen und Deutschland Preise gewonnen.»

«Meine Erinnerungen waren also richtig …» Ich freute mich und ging zu Lukas an den Computer, um über seiner Schulter mitzulesen.

«Leider sind das alles alte Informationen, es gibt nichts Aktuelles. Ich werde weitersuchen.»

Ich hatte den Kindern schon ihr Abendessen gegeben und sie ins Bett gebracht, als Lukas mich erneut rief: «Nadia, schau dir das mal an. Ich habe jemanden mit diesem Namen in Chicago gefunden. Aber ich bezweifle, dass er es ist … Hier ist ein Foto von ihm.»

Ich eilte zum Computer und sah ein winziges Bild. Mein Herz schlug so laut, dass ich es wie das Läuten einer Glocke in meinen Ohren pochen hörte. Lukas sagte noch etwas zu mir, doch seine Worte gingen an mir vorüber. Ich betrachtete eingehend das kleine Foto und sah ein gutaussehendes Gesicht mit Bart und *diese* Augen. Es waren *seine* Augen und *sein* Lächeln!

«Das ist mein Papa … Ja, das ist er!», sagte ich fassungslos, während mir die Tränen in die Augen stiegen. «Ich würde ihn von weitem erkennen!», flüsterte ich und begann zu weinen.

«Mmh, ich glaube ehrlich gesagt nicht, dass er es ist … Dieser Mann ist … Pastor. Hier ist der Link zu irgendeiner Kirche. Sie schreiben, dass es eine der größten christlichen Kirchen in den USA ist.»

«Das ist er hundertprozentig!»

«Bist du dir sicher?»

«Ja! Das passt zu ihm … Er ist verrückt! Verrückt!» Jetzt schrie ich vor lauter Aufregung. Ich holte das Foto, das ich an diesem Tag bei Mama gefunden hatte.

«Sieh mal, das muss er sein! Endlich habe ich ihn gefunden! Nach so vielen Jahren!»

Aber … was nun? Soll ich ihn anrufen? Er spricht bestimmt nur Englisch und Polnisch, doch mein Englisch ist ziemlich schlecht, und Polnisch habe ich völlig vergessen. Vielleicht ist es besser, einen Brief zu schreiben? Laut der Informationen auf der Webseite hat er eine neue Familie: eine Frau und zwei Kinder. Ob sie überhaupt von meiner Existenz wissen? Habe ich denn das Recht, ihre Ruhe zu stören?

Ich lief rastlos in der Wohnung auf und ab. Hunderte Zweifel bombardierten meine Gedanken. So viele Jahre hatte ich davon geträumt, Papa wiederzufinden, und jetzt, da sich dieser Traum erfüllte, wusste ich nicht, ob ich mich bei ihm melden konnte und wie ich es anstellen sollte. Trotz allem schien eine E-Mail das Einfachste zu sein. In den folgenden Tagen formulierte und löschte ich unzählige Sätze, die mir kindisch und banal vorkamen. Lukas ermunterte mich schließlich dazu, einfach das zu schreiben, was ich fühlte.

Lieber Papa,

ich halte dein Foto in der Hand, auf dem ich als kleines Mädchen auf deinem Schoß sitze. Es gab keinen Tag in meinem Leben, an dem ich nicht davon geträumt hätte, mich wieder auf deinen Schoß setzen zu können. Das ist mein Wunsch … Ich würde dich so gern wiedersehen und noch einmal auf deinen Knien sitzen. Wäre es möglich, dass du mich wenigstens eine Minute oder sogar nur eine Sekunde lang auf deinem Schoß festhältst? Es ist egal, womit du dich sonst im Leben beschäftigst, wenn du mich nur für einen Moment auf den Schoß nehmen würdest … Das würde mir für den Rest meines Lebens reichen. Es wird mir Kraft geben und mich auf den Beinen halten. Es wird meine Medizin sein.

Deine Tochter Nadia

Wenn ich diesen Brief auf Papier geschrieben hätte, wäre er von meinen Tränen völlig durchnässt worden. Lukas übersetzte meine Zeilen ins Englische, dann schickte ich die E-Mail an die Adresse, die ich auf der Webseite der Kirche gefunden hatte.

Es war wahrscheinlich erst eine Stunde vergangen, als ich Lukas das erste Mal bat nachzuschauen, ob schon eine Antwort gekommen sei.

In den folgenden Stunden fragte ich ihn immer wieder danach. Ich war nicht in der Lage, einer konkreten Beschäftigung nachzugehen, wie das Essen vorzubereiten oder die Wohnung zu putzen. Ich ging von einer Ecke zur anderen und versuchte mich auf irgendetwas zu konzentrieren. Alles fiel mir aus den Händen. Ich war wie in Trance und konnte an nichts anderes als an Papa denken.

Was, wenn er gar keinen Kontakt zu mir möchte? Vielleicht hat er mich doch vergessen? Vielleicht weiß in seiner neuen Familie niemand etwas von mir? Was, wenn er seiner neuen Frau kein Wort von mir gesagt hat? Und wenn die jüngeren Kinder meinen Platz in seinem Herzen eingenommen haben?

Nur dass niemand jemals *seinen* Platz in *meinem* Herzen einnehmen konnte!

Ich lag im Bett und wiederholte ununterbrochen: «Er erinnert sich vielleicht gar nicht mehr daran, dass es mich überhaupt gibt.»

Lukas war zwar auch aufgeregt, bewahrte jedoch einen kühlen Kopf.

«Geh doch mal logisch an die Sache heran: Wie könnte ein Vater vergessen, dass er ein Kind hat?! Er könnte sich nicht daran erinnern wollen, aber dass er es tatsächlich vergessen würde, ist unmöglich.»

Vielleicht trotzdem, dachte ich, weil er sich in den letzten drei Tagen nicht gemeldet hatte.

Ganze drei Tage ohne Antwort. Ich ertrug diese Spannung nicht mehr. Jede weitere Stunde schien wie eine Ewigkeit.

«Hat er zurückgeschrieben? Bitte sieh nach!» Ich bestürmte Lukas wohl zum hundertsten Mal an diesem Tag. Meine Fingernägel waren fast schon bis aufs Blut abgekaut.

«Liebling, es ist noch nichts gekommen», versicherte er mir mit Engelsgeduld und versuchte mich zu beruhigen. «Vielleicht ist er gerade im Urlaub und hat deshalb noch nicht in seine Mailbox geschaut.»

«Lukas, bitte versuch, ihn anzurufen, sonst werde ich noch verrückt», flehte ich. «Ruf ihn an, ich halte das nicht mehr aus!»

Zuerst wehrte er meine Bitte ab, doch irgendwann merkte er, dass es keinen Sinn hatte, mich zum weiteren Warten überreden zu wollen. Er nahm den Telefonhörer und wählte die Nummer, die er auf der Webseite der Kirche gefunden hatte.

Obwohl nur Sekunden vergingen, erschienen sie mir wie eine Ewigkeit. Nervös biss ich auf meine Unterlippe, hinter den Schläfen spürte ich das Pulsieren des Blutes.

Und was, wenn sich herausstellt, dass er es doch nicht ist?

Plötzlich erfasste mich Panik. Lukas schaltete den Lautsprecher ein.

Als sich am anderen Ende eine Stimme meldete, musste ich mich festhalten, um nicht das Gleichgewicht zu verlieren. Es war *seine* Stimme! Die Stimme, nach der ich mich so lange gesehnt und die ich in meinen Träumen gehört hatte!

Manchmal hatte ich den Eindruck gehabt, dass Papa mich rief, aber wenn ich mich umgedreht und nach ihm Ausschau gehalten hatte, war er nicht da gewesen. Obwohl viele Jahre vergangen waren, hatte ich diese Stimme nie vergessen.

«Setzen Sie sich am besten, denn hier ist jemand, der mit Ihnen sprechen möchte», sagte Lukas auf Englisch und reichte mir das Telefon.

Mit zitternden Händen griff ich nach dem Hörer.

«Hier ist Nadia …», flüsterte ich kaum vernehmbar, weil ich so bewegt war. «Nadia …» wiederholte ich etwas lauter.

Die nächste halbe Stunde hindurch war ich nicht in der Lage, auch nur ein weiteres Wort zu sagen. Er auch nicht. Ich hörte nur seinen tiefen Atem und sein leises Weinen.

Nach einer Weile weinten wir beide laut. Mit Mühe holte ich Luft, während ich schluchzte. Nach dreißig Minuten gelang es mir schließlich, «Papi!» herauszupressen.

Ich sagte es in Polnisch. Nachdem ich seine Stimme gehört hatte, war diese Sprache in mir wieder lebendig geworden, und ich hatte keine Probleme, mich auszudrücken!

Er antwortete: «Ich bin da, Liebes.»

Auf diesen Moment hatte ich fünfundzwanzig Jahre lang gewartet. Fünfundzwanzig Jahre.

⟨⟨ Kapitel 29 ⟩⟩
«Ich verurteile dich nicht»

«Nadia, ich kümmere mich um die Kinder, meine Eltern haben mir ihre Hilfe zugesagt. Du kannst mit Henri zu deinem Vater fliegen. Ich habe euch schon Tickets besorgt», erklärte Lukas wenige Stunden nach der Entbindung unseres Kindes.

«Du bist der beste Mann und Vater der Welt!» Voller Dankbarkeit und Liebe küsste ich ihn.

Ungefähr einen Monat später saß ich im Flugzeug Richtung Chicago. Ich stellte mir den Moment unseres Wiedersehens vor. Während der dreizehn Stunden Flugzeit spielten sich zahlreiche Versionen in meinem Kopf ab. Ich war nicht in der Lage, auch nur für eine Minute an etwas anderes zu denken. Es schien mir, dass ich vor lauter Gefühlen jeden Augenblick explodieren könnte. Was sollte ich ihm zur Begrüßung sagen? Wie mich verhalten? Würde er mich erkennen?

Alles um mich herum kam mir surreal vor. Als die Stewardess sagte, dass wir uns auf die Landung vorbereiten sollten, begann ich vor innerer Anspannung zu weinen, obwohl mir das in diesem Moment ganz und gar nicht passte. Ich wollte für Papa so schön wie möglich aussehen. Er sollte stolz auf mich sein und mich für die hübscheste Tochter der Welt halten. Schnell lief ich in den Toilettenraum, trocknete die Tränen und korrigierte mein Make-up.

Gut, dass ich das vorausgesehen habe.

Ich hatte vermutet, dass die Tränen in Strömen fließen würden, deshalb hatte ich mir wasserfeste Wimperntusche gekauft.

Mein Herz schlug wie verrückt, als ich meinen Pass vorzeigte.

«To my father», antwortete ich auf die Frage des Einwanderungsbeamten, der wissen wollte, wohin ich in den USA reisen wollte. Lukas hatte mich perfekt auf diesen Moment vorbereitet.

Endlich entdeckte ich ihn in der Menge der Wartenden. Ich ließ den Kinderwagen und meine Koffer stehen, lief los und schrie aus vollem Halse: «Papi, Papilein, Papi!»

Er kam auf mich zugerannt. Ich umarmte ihn und berührte sein Gesicht, um sicherzugehen, dass es kein Traum war. Es war kaum zu glauben … Dieser Tag war wirklich gekommen! Ich hatte Angst, Papa könnte sich plötzlich in Luft auflösen, deshalb hielt ich ihn fest.

«Fünfundzwanzig Jahre», flüsterte ich ihm ins Ohr, «fünfundzwanzig Jahre habe ich auf dich gewartet!»

Endlich waren wir zusammen! Wir wussten, dass uns niemals wieder jemand voneinander losreißen konnte.

Paradoxerweise hatte ich die ganze Zeit daran geglaubt. Ich hatte immer darauf vertraut, dass ich ihn eines Tages wiedersehen würde, doch in dem Moment, als es tatsächlich passierte, konnte ich es nicht fassen. Ich wollte ihn keine Sekunde mehr loslassen, ich musste ihn einfach festhalten, um ihn auf keinen Fall wieder zu verlieren.

«Ich gebe dich nicht mehr her, nie mehr», sagte ich ununterbrochen. «Lass nicht zu, dass uns noch einmal jemand voneinander trennt! Halte mich mit aller Kraft fest!»

Und er bestätigte: «Ich lasse dich nicht mehr gehen! Niemals wieder!»

Ich weiß nicht, wie lange wir so zusammenstanden. Erst sehr viel später bemerkte ich die Menschenmenge, die uns umgab – fast die Hälfte der Passagiere unseres Flugzeugs stand um uns herum und wischte sich die Tränen von den Wangen.

Während des Fluges hatte ich so gut wie allen erzählt, dass ich heute nach vielen Jahren der Trennung und der Suche meinen Vater wiedersehen würde. Jetzt waren sie Zeugen dieses bewegenden Ereignisses.

Jemand brachte den Kinderwagen und mein Gepäck, ein anderer hob den großen Blumenstrauß auf, den Papa mir zur

Begrüßung mitgebracht hatte und der auf den Boden gefallen war.

«Das sollten die schönsten Rosen für die hübscheste Tochter der Welt sein! Sieh dir bloß nicht meine Fingernägel an, denn die habe ich mir vor lauter Nervosität fast vollständig abgebissen», lachte Papa unter Tränen, während er mich weiter umarmte. «Wie du gewachsen bist!», wunderte er sich.

«Ja, jetzt kannst du mich nicht mehr so leicht hochheben.» Ich lachte und weinte im Wechsel. «Aber auf den Schoß geht es immer! Das ist übrigens Henri, dein Enkel», stellte ich ihm meinen kleinen Sohn vor, der nach wie vor ruhig schlief.

«Herzlich willkommen!» Papa nahm die Babytrage. «Du hast mich wirklich schnell alt werden lassen», lachte er. «Von einem Moment auf den anderen bin ich zum dreifachen Opa geworden!»

Es ist schwer zu beschreiben, wie glücklich ich war. Auf der Fahrt vom Flughafen zum Haus von Papa überlegte ich jedoch, wie mich seine neue Familie empfangen würde. Er hatte mir vorher zwar versichert, dass sie es kaum erwarten könnten, mich kennen zu lernen, aber vielleicht würden sie es mir dennoch übel nehmen, dass ich ihre Ruhe gestört und ihr Familienleben auf den Kopf gestellt hatte?

Vielleicht würden meine Stiefgeschwister auf mich eifersüchtig sein? Oder Papas neue Frau? Es fiel sicher keiner Frau leicht, ein Kind aus der ersten Ehe ihres Mannes zu akzeptieren. Mit meinen Geschwistern hatte ich zur Hälfte zwar dieselben Gene, doch im Grunde war ich eine völlig fremde Person für sie.

«Papi, ist deine Familie … sind sie nicht böse, dass ich gekommen bin? Haben sie vorher überhaupt von mir gewusst?»

«Natürlich wussten sie von dir! Von Anfang an. Es wäre nicht ehrlich gewesen, wenn ich ihnen das verschwiegen hätte.»

Nicht ehrlich? Sicher hatte er recht, aber ich musste zugeben, dass Ehrlichkeit keine große Bedeutung für mich hatte. Das Leben hatte mich gelehrt, mit den Fakten so umzugehen, dass ich so we-

nige Verletzungen wie möglich erfuhr. Lügen und kleine Betrügereien waren wunderbare Wege, um aus Notlagen herauszukommen.

«Alle freuen sich darauf, dich zu sehen!»

Kurze Zeit später durfte ich mich davon überzeugen, dass Papa
die Wahrheit gesagt hatte, denn die gesamte Familie nahm mich
geradezu fantastisch auf.

Als ich sie nach dem Abendessen fragte, ob es ihnen nicht
schwergefallen sei, zu akzeptieren, dass ich meinen Vater gefunden hatte und zu ihm kommen würde, war meine Schwester verwundert.

«Wir wussten doch von allem. Papa hat uns oft von dir erzählt,
und in seinem Büro stehen viele Fotos von dir.»

«Fotos von mir? Sicherlich die von damals, als ich noch ganz
klein war. Ich selbst hatte leider nur eins.»

«Komm, ich zeige sie dir», bot sie mir an.

Ich hatte in Filmen gesehen, dass es in amerikanischen Familien
üblich war, Fotografien der Angehörigen auf Fensterbänken und
Regalen aufzustellen. Auch hier gab es viele solcher Bilder. Sie
standen auf dem Kamin und einem kleinen Tisch. Ich begann sie
mir der Reihe nach anzuschauen.

«Oh, hier bist du … und hier, schau mal», meine Schwester
reichte mir einige Bilderrahmen.

Ich war sprachlos. Es war, als würde mir jemand einen Stich direkt ins Herz versetzen. Das waren keine alten Fotos, sondern ak-
tuelle, die zum Teil vor wenigen Monaten gemacht worden waren! Sie zeugten davon, dass Papa ganz genau darüber im Bilde
war, was in meinem Leben vor sich ging!

*Er wusste es, aber hat sich kein einziges Mal gemeldet! Von wem hat er
überhaupt diese Fotos? Hat er einen Paparazzo oder Detektiv engagiert?*

«Woher … hast du die Bilder?!» Schockiert wandte ich mich an
Papa, der gerade in sein Büro gekommen war. «Woher hast du
diese Fotos?!» Ich hatte Lust, ihn anzuschreien.

«Von Mama», antwortete er ruhig.

«Von … Mama⸮! Wie denn das⸮!» Meine Stimme überschlug sich beinahe.

Er schaute mich verwundert an.

«Deine Mutter hat mir doch all die Jahre geschrieben.»

«Sie hat dir … geschrieben⸮! Was erzählst du denn da⸮» Ich konnte nicht glauben, was ich hörte.

«Sie hat immer wieder ein paar Zeilen geschickt, wie es dir geht, was du machst, und manchmal hat sie ein Foto beigelegt.»

Sie hat ihm geschrieben … Bilder versendet …!

Ich hatte das Gefühl, als würde mich eine riesige Hand am Hals packen und mir die Luft nehmen. Die erschütternde Wahrheit begann wie eine gewaltige und erdrückende Welle auf mich niederzufallen. *Sie hat es gewusst und mich die ganze Zeit belogen! Fünfundzwanzig Jahre lang hat sie mich betrogen! Mir erzählt, er würde nicht mehr leben … So viele Jahre der Lügen!*

Ich kniff die Augen fest zusammen, um nicht loszuweinen.

«Liebes, was ist los⸮»

Mit Mühe holte ich Luft.

«Immer, wenn ich geweint und zu Mama gesagt habe, dass ich dich finden würde, hat sie behauptet, nicht zu wissen, wo du wohnst … Wenn sie es wissen würde, würde sie es mir sagen, schließlich würde sie das ihrer Tochter nicht verschweigen. Doch da sie keine Anschrift von dir habe und du dich nicht melden würdest, seist du sicher gestorben», presste ich unter Tränen hervor.

Ich warf mich aufs Sofa, verbarg mein Gesicht in den Händen und begann hemmungslos zu schluchzen. «Wie konnte sie nur so gemein sein⸮!»

Papa setzte sich neben mich und streichelte mir sanft über den Kopf. «Nach dem Tod deines Opas hatte ich sehr lange keine Information über dich. Irgendwann fragte ich beim Einwohnermeldeamt nach und bekam die Adresse der Arbeitsstelle deiner Mutter. Ich schrieb ihr einen Brief, sie schickte mir allerdings erst einige Monate später ein Foto von dir und die kurze Antwort, dass es dir hervorragend ginge.»

Papa stand auf und ging zu seinem Schreibtisch. Aus dem Schubfach nahm er einen Stapel Briefe. Er zog einen heraus und reichte ihn mir.

«Das war der erste Brief.»

Ich setzte mich aufrecht hin und öffnete ihn mit zitternden Händen. Die Tränen erschwerten mir das Lesen. An manchen Stellen war die Tinte verwischt, so als hätte schon zuvor jemand über diesem Brief geweint.

Ja, das war Mamas Schrift: gleichmäßige und fast pedantisch ordentliche Buchstaben einer gewissenhaften Buchhalterin:

Nadia kann sich nicht mehr an die Vergangenheit erinnern und hat dich vergessen. Sie hat einen neuen Vater und wird in einem neuen Zuhause erzogen. Wir lieben sie sehr, und sie erwidert unsere Liebe. Wenn du jetzt in ihr Leben hineintreten würdest, würdest du diese Idylle und dieses Glück zerstören.

«‹Hat dich vergessen? Hat einen neuen Vater? Erwidert unsere Liebe?› – Wie konnte sie nur so etwas schreiben?! Wie konnte sie das dir und mir antun?! Sie hat uns absichtlich beide betrogen!»

Bis zu diesem Tag hatte ich gedacht, dass mir das Schlimmste von ihrer Seite bereits in der Kindheit widerfahren war, aber jetzt wusste ich, dass die Lügen über Papas Tod wohl schlimmer gewesen waren als alles andere.

Ich nahm den nächsten Brief und las. Jeder weitere Satz vergrößerte meinen Schmerz und meine Wut:

Bist du etwa so egoistisch, dass du in deiner Liebe das kaputt machen willst, woran Nadia glaubt? Wenn du das tust, fügst du ihr großes Leid zu. Lass sie in Ruhe und störe nicht ihren Frieden, den sie mit so viel Mühe gewonnen hat.

Ich schaute Papa verzweifelt an. «Das alles ist gelogen! Nichts als Lügen! Es gab keinen Tag in meinem Leben, an dem ich nicht an dich gedacht und dich vermisst hätte!»

«Ich war mir sicher, dass ihre Zeilen die Wahrheit waren. Am Anfang habe ich noch an dich geschrieben, aber als ich diesen Brief erhielt, habe ich mich nicht mehr gemeldet. Ich entschied, deine Welt nicht durcheinanderzubringen, auch wenn es mir sehr schwer fiel und unglaublich weh tat. Meine Gefühle für dich schloss ich tief in meinem Herzen ein und versuchte sie auf verschiedene Weise zu betäuben. Ich lebte in der Überzeugung, dass du glücklich bist. Deshalb wollte ich dein Leben nicht verkomplizieren, obwohl ich unzählige Male vor Sehnsucht nach dir geweint habe!»

«Papi!» Ich fiel ihm in die Arme und begann erneut zu schluchzen. «Und ich habe mich Millionen Male gefragt, Tag und Nacht, warum du dich nicht meldest, warum du nicht versuchst, mich zu finden, wo du es mir doch versprochen hattest, und warum du mich vergessen hast!»

«Ich habe dich nicht vergessen, niemals! Ich habe einige Briefe an dich geschrieben, aber es hat mich schrecklich verletzt, dass Mama mir alle wieder zurückgeschickt hat.»

Die Wut in mir wuchs so gewaltig, dass ich kaum noch Luft holen konnte.

«Trotz der vielen gemeinen Lügen konnte sie mir die Liebe zu dir und die Sehnsucht nach dir nicht aus dem Kopf schlagen. Das hat sie wahrscheinlich am meisten aufgeregt. Wenn ich am lautesten schrie, dass ich dich eines Tages finden würde, hat Mama gesagt, dass du gestorben seist.»

«Weißt du, manchmal hatte ich das Gefühl, dass es wirklich so war. Vielleicht erinnerst du dich an die Situation auf dem Bahnsteig, als Mama dich brutal aus meinen Armen gerissen hat … Du warst noch sehr klein …»

«Das ist eine der schlimmsten Erinnerungen an meine Kindheit.

287

Ich weiß nur keine Einzelheiten mehr.» Ich war nicht in der Lage, die Tränen zu stoppen, die mir ununterbrochen über die Wangen liefen.

«Für mich war das auch tragisch ... Ich war damals gerade auf einer Auslandstournee und bin fast verrückt geworden vor Angst, was mit euch passiert ist, weil in Warschau niemand ans Telefon ging ...»

Papa fing an zu erzählen, und ich hatte das Gefühl, als würde ich einen vor Jahren gesehenen Film noch einmal anschauen. Verblasste Bilder gewannen wieder an Schärfe.

«Ich dachte mir, dass ihr zu Oma und Opa gefahren seid, und habe in Tschechien angerufen. Opa hat mir bestätigt, dass ihr bei ihnen seid, das hat mich beruhigt. Ich wollte euch überraschen und Mama versprechen, dass ich auf keine weiteren Konzerte und Tourneen mehr fahren würde. Deshalb bin ich eine Woche früher zurückgekommen und direkt zu Oma und Opa gefahren. Bei dem Gedanken daran, euch beide gleich in den Arm zu nehmen, ist mein Herz vor Freude gehüpft.

Leider stellte sich heraus, dass die Realität brutal anders war. Bis heute erinnere ich mich an meine ersten Worte: ‹Wo sind Hania und Nadia?› Opa sagte, dass ihr zum Staudamm gefahren seid, aber dass deine Mutter ... nicht allein war. In seinen Augen sah ich eine schreckliche Traurigkeit. Ich verstand, was er mir sagen wollte ... und wurde sehr wütend.

‹Sie hat einen anderen!› Rasend vor Ärger habe ich mich auf die Suche nach euch gemacht. ‹Das gibt es einfach nicht! Vor einem Monat waren wir doch noch zusammen im Urlaub, und alles war in Ordnung!› Ich war bereit, um euch zu kämpfen wie ein Löwe. Überall habe ich nach euch gesucht, bis mir irgendein Bekannter sagte, dass du einen Unfall hattest und ihr ins Krankenhaus fahren musstet.

Vor dem Krankenhaus habe ich gesehen, wie deine Mutter ihn umarmte. Am liebsten hätte ich ihn in Stücke gerissen! Ich bin in ihre Richtung gerannt, Mama hat mich bemerkt und angefangen zu schreien. Da … bin ich auf ihn los und habe ihm eine verpasst. Der Bruder von deiner Mutter hat mich von ihm weggezogen, ich weiß nicht, wie das sonst geendet hätte. Danach bin ich ins Krankenhaus gegangen und habe dich einfach von dort … gestohlen.» Papa lachte.

«Ja, ich erinnere mich, du warst mein Held! Ich war dort so schrecklich traurig, dass ich nur dasaß und in die Luft gestarrt habe.»

«Mein Herz hat geblutet, als ich dich so gesehen habe. Am Abend bin ich zu Milans Wohnung gefahren, um mit Mama zu reden. Wir haben uns im Schlafzimmer aufs Bett gesetzt, weil im Wohnzimmer irgendwelche Gäste waren. Ich flehte sie an, mir noch eine Chance zu geben, und schwor ihr, dass ich die Musik an den Nagel hängen würde, weil ich sie mehr liebte, und dass ich ihr alles vergeben würde, wenn sie nur zu mir zurückkäme. Aber Mama sagte, dass es zu spät sei … Also fragte ich, ob ich wenigstens dich für eine Woche mitnehmen könnte.

Mama passte das wahrscheinlich ganz gut, denn sie stimmte ohne zu zögern zu, doch nach einer Woche rief ich sie an, dass ich dich noch nicht zurückgebe.

Nach zwei oder drei Wochen forderte sie, dass ich dich sofort zurückzubringen hätte. Sogar Opa, zu dem ich ein gutes Verhältnis hatte, wurde unruhig und befürchtete, dass ich dich Mama nicht mehr wiedergeben würde.»

«Ja, ich weiß, dass ich mit dir zusammen war, aber ich erinnere mich nicht mehr an viel, nur daran, dass ich dich bat, mich noch nicht zurückzubringen. Das heißt, ich war sicher unvorstellbar glücklich.»

«Mmh, das stimmt. Und dann spielte sich diese schreckliche Szene auf dem Bahnsteig ab. Ich wollte dir den Streit ersparen, alles in Ruhe klären und mich ordentlich von dir verabschieden, doch Mama war so wütend auf mich, dass sie dich mit aller Kraft aus meinen Armen gerissen hat. Ich dachte, dass dir etwas passiert ist, weil du so furchtbar geschrien und deine Finger in meinen Hals gegraben hast, dass es zu bluten begann. Du warst wie von Sinnen. Die Leute gafften, und ich bat Mama, dass sie mich mit zu euch ins Auto steigen ließ, damit ich dir erklären konnte, was los war.

Aber zu Mama drang nichts durch. Und ich war in einem fremden Land und hatte keine Möglichkeit, von irgendjemandem Hilfe zu erbitten. Als sie dich mir so rücksichtslos wegnahm und abfuhr, packte mich eine große Verzweiflung. Ich war am Boden zerstört, setzte mich auf den Bahnsteig und überlegte, was ich tun sollte. Meine ganze Welt war in Stücke zerbrochen! Ich hatte alles verloren, was ich liebte, und bin vollkommen allein zurückgeblieben ... Für mich gab es keinen Grund mehr zu leben.»

«Papi ... ich habe das Ganze immer aus meiner Perspektive als Fünfjährige gesehen, aber nie darüber nachgedacht, wie schlimm das für dich gewesen sein musste», flüsterte ich und schmiegte mich eng an ihn.

«Als ich einen heranfahrenden Zug sah, wollte ich mich vor ihn werfen und mein Leben beenden. Ich näherte mich dem Gleis, da hörte ich plötzlich eine Stimme. Es war ein Lokführer, der mit deinen Großeltern befreundet war. Er rief aufgeregt: ‹Willst du etwa auf die Schienen fallen?!›

Ja, das wollte ich. Ich wäre am liebsten gestorben, um diesen entsetzlichen Schmerz nicht mehr zu spüren, diese Hilflosigkeit und Leere. Ich sagte kein Wort, er sah jedoch meinen Gesichtsausdruck und nahm mich mit in den Maschinenraum. Dort erzählte ich ihm die ganze Geschichte ... Er hat mir damals das Leben gerettet.

Nach meiner Rückkehr nach Warschau bin ich trotzdem nicht mehr zurechtgekommen. Ich lag tagelang auf dem Bett und starrte an die Decke. Viele Leute wollten mir helfen: meine liebe Schwester und verschiedene Freunde. Allerdings war keiner in der Lage, die Leere in meinem Herzen auszufüllen, die ich ohne euch empfand. Ich konnte nicht mehr spielen und zog mich aus der Band zurück. Erst einige Wochen später spürte ich langsam wieder den Wunsch zu leben in mir.

In der Band hatten sie auf mich gewartet. Und dann brach der Kriegszustand aus, und ich konnte kein Geld mehr verdienen. Die Regierung hatte Angst vor Künstlern. So wurde auch ‹Pagart›, eine Künstleragentur, die polnische Musiker gefördert hat, vollständig dem sozialistischen Regime unterstellt. Deshalb hat ‹Pagart› Stipendien an Künstler vergeben und sie ins Ausland geschickt; besonders solche, die Lieder mit versteckten politischen Botschaften hatten. In dieser Zeit wurden sogar Folklorestücke verdächtigt, zwischen den Zeilen etwas Regierungsfeindliches zu vermitteln.

Ich durfte mir aussuchen, wohin ich fahren wollte. Weil ich Englisch konnte, habe ich mich für Amerika entschieden, obwohl es am weitesten weg war. Ich wusste aber auch, dass es keine Chance mehr für mich gab, dich regelmäßig zu sehen. Deshalb dachte ich, dass die Entfernung dabei helfen würde, den Schmerz in meinem Herzen zu lindern und ein neues Leben zu beginnen.

Aber bevor ich in die USA ausgewandert bin, habe ich dich ein letztes Mal besucht.»

«Ja, an dieses Treffen kann ich mich erinnern!», rief ich. «Ich wäre damals so gern mit dir spazieren gegangen, aber Mama hat es mir strengstens verboten.»

«Und mir hat sie gedroht, dass ich es bereuen würde, wenn ich etwas tun sollte, was dich erneut hysterisch werden lässt!»

Diese Nacht wie auch in den folgenden schliefen wir wenig, weil wir uns stundenlang unterhielten. Wir bekamen einfach nicht genug voneinander. Ich beschrieb alle meine Erlebnisse, war allerdings noch neugieriger darauf, wie es bei ihm weitergegangen war.

«Nach der Trennung von Mama und dir war ich am Boden zerstört, außerdem hatte ich so gut wie kein Geld», erzählte Papa. «Ich nahm jeden Job an, der mir angeboten wurde. Ich spielte in Nachtclubs und Bars. Mein Leben sah vielleicht bunt aus, doch ich wusste nie, was der nächste Tag mit sich bringen würde. Das war nicht leicht: Von einem mit Preisen überhäuften Publikumsliebling plötzlich zu einem Musiker zu werden, der in irgendwelchen Kneipen spielte ... Aber es gab wahrscheinlich keinen Tag, an dem ich nicht an dich gedacht hätte. So viele Jahre ... Du kannst dir nicht vorstellen, was in mir vorging, als ich deine E-Mail bekommen habe! Das war wirklich außergewöhnlich!

Ich bin Montag früh in die Kirche gekommen, in mein Büro gegangen und habe meine E-Mails durchgesehen. Es waren einige, weil ich am Wochenende keine dienstliche Post öffne. Ich fing an zu lesen und dachte im ersten Moment, dass mir jemand sein Problem erklären will. Als ich jedoch die Unterschrift «Nadia» sah, begann mein Herz wie verrückt zu schlagen, und mir lief ein Schauer über den Rücken.»

Papas Augen wurden feucht. «Ich verstand, dass deine Mutter mir nicht die Wahrheit geschrieben hatte, dass du mich ganz und gar nicht vergessen hattest und mich sogar suchtest!

Ich saß wie versteinert da und wusste nicht, was ich tun sollte: Mich erklären? Versuchen, alles irgendwie richtigzustellen? Ich war mir nicht sicher, wie du reagieren würdest. Ich hatte Angst vor Anschuldigungen, Vorwürfen und Wut, denn darauf hättest du schließlich ein Recht gehabt! Umso mehr, wenn ich jetzt höre, was du alles durchgemacht hast. Ich kann kaum glauben, dass du mir nicht die Schuld daran gibst!»

«Papi ... ich habe immer an dich gedacht! Wie hätte ich mich über dich ärgern können?! Nach den vielen Jahren, in denen ich mich verzweifelt nach dir gesehnt habe?! Ich habe dich so grenzenlos geliebt, dass ich von Anfang an davon geträumt habe, bei dir zu sein, weil ich wusste, dass es dort gut sein musste.» Wieder schaffte ich es nicht, die Tränen zurückzuhalten.

«Und ich habe dich die ganze Zeit vermisst!» Papa umarmte mich, und ich genoss seine Wärme und Nähe.

«Papa, bloß eines verstehe ich nicht: Wie kommt es, dass du Pastor geworden bist? Lukas hat im Internet nach einem Musiker, Liedermacher und Komponisten gesucht. Weil er nichts gefunden hat, dachte ich, dass du bestimmt Hippie geworden bist.» Ich lachte, als ich meine Vorstellung mit dem vornehmen Mann vor mir verglich. «Er hat bezweifelt, dass du es bist, als er dich auf der Webseite einer Kirche fand.»

«Ich singe doch nach wie vor, komponiere und schreibe Texte.» Papa lachte. «Nur tue ich es jetzt für Gott!»

«Du bist wirklich Pastor?!» Meine Verwunderung war riesig, so als hätte er mir gesagt, er sei Kosmonaut oder gar ein Außerirdischer.

«Ja, das bin ich, und es ist eines der wunderbarsten Dinge in meinem Leben.»

«Ich kann mich gar nicht daran erinnern, dass wir jemals in einer Kirche gewesen sind. Mama ist auf alle Fälle in keine gegangen.»

«Ich hatte auch nicht viel mit der Kirche am Hut. Als Kind war ich zwar Ministrant in der katholischen Kirche, aber später bin ich meine eigenen Wege gegangen. Das Leben eines Musikers ist normalerweise weit entfernt von allem, was mit dem Glauben zu tun hat. Spaß, Vergnügen, Marihuana … Für mich war die Karriere zum Gott geworden, so wie für die meisten Künstler. Außerdem begeisterte ich mich für Naturwissenschaften und war überzeugter Atheist.

Bis ich eines Tages beim Tauchen gesehen habe, dass dort, wo kein Licht hinkam, die Tiere märchenhaft bunt aussahen. Ich fragte mich: ‹Wozu gibt es hier so viele Farben? Wer sieht sie sich an?› Da hatte ich eine Art Erleuchtung, und ich begriff, dass das nicht von selbst entstanden sein konnte, sondern dass es jemand geschaffen haben musste.

So fing ich an, in der Bibel zu lesen, die ich einmal geschenkt bekommen, doch nie zur Hand genommen hatte, weil ich der Ansicht war, dass nur Unsinn darin geschrieben sei. Jetzt las ich sie mit offenem Herzen und verstand, dass die Welt vom Gott der Bibel geschaffen worden ist. Ich kam zum Glauben an ihn und seinen Sohn, Jesus Christus, der mit seinem Blut für meine Sünden bezahlt hat. Der Glaube an Jesus ist mir so wichtig geworden, dass ich einige Zeit später Pastor geworden bin.»

Ich hörte mir seinen Bericht an und war einerseits fasziniert, andererseits ... vollkommen verwirrt.

«Papa, das klingt alles wunderbar, aber ... ehrlich gesagt verstehe ich nicht viel von dem, was du über Gott erzählst», gab ich zu. «Um welchen Gott geht es dir?»

«Wir haben noch ein paar Wochen Zeit, um uns ausführlich über alles zu unterhalten.» Er lächelte. «Jetzt lass uns erst einmal ins Bett gehen, denn es dauert nicht mehr lange, dann bricht der nächste Tag an, und Henri wird dich nicht lange schlafen lassen.» Papa umarmte mich sanft und gab mir einen Gute-Nacht-Kuss auf die Stirn, so wie früher, als ich ein kleines Mädchen war. Mein Herz schmolz in seiner Umarmung wie Wachs.

Papa sprach danach noch mehrmals mit mir über den Gott, der in der Bibel beschrieben wird, und über Jesus, seinen Sohn, der uns alle Sünden vergibt und unser Herz mit Freude und Frieden erfüllt. Er erzählte vom Glauben, der gleichzeitig eine Sicherheit ist, von der Hoffnung, die nicht enttäuscht, und von der Liebe Gottes, die so stark ist, dass sie bereit ist, ihr Leben zu opfern. Obwohl ich nach wie vor vieles mit meinem Verstand nicht erfassen konnte, hörte ich ihm gespannt zu.

In Papas Gegenwart fühlte ich mich fantastisch und empfand tiefes Glück, doch ich befürchtete, diese Freude wieder zu verlieren, sobald ich nach Hause zurückkehren würde. Ich wollte das erleben, was er selbst erfahren hatte: Vergebung und Befreiung von der Vergangenheit. Mich plagten die ganze Zeit Gewissensbisse. Ich hatte zwar einen liebevollen Mann und wunderbare Kinder, aber mich quälte die Angst, dass mein Glück jeden Moment wie eine Seifenblase zerplatzen könnte, wie es so oft in meinem Leben gewesen war.

Ich hatte Erfüllung in der Beziehung zu Männern gesucht, in Drogen, Geld, der Karriere und auch im Muttersein. Das alles befriedigte meine Sehnsucht immer nur für eine gewisse Zeit, manchmal lediglich für einige Tage, dann empfand ich erneut eine verzweifelte innere Leere. Nichts konnte mir anhaltende Freude schenken.

Gibt es überhaupt dauerhaftes Glück?, fragte ich mich ab und zu. *Was ist das Ziel und der Sinn meines Lebens?*

«Jesus liebt dich so sehr, dass er für dich am Kreuz gestorben ist. Wenn du ihn um Vergebung deiner Schuld bittest, reinigt er dich von allem Schmutz. Du wirst ein neuer Mensch, dessen Vergangenheit vergeben und nicht mehr erwähnt wird. Du nimmst eine persönliche Beziehung zu Gott auf und beginnst ein neues Leben. Erst dann wirst du wahres Glück und echte Erfüllung erleben», las ich in einem Buch, das Papa mir geschenkt hatte.

Ich saugte jedes Wort förmlich auf und wollte das am eigenen Leib erfahren, eine *neue* Nadia werden, doch ich wusste nicht, wie das vor sich gehen könnte.

«Papa, wie kann ich von neuem geboren werden?», fragte ich eines Abends. «Ich verstehe das immer noch nicht.»

«Ich weiß nicht, ob du dich daran erinnerst, wie du dich als vielleicht Vierjährige einmal aus Versehen im Bad eingesperrt hast.»

«Ja, da war etwas ... Ich war damals sehr erschrocken und hatte Angst.»

«Genau, du hast geweint und um Hilfe gerufen, weil du allein nicht wieder herausgekommen bist. So ähnlich ist es mit unserem geistlichen Leben. Die Sünde schließt uns in einem Gefängnis von Scham und Angst ein, aus dem wir ohne Hilfe nicht herauskommen. Es muss uns jemand von außen helfen. Der, der uns rettet, ist der, dessen Name ‹Befreier› bedeutet: Jesus Christus.»

«Aber … wie soll ich ihn um Hilfe bitten?»

«Bitte ihn einfach darum, dass er dich befreit. Knie dich vor ihm hin und bekenne ihm deine Sünden.» Papa sah mir tief in die Augen.

«Ich erinnere mich gar nicht mehr an alle meine Sünden. Es sind so viele …»

«Du kannst Gott darum bitten, dass er sie dir ins Gedächtnis ruft, und die bekennen, die dir einfallen.»

Am Abend ging ich in mein Zimmer und machte es so, wie Papa es mir geraten hatte. Alle Sünden, die mir in den Sinn kamen, bekannte ich vor Gott. Das tat ich auch an den folgenden Abenden, zum Teil bis in die Nacht. Ich weinte und bereute das, was ich an Schuld auf mich geladen hatte.

Dennoch veränderte sich erst einmal nichts. Eher im Gegenteil: Ich empfand eine immer erdrückendere Last, als mir bewusst wurde, wie unglaublich viele abscheuliche Dinge ich getan hatte. Ich war nicht nur das Opfer meiner Umstände gewesen, sondern hatte auch selbst unglaublich viele falsche Entscheidungen getroffen.

Ich bat Gott um Vergebung dafür, dass ich mich das erste Mal einem Mann hingegeben hatte, als ich noch nicht einmal dreizehn Jahre alt war, dass ich Drogen genommen und meinen Körper verkauft hatte. Ebenso dafür, dass ich fünf Abtreibungen vorgenommen hatte. Dreimal war ich wegen der Chemotherapie dazu gezwungen, aber zweimal war es ausschließlich meine eigene Entscheidung gewesen.

Ich hatte die Schwangerschaften beendet, weil sie meine Pläne störten. Das war normal in den Kreisen, in denen ich mich bewegte. Unter meinen Freundinnen hatte fast jede mindestens eine Abtreibung hinter sich. Weder sie noch die Gynäkologen hatten irgendwelche Skrupel oder Hemmungen. Man ging für diesen Eingriff einfach zum Arzt, und keiner stellte irgendwelche unnötigen Fragen.

Bisher hatte ich mich aus diesem Grund nie schuldig gefühlt. Weshalb hätte ich auch ein schlechtes Gewissen haben sollen, schließlich war es nur eine Zygote, eine Ansammlung von Zellen, ein Keim, so hatte ich gedacht. Ich war mir sicher, dass ich nichts Schlimmes tat.

Erst jetzt, als ich nachts von diesen Kindern träumte, wurde mir klar, dass … ich sie getötet hatte!

Ich wachte auf und begann schrecklich zu weinen. In meinem Herzen war eine große Sehnsucht nach ihnen, die mich geradezu körperlich schmerzte. Niemand hatte mich jemals für die Schwangerschaftsabbrüche verurteilt oder mir Schuldgefühle gemacht, dennoch kam ich mir plötzlich wie eine Mörderin vor.

Am Morgen war ich so entsetzt über das, was ich getan hatte, dass ich kaum Kraft hatte, nach unten zu gehen.

Papa saß mit einer Tasse Kaffee in der Küche und las ein Buch. «Was ist denn los, Liebes?», fragte er einfühlsam, als ich traurig den Raum betrat.

Ich setzte mich neben ihn, stützte meine Ellenbogen auf den Tisch und verbarg mein Gesicht in den Händen. «Papi …», sagte ich langsam, während mir die Tränen kamen. «Gott kann mich nicht annehmen. Alles, was ich getan habe, war widerwärtig: Ich habe Drogen genommen, war Prostituierte, habe fünf Kinder abgetrieben … Ich bin absolut sündig. Ich schäme mich so sehr! Gott kann so jemanden wie mich nicht annehmen!»

Papa nahm sanft meine Hände von meinem Gesicht, schaute mich aufmerksam an und versicherte mir:

«Gott vergibt alles! Er hat gesagt: Selbst wenn unsere Sünden rot wie Blut sind, sollen sie schneeweiß werden. Jesus hat sich mit einem Arzt verglichen, und ein Arzt hilft schließlich den Kranken. Er ist nicht zu den Gerechten und Guten gekommen, die sich selbst für vollkommen halten, sondern zu Menschen, die sich ihrer Schuld bewusst sind – egal, wie groß diese ist. Gott hat seinen Sohn hingegeben, hat erlaubt, dass er geschlagen, gedemütigt, ausgepeitscht und ans Kreuz genagelt wird, damit keiner von uns verdammt werden muss. Er hat die Strafe, die wir hätten tragen sollen, auf sich genommen. Weißt du, warum er das getan hat?»

Ich schüttelte den Kopf.

«Aus Liebe. Weil er uns unvorstellbar liebt. Er liebt uns nicht *wegen* etwas, weil wir jetzt etwas speziell Tolles vollbracht hätten, sondern *trotz* etwas. Trotz unserer schlimmsten Vergehen. Das ist bedingungslose Liebe, die nicht verurteilt, sondern uns so annimmt, wie wir sind. Diese Liebe hört niemals auf und lässt uns nie im Stich. Sie reinigt uns immer wieder neu. In den Augen von Jesus bist du außergewöhnlich, wertvoll und wunderschön. Ich liebe dich sehr, aber er liebt dich noch mehr. So sehr, dass er sein Leben für dich gegeben hat.»

«Es fällt mir so schwer, das zu glauben ...», flüsterte ich unter Tränen.

Papa griff nach seiner Bibel und begann, darin etwas zu suchen. «Lies dir das einmal durch.» Er zeigte auf einen bestimmten Abschnitt. «Das ist die Geschichte einer Frau, die beim Ehebruch erwischt wurde und die von den religiösen Führern geradezu aus dem Bett des Mannes mitgenommen und zu Jesus gebracht wurde, damit er sie verurteilte.»

Ich nahm die Bibel und ging in mein Zimmer. Weinend las ich diese Geschichte mehrmals hintereinander. Ich stellte mir diese gedemütigte, bloßgestellte Frau vor, die halb nackt auf den Marktplatz der Stadt geschleift wurde und auf die alle mit Fingern zeigten. Sie war wie ein Bild für mich selbst, wie ich die Straßen entlanggelaufen war und Männer angeworben hatte. Ich konnte mich vollkommen mit ihr identifizieren: geschändet, verletzt, gebrandmarkt. Jetzt kniete ich wie sie zu Jesu Füßen und wartete auf meine Verurteilung. Doch statt Vorwürfen hörte ich ihn sagen: «Ich verurteile dich nicht. Geh hin und sündige nicht mehr.»

War das möglich?! Die Beschimpfungen, mit denen ich so oft überhäuft worden war, klangen noch in meinen Ohren. Wenn mich jemand nach meinen Erlebnissen in Italien fragte, jonglierte ich mit allgemeinen Floskeln und schmückte die Dinge so aus, dass sie ein gutes Bild ergaben. Ich bemühte mich geradezu zwanghaft darum, dass niemand außer meinen allernächsten Angehörigen etwas von meiner Vergangenheit erfuhr, weil ich Verachtung und Zurückweisung befürchtete.

Es war mir allerdings nie gelungen, vor meinem schlechten Gewissen und mir selbst davonzulaufen.

Ich las diese bewegenden Worte immer wieder und schrieb sie mir schließlich in mein Notizheft: «Ich verurteile dich nicht. Geh hin und sündige nicht mehr.» Diese Zusicherung gab mir Hoffnung, konnte jedoch immer noch nicht die Traurigkeit, Niedergeschlagenheit und die überwältigenden Schuldgefühle wegnehmen, die aufgrund meiner Taten auf mir lasteten.

Mein dreimonatiger Aufenthalt in den Staaten ging langsam zu Ende. Mein Wunsch nach einer solchen Veränderung, wie Papa sie erlebt hatte, war gewaltig, doch die ganze Zeit war nichts passiert. Jetzt sollte ich bald die Heimkehr antreten, und mir war klar, dass ich, wenn ich an diesem Punkt meines Lebens nicht weiterkommen würde, wahrscheinlich nie wieder die Chance auf eine Erneuerung haben würde, da ich in Tschechien keine gläubigen Leute kannte.

Zwei Wochen vor meinem Abflug kam Papa begeistert aus der Kirche zurück und rief: «Nadia, wir fahren zu einer Konferenz nach Pennsylvania! Es werden ungefähr tausend Besucher dort sein, alles Polen!»

Obwohl ich bereit war, mit Papa bis ans Ende der Welt zu fahren, versetzte mich die riesige Teilnehmerzahl in Erstaunen und verunsicherte mich. Tausend Besucher?! Ich war zwar spontan und hatte keine Probleme damit, neue Kontakte zu knüpfen, aber diese Zahl klang für mich eher abschreckend als ermutigend.

Wie sich jedoch herausstellte, waren meine Ängste unbegründet. Alle Teilnehmer der Konferenz waren außerordentlich nett und herzlich, viele begrüßten uns voller Freude.

Nach einer Weile fühlte ich mich wie ein Teil dieser bunten, lebendigen und lächelnden Menschenmenge. Viele hatten bereits unsere Geschichte gehört, wie wir uns nach den langen Jahren der Trennung wiedergefunden hatten, und sie drückten ihre Freude darüber offen aus.

Wie sympathisch und fröhlich sie sind! Sie strahlen einen außergewöhnlichen Frieden aus, dachte ich.

Nie zuvor war ich solchen Menschen begegnet.

Am nächsten Tag, bevor der erste Vortrag begann, sang Papa auf der Bühne und erzählte anschließend von der dramatischen Trennung von meiner Mutter und mir, die sein Leben für immer verändert hatte. Davon, wie der Ausbruch des Kriegszustands die Situation zusätzlich erschwert hatte, weil er gezwungen war, in die USA auszuwandern. Und wie er nach fünfundzwanzig Jahren eine E-Mail bekam, die ihm einen Schauer über den Rücken laufen ließ. Alle klatschten, und als ich auf die Bühne gerufen wurde, erschallte ein echter Beifallssturm.

Des Öfteren hatte ich für meine Auftritte bei Modenschauen Applaus bekommen, wenn ich neue Kleider präsentierte, aber das war nichts im Vergleich zu dem, was ich jetzt erlebte. Da waren weder hübsche Kreationen noch besondere Lichtspiele oder stimmungsvolle Musik, doch ich stand zutiefst bewegt vor diesen Menschen, denen die Tränen übers Gesicht liefen. Papa umarmte mich, und ich hatte keinen Zweifel daran, dass ich am vollkommen richtigen Platz war – unter diesen gewöhnlichen und doch strahlenden Menschen.

Ich spürte, dass ihr Beifall authentisch war und einer inneren Freude entsprang. Zum ersten Mal in meinem Leben sah ich, dass sich jemand von Herzen über das Glück eines anderen freute.

Lukas muss irgendwann einmal zusammen mit mir hierherkommen, beschloss ich in Gedanken.

Später gaben uns noch einige andere Leute Anteil an ihren Erlebnissen. Jemand sprach unter Tränen davon, dass sein Kind im Sterben lag, ein junger Mann erzählte von seiner Zuckerkrankheit und der ihm bevorstehenden Beinamputation, eine Frau teilte ihren Schmerz über den kürzlichen Tod ihres Mannes, wieder ein anderer bekannte, dass er finanzielle Probleme hatte und wahrscheinlich bald sein Haus verlieren würde, und danach sagte einer, dass seine Kinder auf Abwege geraten seien und seine Ehe in die Brüche ging.

All diese Menschen sprachen von Schmerz, Leid, Tod, Beschwerden, Abweisung und Verletzung. Und ich saß dort und dachte, dass das nicht möglich sei.

Sind das dieselben Leute, die mich gestern lächelnd umarmt haben?

Sie waren mir alle so glücklich und sorglos vorgekommen, doch jetzt erzählten sie von ihren Problemen und Herausforderungen … Sie alle hatten so viel durchgemacht und strahlten dennoch einen tiefen inneren Frieden aus. Es fiel mir schwer, das zu verstehen. Wie konnten sie so fröhlich und ruhig sein, während sie sich in solch dramatischen Situationen befanden?

Die Antwort steckte in dem, was sie sagten: «Jesus hat uns kein Leben ohne Schwierigkeiten versprochen, sondern dass er uns durch alle Probleme hindurchführen würde. Er liebt uns und wird uns niemals verlassen. Sogar im dunkelsten Tal macht er unsere Finsternis hell.»

In diesem Moment wurde mir bewusst, dass ich, so lange ich zurückdenken konnte, eine Geisel der Umstände gewesen war:

Wenn alles gut lief, die Sonne schien, mein Mann liebevoll zu mir war und die Kinder gehorsam, dann war ich glücklich. Doch es genügte, dass das Wetter sich verschlechterte, mein Mann sich anders verhielt, als ich es mir wünschte, die Kinder nicht das machten, was ich wollte, und ich Kopfschmerzen bekam, und schon war ich unglücklich.

Während ich die Konferenzteilnehmer beobachtete, wurde ich neidisch und wünschte mir mehr als alles andere, eine solche Freude und Liebe zu erleben wie sie!

Drei Tage lang war ich mit diesen Leuten zusammen und sah, dass sie das lebten, was sie sagten. Sie hielten sich nicht für bessere Menschen, erhoben sich nicht über andere und trugen keine Masken. Ich wollte um jeden Preis das haben, was sie hatten!

Mein Verlangen danach war so groß, dass ich schließlich auf meine Knie fiel und geradezu verzweifelt flehte: «Herr, ich möchte diesen inneren Frieden! Ich sehe, dass du ihn diesen Menschen gibst, deshalb will ich dich haben. Ich weiß nicht, wer du bist, ich kenne dich kaum und noch weniger die Bibel. Aber ich möchte dich kennen lernen. Bitte komm in mein Leben!»

Kapitel 30
Das Geständnis

Wir machten uns auf den achtzehnstündigen Heimweg von Pennsylvania über Ohio und Indiana nach Chicago in Illinois. Begeistert unterhielten wir uns über unsere Erfahrungen und die tolle Atmosphäre auf der Konferenz. Unterwegs rief Lukas an, und ich erzählte ihm aufgeregt von dem, was ich in den vergangenen Tagen erlebt hatte.

«Nadia, du klingst irgendwie anders als sonst.» Lukas unterbrach meinen Redefluss.

«Anders?»

«Du bist richtig fröhlich, ich höre so viel Enthusiasmus und Liebe in deiner Stimme.»

«Willst du mir sagen, dass ich dir bisher keine Liebe gezeigt habe?», neckte ich ihn, während mich seine Worte gleichzeitig nachdenklich stimmten.

Kurz nachdem wir unser Gespräch beendet hatten, begann ich plötzlich ein Lied über Jesus zu summen, das Papa auf der Konferenz gesungen hatte. Von klein auf hatte ich so wie er Musik machen wollen, aber Mama hatte geschworen: «Nur über meine Leiche!» Sie sagte, dass sie niemals erlauben würde, dass ich singen und so ein Leben wie mein Vater führen würde, deshalb verbarg ich diesen Wunsch tief in meinem Herzen.

Doch jetzt sang ich, und die Melodie kam direkt aus meinem Herzen! Papa schaute mich lächelnd an und bewegte seinen Kopf rhythmisch zu meinem Gesang. Aus seinen strahlenden Augen konnte ich herauslesen, was für eine große Freude ihm das bereitete.

«Papi, hier ist ein McDonald's, lass uns anhalten, denn ich habe schrecklichen Hunger», bat ich.

Als wir auf den Plastikstühlen Platz genommen und unseren Appetit mit einem großen Menü gesättigt hatten, spürte ich auf einmal, wie mich eine ungewöhnliche innere Wärme durchströmte. Ich beugte mich zu Papa hinüber und sagte leise: «Ich weiß nicht, was mit mir los ist, aber ich habe riesige Lust, die ganzen Leute hier zu umarmen ... Denkst du, ich kann einfach aufstehen und einen nach dem anderen in den Arm nehmen?» Ich merkte, dass mein Wunsch nicht aus mir selbst kam und unnormal war.

Papa begann zu lachen: «Vielleicht denken sie, dass du verrückt bist, aber natürlich kannst du das machen!»

«Papa ... ich habe genauso große Lust, aller Welt zu sagen, dass ich Jesus liebe. Darf ich das?»

«Klar», bestätigte er bewegt.

So ging ich zu den Leuten, die an den Tischen saßen: Familien mit kleinen Kindern und Gruppen von Jugendlichen, umarmte sie und sagte: «Jesus liebt dich. Er liebt dich sehr.» Es war mir egal, was sie von mir dachten, ich hoffte nur, dass sie eines Tages verstehen würden, was in meinem Herzen angekommen war: dass Jesus uns über alles liebt. Er liebt uns so sehr, dass er sein eigenes Leben für uns geopfert hat.

Vollkommen erschöpft und zugleich voller Freude kamen wir in Chicago an. Als wir von der wunderbaren Zeit auf der Konferenz erzählten, bemerkte Papas Frau: «Es tut mir leid, Nadia, aber ich habe keine so schöne Nachricht für dich. Lukas hat angerufen und gesagt, dass deine Mutter einen fürchterlichen Aufstand gemacht hat, als sie erfahren hat, dass du hier bist. Er hat es dir nicht schon am Anfang gesagt, um dir deinen Aufenthalt bei uns nicht kaputtzumachen.»

Mama hatte nichts davon gewusst, dass ich Papa gefunden hatte und zu ihm geflogen war. Lukas und ich hatten es vor ihr geheimgehalten, weil wir zu Recht befürchtet hatten, dass sie an die Decke gehen würde. Papa und ich schauten uns bedeutungsvoll an. In diesem Moment hatten wir denselben Gedanken: sie anzurufen, obwohl ein solches Gespräch für uns beide eine gewaltige Herausforderung darstellte.

Wir vereinbarten, dass ich zuerst allein mit Mama sprechen sollte. Mit zitternden Händen griff ich nach dem Telefon. Wie ich vermutet hatte, begann sie mich sofort mit Vorwürfen zu überhäufen, weil ich ihr das alles verschwiegen hatte.

«Warum hast du mir nicht erzählt, dass du Papa gefunden hast? Wie konntest du nur einfach so nach Amerika fliegen?», fragte sie wütend, woraufhin sie anfing, die ganzen negativen Dinge über Papa zu wiederholen, die sie mir schon in meiner Kindheit ständig unter die Nase gerieben hatte, sobald ich auf ihn zu sprechen gekommen war.

Ich unterbrach sie entschieden: «Mama, es interessiert mich nicht, was zwischen euch vorgefallen ist. Das müsst ihr selbst klären. Doch im Blick auf unsere Beziehung will ich dir sagen, dass ich Jesus in mein Herz aufgenommen habe … und dir vergeben habe. Ich wünsche mir, dass wir noch einmal von vorn beginnen.»

Ich wusste, dass das aus menschlicher Sicht unmöglich war. Ein solches Übermaß an Bösem, wie sie mir angetan hatte, ließ sich nicht einfach verzeihen. Auf der Konferenz in Pennsylvania hatte ich jedoch selbst Vergebung meiner ganzen Sünden erlebt. Wenn Jesus das für mich getan hatte, wie hätte ich da meiner Mutter nicht vergeben können?

Gott erfüllte mich mit einer solchen Liebe und Kraft, dass ich in der Lage dazu war – entgegen all dem, was mir das kleine Mädchen zuflüsterte, dem so viel Leid widerfahren war und das seit der schmerzhaften Trennung von Papa in mir lebte und litt.

Am anderen Ende der Leitung wurde es mucksmäuschenstill. Ich hörte kein Wort mehr von Mama.

«Papa wollte auch noch mit dir sprechen …», fügte ich hinzu und gab den Hörer weiter. Ich ging aus dem Zimmer und betete, dass ihre Unterhaltung nicht in einen Streit ausarten würde. Nach draußen drang nur die beherrschte und melodische Stimme von Papa.

Nach dem Telefonat sagte er bewegt, dass er Mama seine Vergebung ausgesprochen und gleichzeitig sie um Vergebung gebeten habe, weil er sich darüber im Klaren sei, dass in ihrer Ehe auch von seiner Seite aus nicht alles in Ordnung gewesen war.

Ich kehrte mit einem großen Koffer voller Geschenke für meinen Mann und die Kinder nach Tschechien zurück. Außerdem hatte ich zahlreiche CDs und Kassetten mit Vorträgen und Predigten im Gepäck. Alle waren auf Englisch.

Ich hätte um polnische Aufnahmen bitten können, doch ein innerer Impuls sagte mir, dass ich die englischen nehmen sollte. Erst im Flugzeug begann ich darüber nachzudenken, wie ich Lukas dazu bringen konnte, sie sich anzuhören.

Da vernahm ich eine innere Stimme, die sagte: «Nadia, du warst schon immer eine mutige Frau. Nutze einfach deine Fähigkeiten und die Hinweise aus Gottes Wort.» – «Nur dass die Bibel nichts über das Hören von CDs sagt!», antwortete ich in Gedanken. – «Dafür gibt es aber unzählige Stellen über das Hören des Wortes …», vernahm ich.

An den nächsten Abenden berichtete ich Lukas von dem, was ich in Amerika erlebt hatte. Mit großer Begeisterung erzählte ich ihm von dem bewegenden Wiedersehen mit Papa auf dem Flughafen, von unseren stundenlangen Unterhaltungen und von der Konferenz in Pennsylvania.

Wir saßen eng nebeneinander auf dem Teppich oder der Couch, in seinem Blick sah ich die Sehnsucht und das Verlangen nach mir, das sich in den vergangenen drei Monaten angesammelt hatte, und dennoch lauschte er aufmerksam meinen Worten und stellte immer wieder fest: «Du bist völlig verändert, wie eine andere Frau … Du verhältst dich anders, bist ruhiger und strahlst geradezu vor Freude. Sogar deine Stimme ist irgendwie anders, viel sanfter.»

«Ich habe mich verändert, weil ich Jesus zum Herrn meines Lebens gemacht habe.»

«Wenn dir der Glaube an Gott hilft, dann habe ich nichts dagegen, auch wenn ich das alles nicht begreife.»

Zum ersten Mal öffnete ich mich Lukas vollständig und sprach von dem, was ich bis dahin tief in meinem Herzen verborgen gehalten hatte. «Mein ganzes Leben lang habe ich nach Vollkommenheit gestrebt, doch ich konnte sie nie erreichen. Ich suchte Glück und fand es, allerdings immer nur für kurze Zeit, dann war ich wieder am Boden zerstört. Erst jetzt weiß ich, dass ich nicht perfekt sein muss, weil Gott mich bedingungslos liebt, so wie ich bin. Vor *ihm* muss ich mich nicht verstellen oder so tun, als wäre ich besser, als ich tatsächlich bin. Das habe ich jahrelang vor anderen Menschen getan, selbst dir habe ich manchmal etwas vorgespielt.

Doch Gott kennt mich durch und durch. Auf dieser Konferenz in Pennsylvania waren ungefähr tausend Teilnehmer. Am Anfang dachte ich: ‹Das sind so tolle Leute, sie haben überhaupt keine Probleme›, aber als sie später von ihren Sorgen und Schwierigkeiten erzählten und trotz dieser Dinge nicht verzweifelt waren, kam ich aus dem Staunen nicht mehr heraus. Ich sah, dass sie Ähnliches durchmachten wie ich und dennoch ein stabiles Fundament hatten, dank dem sie an den Problemen nicht zerbrachen.

Ich wollte dasselbe erfahren wie sie. Deshalb fiel ich eines Abends auf meine Knie und sagte Gott, dass ich ab jetzt anders leben wolle, in Reinheit.»

«In Reinheit? Heißt das, dass wir keinen Sex mehr miteinander haben werden?» In seinen Augen sah ich eine solche Verzweiflung, dass ich in schallendes Gelächter ausbrach.

«Auf keinen Fall!» Lachend öffnete ich die Bibel sowie ein kleines Büchlein mit Bibelversen zu verschiedenen Themen. Ich fand die Stelle, die ich suchte, und las ihm einen Abschnitt aus dem Brief des Apostels Paulus vor.

Lukas war wahrscheinlich der glücklichste Mann der Welt, als er hörte, dass Gott uns geradezu nahelegt, Freude am Sex in der Ehe zu haben. Er las sich den kurzen Text einige Male durch und stellte lächelnd fest: «Dieser Gott ist wirklich intelligent.»

Ich nutzte die Gelegenheit, legte eine der mitgebrachten CDs ein und bat ihn: «Liebling, ich verstehe Englisch nicht so gut wie du, könntest du mir den Vortrag übersetzen?»

Und mein wunderbarer Mann machte sich ans Werk! Jede Woche hörten wir uns eine Predigt an. Manchmal verteilten wir sie auf drei oder vier Tage, weil Lukas an den Abenden müde war und dann beim Übersetzen schnell einschlief. Ich wollte, dass er alles genau hörte, deshalb weckte ich ihn und bat ihn, weiter zu übersetzen. Zum Teil hatte ich deswegen ein schlechtes Gewissen, weil er am nächsten Morgen wieder zur Arbeit gehen musste.

Lange passierte nichts. Lukas hörte die Predigten und übersetzte sie, doch es drang nicht viel zu ihm durch.

Ich habe selbst fast drei Monate gebraucht, vielleicht ist das bei ihm genauso, tröstete ich mich.

Und tatsächlich, nach drei Monaten des Anhörens fiel Lukas auf seine Knie und bekannte aufrichtig, dass er einen geistlichen Neuanfang brauchte. Er nahm Jesus in sein Herz auf und begann ein neues Leben, das er Gottes Leitung unterstellte.

Einige Tage nach meiner Rückkehr aus den Staaten hatte ich beschlossen, mich mit Mama zu treffen. Mein Herz schlug schneller, als ich zum Telefonhörer griff und ihre Nummer wählte.

«Können wir morgen zu Besuch vorbeikommen?», fragte ich, obwohl ich etwas Angst vor der Begegnung mit ihr hatte.

«Natürlich, ich kann es kaum erwarten, die Kinder zu sehen!» In ihrer Stimme hörte ich echte Freude.

Es wunderte mich jedes Mal aufs Neue, dass Mama für ihre Enkel einen unerschöpflichen Liebesvorrat hatte.

Sie erwartete uns mit einem warmen Apfelstrudel und einer Kanne heißem Kaffee. Ich ging zuerst allein zu ihr und bat Lukas, mit den Kindern noch einen Spaziergang zu machen. Dieses Gespräch musste unter vier Augen stattfinden.

«Schön, dich zu sehen», sagte sie.

Ich umarmte sie etwas unbeholfen. Es fiel mir nicht leicht, ihren Worten zu glauben, denn sie hatte selten etwas Nettes zu mir gesagt.

Wir setzten uns, sie goss mir eine Tasse Kaffee ein, aber vermied es, mich anzusehen. Uns war beiden bewusst, dass wir das Gespräch beenden mussten, das wir am Telefon begonnen hatten.

«Wie war es in Amerika?» Aus ihrer Stimme klang die Anspannung heraus.

«Wundervoll …» Im ersten Moment wollte ich begeistert von meinen Erlebnissen erzählen, doch stattdessen sprudelte aus mir heraus: «Ich habe deine Briefe gesehen und kenne nun die Wahrheit!»

Wir hatten im Grunde noch nie ehrlich miteinander gesprochen, aber jetzt fiel es mir besonders schwer, weil ich wusste, dass sie mich jahrelang bewusst belogen hatte.

«Du hast mich betrogen!» Ich konnte kaum die Tränen zurückhalten. Es waren einerseits Tränen der Wut über das, was sie mir angetan hatte, andererseits Tränen des Schmerzes darüber, was ich unwiederbringlich verloren hatte: eine glückliche Kindheit und Jugend.

«Du hast mich die ganze Zeit angelogen!» Ich wurde zunehmend lauter, und der angestaute Ärger ließ sich nicht mehr verbergen. «All die Jahre hast du mir eingeredet, Papa wäre gestorben, doch er hat mir die Briefe gezeigt, die du ihm geschrieben hast, und seine Briefe an mich, die du einfach an ihn zurückgeschickt hast. Ich habe die ganzen Fotos von mir gesehen! Warum hast du das getan, Mama⸮ Warum⸮» Ich verbarg mein Gesicht in den Händen und begann zu weinen.

Im Zimmer wurde es vollkommen still. Nach langem Schweigen trocknete ich meine nassen Wangen und schaute Mama an. Regungslos und mit hängendem Kopf saß sie auf ihrem Stuhl.

«Hast du denn gar nichts dazu zu sagen⸮!», fragte ich sie. «Willst du weiterhin behaupten, dass das alles nicht stimme⸮»

Langsam erhob sie ihren Kopf, schaute mich an und sagte: «Es ist die Wahrheit … Es war so, wie dein Vater gesagt hat …»

Oh, wie viele Jahre hatte ich auf dieses Geständnis gewartet⸮! Wortlos saßen wir da, nur das regelmäßige Ticken der Uhr war zu hören.

«Kannst du mir …⸮» Sie schaffte es nicht, den Satz zu beenden. In ihren Augen bemerkte ich Tränen.

«Ob ich dir … vergeben kann⸮»

Sie nickte.

«Mama … ich habe dir schon am Telefon gesagt, dass ich dir vergeben habe», sagte ich bewegt. «Vielleicht wird es mir nicht gelingen, all das Leid zu vergessen, das ich erfahren habe, aber ich gebe dir nicht mehr die Schuld dafür. Dort in Amerika bin ich ein neuer Mensch geworden und habe verstanden, dass Jesus mir meine ganzen Fehler aus der Vergangenheit vergeben hat. Deshalb kann ich auch dir vergeben …»

Schwer atmend saß sie am Tisch und schaute zu Boden.

«Ich habe dort noch etwas Wichtiges entdeckt», fuhr ich fort. «Mein ganzes Leben lang habe ich auf Papa gewartet und ihn gesucht, doch tief in mir drin suchte ich nach mehr. Nach jemandem, der zu mir sagt: Ich liebe dich und akzeptiere dich so, wie du bist. Früher dachte ich, dass die Beziehung zu Papa oder zu einem Mann der Weg sei, um eine solche Annahme zu erfahren. Bedingungslose Liebe fand ich jedoch nicht bei Papa, sondern bei Gott, der mir die Kraft gegeben hat, dir zu verzeihen.»

Ich sah, wie ihr die Tränen übers Gesicht liefen. Ich umarmte sie und drückte sie fest an mich. Unsicher erwiderte sie meine Umarmung.

«Aber er ... dein Vater ... kann er das auch ...؟», fragte sie nach einer Weile des Nachdenkens.

«Mama, er hat dir am Telefon versichert, dass er dir vergeben hat, und das hat er ehrlich gemeint», bestätigte ich ihr.

Sie seufzte, und ich sah, wie erleichtert sie war.

«Denkst du, dass ... dass ich mich irgendwann noch einmal mit ihm treffen kann؟»

Ich konnte nicht glauben, was ich da hörte! Mama wollte sich mit Papa treffen! Sie, die ihn so gehasst und alles dafür getan hatte, dass ich ihn vergaß! Wenn ich eine Bestätigung brauchte, dass Gott Wunder tut, dann war das die erste, aber es folgten weitere.

Meine Mutter veränderte sich sehr. Am Anfang, als ich ihr von Gott erzählte, meinte sie, dass es Unsinn sei und ich nur wegen Papa gläubig geworden wäre, um ihm zu gefallen.

«Wenn dir jemand anderes solche Dinge gesagt hätte, hättest du überhaupt nicht zugehört», behauptete sie.

«Vielleicht hast du recht, aber dieses Gefühl von Glück, Frieden und Befreiung von Schuld hätte kein Mensch mir geben können, nicht einmal Papa, das darfst du mir glauben. Das kann einzig und allein von einem Gott kommen, der Liebe ist», antwortete ich ihr.

Schließlich kam der Tag, an dem auch meine Mutter begann, in der Bibel zu lesen und zu beten.

Unsere Kinder sind heute oft bei den Großeltern, die ein wunderbares Verhältnis zu ihren Enkeln haben. Jetzt verbringen wir Feste und die Ferien gemeinsam.

Ich kann die verlorenen Jahre zwar nicht zurückgewinnen, doch ich weiß, wie leid es Mama wegen all dem tut, was sich in meiner Kindheit abgespielt hat. Wenn wir manchmal von der Vergangenheit sprechen, ist eine tiefe Traurigkeit in ihrem Gesicht zu sehen.

«Ich habe das gemacht, weil ich dich nicht verlieren wollte. Es war mir bewusst, wie sehr du deinen Vater liebst, und ich hatte Angst, dass er dich mir wegnehmen könnte», gestand sie mir einmal.

«Mama, aber jetzt mal ehrlich: Das war doch keine Liebe, das war … Egoismus. Schrecklicher Egoismus!»

«Ich weiß … jetzt weiß ich das …», bestätigte sie und schaute mir voller Schmerz in die Augen.

Es fällt mir schwer zu begreifen, dass sie in der Lage war, zu so drastischen Mitteln zu greifen, doch wenn ich ihre Gefühle für unsere Tochter Agnes sehe, die vier Jahre nach dem Wiedersehen mit Papa zur Welt kam und mir sehr ähnlich ist, bemerke ich, wie sehr Mama sich verändert hat. Sie ist ein anderer Mensch geworden, sie hat von neuem begonnen.

Eines Tages entdeckte ich verwundert, dass Mama die Tränen übers Gesicht liefen, als sie Agnes auf dem Arm hielt.

«Mama, ist etwas passiert?»

«Sie sieht dir so ähnlich, und ich liebe sie so sehr … Ich liebe sie von ganzem Herzen …», sagte sie, während sie ihre kleine Enkelin an sich schmiegte.

Damals sah ich in ihren Augen ein Gefühl, das sie mir niemals entgegengebracht hatte. Es war Liebe.

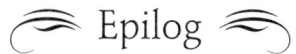 Epilog

Der Tag, an dem ich meinen Vater wiederfand, war ein ganz besonderer Tag in meinem Leben. Während dieser dramatischen Jahre, in denen ich ihn vermisste und von der verzweifelten Sehnsucht erfüllt war, dass er mich in den Arm nehmen würde, blieb mir einzig und allein die Hoffnung.

Mir blieb die Hoffnung darauf, dass ich ihn eines Tages wiedersehen würde, auch wenn ich ihn am Ende der Welt suchen müsste. Diese Hoffnung war sehr klein, doch sie starb niemals. Keiner war in der Lage, sie mir zu nehmen, obwohl viele es versuchten.

Aber als sich nach so vielen Jahren schließlich mein größter Wunsch erfüllte und ich Papa wiederfand, entdeckte ich, dass ich tief in meinem Herzen nach mehr gesucht hatte: nach echter Liebe, die mir niemand jemals wieder nehmen konnte.

Nach einer perfekten und bedingungslosen Liebe. Ich fand sie nicht in meinem irdischen Vater, sondern in Gott, meinem Vater im Himmel, der die ganze Zeit auf mich achtgegeben hatte und der im Schmerz und Leid stets bei mir gewesen war. Er hatte mich sogar in den schwierigsten Momenten behütet, obwohl mir das damals nicht bewusst war.

Ich dachte, dass mir nur die Hoffnung geblieben sei, doch zusätzlich fand ich auch noch Glauben und Liebe. Die vollkommene und bedingungslose Liebe Gottes. Seit dem Tag, an dem ich sie entdeckte, hat sich alles in meinem Leben verändert.

Der himmlische Vater hat mich so angenommen, wie ich war, und mir einen Neuanfang geschenkt. Er hat mein Herz gereinigt, alle Verletzungen geheilt und versichert mir jeden Tag: «Ich liebe dich, meine Tochter.» Und ich antworte ihm: «Ich liebe dich auch, Papi! Ich bin mir sicher, dass du mich eines Tages in deine Arme nimmst, mich eng an dich drückst, und dass wir nie wieder getrennt werden. Niemals mehr!»

Was bleibt, sind Glaube, Hoffnung und Liebe. Von diesen dreien aber ist die Liebe das Größte.

1. Korinther 13,13

Nachwort
der Autorin Lidia Czyż

Zum ersten Mal hörte ich Nadias Geschichte im Juli 2011 bei einem Frauenfrühstück, das ich mitorganisieren durfte. An diesem Frühstück nahmen 800 Frauen teil, und alle waren von der ersten Minute an sehr bewegt von Nadias Geschichte und weinten viel.

Nach diesem Treffen wurde Nadia auf einige andere Konferenzen in Polen eingeladen, an denen sie mit ihrem Vater und dessen zweiter Frau zusammen teilnahm. Es entstand auch eine Radioreportage über sie, die mit dem Preis «Reportage des Jahres» ausgezeichnet wurde.

Viele meinten, dass zudem ein Buch über ihre Geschichte geschrieben werden sollte. Das war auch meine Meinung. Damals hatte ich jedoch noch keine Ahnung, dass Gott diese Aufgabe *mir* übertragen würde.

Nachdem mein erstes Buch «Stärker als der Tod» gut angenommen worden war, schrieb ich ein weiteres, und dann bat ich Nadia um die Erlaubnis, ihre Geschichte in meinem dritten Buch verarbeiten zu dürfen. Sie stimmte sofort zu.

Inzwischen sind zehn Jahre vergangen, seitdem Nadia ihren leiblichen Vater wiedergefunden hat und seit sie vor allem ihren wahren Vater, ihren Schutz und ihre innere Heimat in Gott gefunden hat. Sowohl in ihrem eigenen Leben als auch in dem ihrer Familie hat sich viel verändert.

Wie im Buch beschrieben, hat ihre Mutter ebenfalls den Weg zu Gott gefunden. Nadias Stiefvater seinerseits hört gern zu, wenn sie von dem erzählt, was für sie das Wichtigste geworden ist: der Glaube an Gott. Nadia hat auch ihm vergeben, und sie haben heute ein gutes Verhältnis zueinander.

Die Ferien und Feiertage verbringen Nadia, Lukas und die Kinder oft gemeinsam mit Milan und Hania. Die beiden sind wundervolle Großeltern für ihre Enkelkinder.

Nadia wohnt mit ihrer Familie mittlerweile nicht mehr in Tschechien, sondern auf einer wunderschönen Insel. Dort erzieht sie ihre Kinder und engagiert sich im Dienst für Gott – sie singt, lädt Leute zu sich nach Hause ein und erzählt von Jesus, wo immer sie die Möglichkeit dazu hat.

Viele Leute sind darüber verwundert, wie es möglich war, dass Nadia ihren Eltern vergeben konnte.

Sie betont immer wieder, dass sie aus eigener Kraft nicht dazu in der Lage gewesen wäre. Die Kraft zum Vergeben erhielt sie von Gott, für den sie in der Kirche singt und von dem sie zahlreichen nichtgläubigen Menschen erzählt hat, denen sie in den vergangenen Jahren begegnet ist.

Es ist ein großes Vorrecht für mich, dass Nadia ihre Zustimmung dazu gegeben hat, ihre Lebensgeschichte zu Papier zu bringen. Ihre Erlebnisse machen deutlich, dass es kein Leid gibt, das nicht vergeben werden kann, und wie wichtig es ist, sein Leben Gott anzuvertrauen, denn nur *er* kann selbst aus den schwierigsten Situationen herausführen und das Leben vollständig verändern sowie das Herz mit Hoffnung, Glauben und Liebe erfüllen. Er allein ist in der Lage, solche Veränderungen zu bewirken!

Während des Niederschreibens von Nadias Geschichte sind wir beide auf viele Hindernisse gestoßen. Mit Gottes Hilfe jedoch gelang es uns, ans Ziel zu kommen. Als Nadia dann das erste Exemplar des Buches bekam, schrieb sie mir: «Ich empfand Außergewöhnliches, als ich dieses Buch in den Händen hielt. Es enthält mein ganzes Leben. Tief im Innern spürte ich, dass das alles seinen Sinn hatte. Bis zu meinem Tod werde ich dafür dankbar sein.»

Nadias Leben ist auch heute keine ununterbrochene Idylle, und gewisse Erfahrungen haben für immer Spuren bei ihr hinterlassen, aber um es mit ihren eigenen Worten auszudrücken: «Möge mein Zeugnis allezeit Gott loben!»

Und das Buch wirkt tatsächlich auf diese Weise, das zeigen die Rückmeldungen verschiedener Leser. So zum Beispiel: «Gott hat dieses Buch dazu benutzt, mein Herz zu verändern. In mir ist eine größere Empathie gewachsen sowie der Wunsch, Menschen zu helfen, die in ihrem Leben an ihrem Leib oder ihrer Seele verletzt worden sind.»

Nadia, ich habe Dich von ganzem Herzen lieb! Du bist meine Seelenverwandte!

Lidia Czyz

⁀ Hinweis des Verlages ⁀

Die Hauptprotagonistin dieses Buches hat an einigen Orten in Polen von ihrem Leben erzählt, zum Beispiel hier:

- bei einem Frauenfrühstück vor ca. 800 Frauen, das man auf der Webseite der Kirchgemeinde von Lidias Mann anhören kann (https://malinka.org.pl/archiwum-audio/?link=2011-07-16_sdk_swiadectwo)
- bei einer Radioreportage (http://www.polskieradio.pl/80/1007/Artykul/345008,Bombka-szczescia)

Allerdings spricht sie natürlich Polnisch …

Nadia (sie heißt in Wahrheit anders) ist heute zurückhaltend, was öffentliche Auftritte und Interviews für Zeitschriften und Radio/TV angeht. Wenn man selber Mutter ist und Familie hat, kann man nicht zehn Jahre lang live auf der Bühne so eine Lebensgeschichte immer wieder von neuem vor vielen Zuhörern ausbreiten. Aber für Leute, die den Vorhang doch gerne ein klein wenig beiseiteschieben und minimal mehr erfahren möchten, sei hier wenigstens verraten: Nadias Papa heißt im wahren Leben Andrzej Krupiński, und er spielte früher u. a. in der polnischen Band «Homo Homini», die auch in der DDR Karriere gemacht hat. Heute ist er Pastor in Chicago, Illinois, USA.

Lidia Czyż
Stärker als der Tod
*Erst wer gelitten hat, kann die Macht
der Liebe wirklich verstehen*

288 Seiten, Paperback, 13 × 20,5 cm
12.99 € [D] / 13.40 € [A] / 19.80 CHF*
* unverbindliche Preisempfehlung
Bestell-Nr. 192027
ISBN 978-3-7655-2027-3

Der Bestseller aus Schlesien. Gleichzeitig eine wahre Geschichte: Ein junger Mann namens Radek beginnt einen Briefwechsel mit einem Pfarrer und erzählt ihm seine Geschichte, sein Schicksal. Die Kindheit schwer, die Jugendjahre belastet, die Mutter im Alkohol gefangen. Die große Liebe verläuft dramatisch. Seine Freundin Julia kriegt Aids, holt sich eine Meningokokken-Infektion. Radek pflegt sie bis in den Tod. Eine Bilanz voller Verzweiflung und Einsamkeit. Und doch bricht unvermittelt Hoffnung durch. Ob der Mensch im tiefsten Elend doch nicht ganz allein ist? – Ein Buch, das man in einem einzigen Zug durchliest! Dynamisch, überraschend, kraftvoll. Dem Leben abgerungen. Und irgendwie wunderschön.

`fontis`
BRUNNEN BASEL